OPUSCULES
SACRÉS ET LYRIQUES
OU
CANTIQUES

SUR DIFFERENTS SUJETS DE PIÉTÉ,

Divisés en deux Parties.

*A l'usage des Catéchismes de la
Paroisse de Saint Sulpice.*

Septieme Edition.

Le prix est 2 liv. 10 s. broché.

A PARIS

Chez NICOLAS CRAPART, Libraire, rue
de Vaugirard, près la Place saint Michel.

M. DCC. LXXII.

Avec Approbation & Privilege du Roi.

A Madame

Louise de France,

Religieuse Carmélite, sous le nom de Sœur Thérèse de Saint Augustin.

O toi qui fuyant les hommages
Et les délices d'une Cour,
Fus cacher le plus beau des âges
Dans l'oubli d'un sacré Séjour!
Permets que sous tes doux auspices
Cet Ouvrage se montre au jour.
Si tes regards lui sont propices,
S'il peut plaire à ta piété,
Ton nom, ta gloire & ta bonté
Le marqueront du Sceau de
l'immortalité.

LES CARMELITES DE S. DENIS
A MADAME
LOUISE DE FRANCE.

*Cette Piece lyrique sur l'Air : Eh ! quoi tout sommeille, &c.
a été faite à l'occasion de la Profession de* MADAME
LOUISE.

Chœur. TRIOMPHE, victoire,
Eternelle Gloire,
Aux dons divins
Du Sauveur des humains !
LOUISE, fidéle
A Dieu qui l'appelle
Vole à l'Autel
Se vouer au Carmel.   *Fin.*

Du Diadême,
Ni l'éclat suprême,
D'une Cour qui l'aime
Ni les doux appas,
Ni la voix chere
D'un Roi, tendre pere,
Ne rallentit pas
L'ardeur de ses pas.
Triomphe, &c.
Malgré sa grandeur,
A nos loix docile,
A nos vœux facile,
Dans cet humble asyle
Elle est notre Sœur ;
O pour nous quel bonheur !
Quel excès d'honneur !
Quelle faveur ! Tri.&c.

Chantez, Filles d'Elie,
Chantez le grand jour
Qui l'associe
A vous sans retour.

Des vertus avec elle,
Le plus riche essain,
Le vrai modele
Vient dans votre sein.

De sa ferveur constante
L'image frappante,
Quelles vives ardeurs
Va-t-elle nourrir dans
vos cœurs !

Puisse son sacrifice
Sur elle, à jamais,
Du Ciel propice
Fixer les bienfaits !

Puisse, en elle, la Grace
De ses dons de choix
Combler la race
Du plus cher des Rois !
Triomphe, &c.

AVIS

A la jeuneſſe qui fréquente les Catéchiſmes de la Paroiſſe de Saint Sulpice.

C'EST en votre faveur, portion chérie du Troupeau de Jeſus-Chriſt, heureuſe Jeuneſſe dont l'innocente candeur attire ſur vous les regards tendres de votre Dieu; c'eſt pour vous que des Miniſtres chargés de votre éducation chrétienne, ont entrepris ce recueil de Cantiques Spirituels qu'ils vous offrent. Il leur a paru propre à votre avancement dans la vertu : ce motif a déterminé leur ʒele. Heureux, M. C. E. ſi vous daignez connoître le prix de ce petit Ouvrage dont vous étes l'objet; plus heureux encore ſi vous travaillez à vous le rendre utile.

Tout ce que l'Auteur de la Nature nous a diſtribué de talents, doit être employé pour ſa gloire. Ce n'eſt donc pas pour chanter le triomphe des paſſions, exalter l'empire d'un amour criminel, en répandre les flammes, qu'il vous a donné une voix capable de le louer. Que les Sectateurs, vains d'une gloire chimérique ou frivole, célébrent par leurs chants les exploits d'un Héros qui paſſera comme eux; que les eſclaves des plaiſirs nous en vantent les charmes, qu'ils

a iij

en rehauſſent le prix : une bouche déja teinte, ou qui le ſera bientôt, du Sang de Jeſus-Chriſt, la vôtre, M. C. E. ne doit s'ouvrir que pour publier les grandeurs & les bienfaits du Maître libéral, qui ſeul mérite votre amour.

Eloigner de votre eſprit ces chanſons laſcives, écueil funeſte & ſûr de votre fragile vertu, le tenir toujours appliqué à des penſées ſalutaires, remplir votre cœur d'affections pieuſes & ferventes ; c'eſt le projet qu'on a formé, qu'on vous exhorte de remplir. Pour vous en faciliter les moyens, nous avons tâché de recueillir tout ce qui nous a paru le plus capable de vous rappeller à Dieu. La foi vous l'offrira comme un Maître puiſſant à qui tout doit obéir, ou redouter ſa vengeance ; elle vous retracera l'immenſe étendue des bienfaits dont il vous comble. Les Myſteres d'un Dieu-homme tous opérés pour votre amour, deviendront le ſujet de vos chants ; les couleurs vraies & attrayantes qui vous peindront l'éclat de la vertu vous engageront à la ſuivre ; l'exemple des Saints qui vous ont précédé dans cette noble, mais épineuſe carriere, ſera pour vous un aiguillon puiſſant qui ſoutiendra votre courage. En un mot, vous trouverez toujours des ſujets d'admiration, des motifs de reconnoiſſance, des modeles à ſuivre.

En banniſſant de votre eſprit ces ſéduiſantes apologies du crime, capables de vous corrompre & que vous devez vous défendre, le chant des Cantiques ſacrés deviendra pour vous la ſource pure des vrais plaiſirs. Dévoués la plûpart à des occupations aſſidues, employez à les apprendre ces courts moments de loiſir qu'un travail fatiguant vous laiſſe, vous les chanterez en rempliſſant votre tâche pénible, ils en adouciront les rigueurs, ranimeront vos forces affoiblies. Tandis que courbé vers une terre ingrate, votre corps affaiſé l'arroſera de ſes ſueurs, votre eſprit dégagé, pour ainſi dire, des liens qui l'aſſerviſſent, s'élevera juſqu'au Ciel, en goûtera le repos ; vous vous exercerez dès ce lieu d'exil & de gémiſſements, à chanter un jour dans votre patrie, le Cantique éternel du Dieu trois fois Saint. Remplis par la fatigue de votre travail, vos jours ſouvent obſcurcis par vos larmes, en deviendront plus ſereins, ils ſeront pour vous autant de jours de fête, vous les coulerez tous dans la joie ſainte du Dieu dont vous célébrerez les merveilles.

Agite dies lætitiæ, & confitemini Domino. *Tob.* ch. 13, ℣. 10.

AVIS DU LIBRAIRE.

LA premiere édition de ce Recueil parut à Paris au commencement de l'année 1766 ; on l'a reimprimé l'année suivante avec quelques légers changemens ; & enfin, en 1768, on l'augmenta des deux tiers : on en donna en même tems un abrégé à l'usage des petits Catéchismes & des campagnes. Ces quatre éditions furent imprimées sans musique.

En 1768, on commença à distribuer à Paris la premiere édition imprimée à Toulouse avec la musique, elle ne renfermoit que les Cantiques du même Auteur. On y ajouta en 1770, en forme de Supplément, d'autres Cantiques du même Auteur, sans en augmenter le prix. On continue à distribuer gratis ce Supplément aux personnes qui ne l'ont pas encore fait prendre chez le Libraire.

Enfin, on vient de refondre & augmenter considérablement cet Ouvrage ; il forme actuellement quatre volumes in-8°. avec les airs notés. Comme tout le monde n'est pas en état d'en faire l'acquisition, on a refondu ces quatre Parties en un seul volume in-12. pour qu'on puisse l'employer à peu de frais dans les Paroisses, Missions, Catéchismes, Communautés Religieuses & Pensions : ce volume est sans musique, comme celui de l'édition de 1768. On le donnera toujours au même prix, malgré l'augmentation de l'ouvrage & du prix du papier, les Auteurs ayant exigé qu'il fût mis au prix le plus modique possible.

En conséquence du Privilége obtenu de Sa Majesté, le Libraire se prêtera de concert avec les Auteurs, pour les différents extraits de cet Ouvrage que desireroient quelques Diocéses ou Paroisses, ou même Communautés, & les fera imprimer séparément & à son compte.

PREFACE.

Nous tenons également de la libéralité divine, nos biens & nos talents ; il est juste que les uns & les autres soient consacrés à sa gloire : Dieu, malgré sa grandeur, ne dédaigne point le foible hommage de nos chants. Si nous remontons jusqu'aux premiers tems, nous verrons les hommes célébrer dans leurs Cantiques les perfections du Créateur, le détail de ses bienfaits : frappés à la simple idée de sa grandeur infinie, ils chantoient comme naturellement sa Bonté, sa Justice, sa Toute-puissance, sa Majesté. L'inépuisable fécondité de la nature, la variété des saisons, la beauté des campagnes, le retour périodique du jour & de la nuit étoient dans les familles le sujet ordinaire des conversations & des chants. Dans ces tems heureux, les accents mesurés de la voix n'étoient pas de simples délassemens, ils exprimoient encore les desirs de plaire à la Divinité, la douleur de l'avoir irritée, le desir d'appaiser son courroux ; tels sont les sentiments que nous admirons dans les Cantiques de Moyse, dont la sublimité nous ravit, dans ceux des Prophètes, dont l'élévation nous étonne ; dans ceux de David, dont la douce & touchante onction nous entraîne comme malgré nous. Les hommes ne persévérerent pas long-tems dans cette aimable simplicité ; ils suivirent bientôt le malheureux penchant qui les portoit au mal, & par une conséquence inévitable, ils cesserent d'honorer dans leurs chants celui qu'ils déshonoroient par leur conduite.

Les Maîtres de la terre exigerent qu'on leur consacrât les honneurs refusés à la Divinité; ils furent donc célébrés dans les poëmes, préconisés dans les hymnes, & invoqués dans les prieres: des chants sacriléges furent substitués à des Cantiques religieux, jusques dans les temples.

La flatterie ne fut pas le seul objet qui dirigea le Poëte. Chaque passion fut inspirée dans les vers, & les airs répondant aux paroles, porterent le venin de la corruption jusques dans les cœurs encore novices pour le crime. De-là les chansons lubriques & bachiques qui se sont succédées d'âge en âge, & dont notre siécle a couvert les sentiments d'un coloris plus fin, mais plus piquant, & peut-être plus dangereux.

L'époque de la profanation de la poésie est aussi celle de sa décadence : célébrer dans ses vers les louanges du Créateur, c'est donc la ramener à son institution primitive. Il n'est point de matiere plus ample pour exercer les talents du Poëte, comme il n'en est point de plus sublime. L'usage des Cantiques parmi les Chrétiens commença dès le berceau de l'Eglise : dès-lors elle s'occupa du soin glorieux d'exercer ses enfants à chanter les louanges de son divin Epoux. Saint Paul les animoit lui même à ce saint exercice ; chantez, leur dit-il, des Pseaumes, des Hymnes & des Cantiques spirituels capables de vous instruire, de vous édifier, & de vous exhorter mutuellement. Ceux qui persécuterent alors la Religion, accusoient les Fidéles de faire continuellement retentir les airs d'Hymnes en l'honneur de Jesus Chriſt & de Dieu. (*) Les ſaints Peres (**) animés des mêmes vues & du même zele que l'Apôtre, compoſerent ces belles Hymnes que nous admirons encore aujourd'hui, & qui faiſoient les délices des Chrétiens, au milieu des plus fatigantes occupations, & des Martyrs au milieu des plus rigoureux tourments : ils firent même des Cantiques pour les oppoſer à ceux des Hérétiques de leur tems. (***)

Enfin, dans notre ſiécle, la Religion a été célébrée avec dignité par des Poëtes qui ont cru ne pouvoir faire un meilleur uſage des talents qu'ils avoient reçus de ſon Auteur : leur eſprit naturellement élevé a ſoutenu dans leurs vers la dignité du ſujet qu'ils traitoient. Qu'il ſeroit à ſouhaiter que tous ceux qui ont eſſayé de les imiter, euſſent eu la même chaleur dans l'imagination, les mêmes graces dans la diction, la même ſimplicité dans l'expreſſion, le même goût dans le choix, la même variété dans les tours. Qu'il ſeroit à ſouhaiter que tous ceux qui ont célébré la Religion, euſſent eu les talents des Racine, d'un Rouſſeau, d'un Le Franc de Pompignan, d'un de Bologne, d'un de Reyrac : cependant ces Auteurs ſi célébres ont peu conſulté le goût & l'utilité du peuple, & ſur-tout de la jeuneſſe. Les Piéces admirables qu'ils nous ont laiſſées, ſont trop au-deſſus de leur foible intelligence. L'impoſſibilité de les comprendre ou

---

(*) *Chriſto & Deo.* Pline le jeune à Trajan.
(**) Saint Grégoire, Saint Ambroiſe, Saint Hilaire, Saint Paulin, le Pape Damaſe, Prudence, Venance Fortunat.
(***) Saint Ephrem contre Ammonius. Hiérothée loué par Saint Denis l'Aréopagite.

de les chanter , eſt un obſtacle invincible à ce qu'ils y puiſent le goût & la connoiſſance des vérités ſaintes qu'il eſt ſi eſſentiel de leur inſpirer. Ils ont ſans doute été rebutés par la difficulté de réuſſir dans les petites piéces. Les grandes ont plus d'éclat , plus d'appareil , mais elles ſont plus faciles à faire , ſur-tout quand on laiſſe la muſique à compoſer.

Il falloit donc des Cantiques également faciles à comprendre & à chanter : qu'ont fait les Poëtes qui ſe ſont appliqués à ce genre , ils ont adapté à certains airs des paroles aſſez mal aſſorties : de-là l'aviliſſement de la parole de Dieu, dans tant de vers ſans images , ſans goût , ſans poéſie, ſans ſentiments ; dans tant d'ouvrages enfantés par le mauvais goût , adoptés par la prévention , conſacrés par la ſuperſtition , plus propres à détruire & à ridiculiſer la piété, qu'à la feconder & à l'entretenir. (*) Ils ont prétendu par-là ſe mettre à la portée du Peuple ; nous eſpérons que ce Recueil proûvera qu'on peut inſtruire & édifier le peuple, ſans couvrir de ridicule la foi qu'il profeſſe. Car on ne peut diſconvenir que tel eſt l'effet des mauvais cantiques ; ceux qui ont l'eſprit cultivé , ne les liſent pas, les libertins s'en jouent, les perſonnes même de piété ne peuvent ſouvent s'empêcher d'en rire : de-là le dégoût aſſez général pour ce genre d'ouvrage , qui cependant n'eſt point indigne des talents d'un homme inſtruit : il ne faut pas une religion capable de grands efforts , pour être touché de tant

_____

(*) Ceux qui voudront des preuves de ce que nous avançons ici, en trouveront dans la Notice qui eſt à la tête de la troiſieme Partie de nos Cantiques avec la note.

de maux auffi réels. La feule idée que Dieu eft
avili dans des chants confacrés à l'honorer, produit naturellement celle de relever, s'il fe peut,
l'éclat de fa gloire, par des Ouvrages moins indignes de lui. Que d'admirables effets ne peuvent pas produire des ouvrages de cette nature ;
le chant eft un des agréments de la vie, il en
eft le délaffement, il eft de tous les états, de tous
les âges, de tous les lieux. Des Cantiques fimples dans les airs, dans les paroles, fatisfont également & l'efprit & le cœur : ils gravent dans
notre mémoire les dogmes que Dieu propofe à
notre foi ; ils nous enfeignent les maximes qui
doivent diriger notre vie : ils excitent en nous
les fentiments d'amour, de reconnoiffance, de
defir qu'exigent la bonté de Dieu, fes libéralités,
fes promeffes : ils nous détaillent les motifs capables de nous animer dans les peines inféparables
de la vie.

Il n'eft point de peuple qui n'ait compris le
fruit qu'on peut retirer des Cantiques. Chaque
Religion, chaque Secte a les fiens particuliers.
Les Hérétiques en ont compofé pour leur Profé-
lytes, afin que trouvant dans leurs temples le poifon qu'ils brûloient de verfer dans leurs cœurs
crédules ou corrompus, ils ne cherchaffent pas
dans les chants des Catholiques, des dogmes
dont la connoiffance auroit pu les engager à fe
réunir à eux. C'eft cette réflexion qui intro-
duifit le détestable ufage des chanfons ; nous
voyons encore aujourd'hui un cœur jaloux d'en
conquérir un autre, infpirer par fes chants, le feu
coupable qu'il defire partager avec l'objet de fes
vœux.

Les Miniſtres du Seigneur ſeroient-ils donc inſenſibles à la gloire de leur Maître: leur zele n'auroit-il point aſſez de force pour leur inſpirer le deſir efficace de tranſmettre dans les cœurs des peuples, dont le ſalut leur eſt confié, les ſentiments de religion qui les animent? Non, cette coupable indifférence ne ſera jamais notre partage. Nous connoiſſons toute la difficulté de l'entrepriſe; pour peu qu'on ait quelque teinture de la poéſie & de la muſique, on doit concevoir combien il eſt difficile d'appliquer, avec ſuccès, des paroles à des airs déja faits. Le choix d'un ſujet analogue à celui du chant; la néceſſité preſque continuelle où l'on eſt d'employer des ſyllabes longues ou breves, qui répondent à la différente valeur des Notes, la briéveté de la plupart des Vers, qui amene trop tôt la rime, ſans vous laiſſer le tems de la préparer, ni la liberté d'étendre une penſée, ou de ſuivre un ſentiment; l'attention ſcrupuleuſe qu'on doit avoir de ſaiſir le goût & le caractere d'un récit, d'une Ariette, d'un Rondeau, & d'en rendre le mouvement, la cadence, les agréments; tout concourt à gêner le talent du Poëte, & le force à ſacrifier bien des Vers, qui pourroient être harmonieux à la lecture & à la déclamation, mais qui ſeroient rudes à l'oreille, & peu propres à être chantés. Il eſt vrai que cette gêne fait faire des efforts, qui deviennent quelquefois heureux; mais plus ſouvent elle amortit le feu de l'imagination, en la reſſerrant dans des bornes trop étroites. Ainſi on peut dire, que quiconque s'eſſaye à ce genre d'ouvrage, ne peut guères eſpérer de faire rien d'excellent; & que le Public ne doit attendre de ſon travail, que quelque choſe de raiſonnable.

Tous ceux qui ont quelque connoiſſance en ce genre, ſçavent que juſqu'ici il n'a paru preſque aucune collection qui approche même de la médiocrité à peine trouve-t on dans des recueils conſidérables deux ou trois Cantiques qui méritent des éloges; ils ne réuniſſent preſque jamais le double avantage de plaire aux Poëtes & aux Muſiciens. Nous connoiſſons cependant quelques fragments dont la beauté décéle aſſez le talent des Auteurs; mais ils ſont en ſi petit nombre, qu'on ne peut les regarder que comme de ſimples eſſais: on les admire, & en même tems on regrette de n'avoir pas un ouvrage complet qui réuniſſe ce naturel, cette ſimplicité, ce ſentiment qui caractériſe le lyrique ſacré. Cette entrepriſe également pénible & rebutante, étoit digne des talents & du zele d'un Auteur célébre. qui eſt en même tems Poëte & Muſicien. (*) Ceux qui ſçavent apprécier le naturel de la poéſie, l'art de rendre avec ſimplicité les idées les plus ſublimes, admireront les richeſſes de ſon imagination, & l'inconcevable facilité avec laquelle il ſe proportionne au ſujet qu'il veut traiter. Il eſt le premier Auteur d'une Collection conſidérable de Cantiques qui réuniſſent les graces du chant & de la Poéſie. On jugera par ſon ouvrage des ſoins qu'il s'eſt donné pour aſſortir ſa Poéſie aux morceaux de Muſique dont il a fait choix.

(*) Le Pere de Bonaffos de la Tour, connu à Touloufe par la diſtinction avec laquelle il y a profeſſé la Rhétorique pendant pluſieurs années, connu dans tout le Languedoc & le Dauphiné, par ſes courſes apoſtoliques, & par les fruits de bénédiction que Dieu a répandu & répand encore ſur tous ſes travaux, conſacre tous les moments que lui laiſſe les œuvres de zele, à compoſer des Cantiques, qui ne ſont qu'une vive effuſion, qu'un tendre épanchement des ſentiments dont ſon cœur eſt pénétré.

Tous les Cantiques marqués d'une étoile * font entiérement de lui. (*) On y en trouvera fur des airs faciles & connus, qui font à la portée de tout le monde, & que le moindre Muficien pourra apprendre à ceux qui ne les fçavent pas : ils pourront être chantés dans le cours des Miffions, dans les Catéchifmes, dans le fein des Familles. Le plus grand nombre de fes Cantiques eft dans ce genre, parce que le Peuple & fur-tout la Jeuneffe, ont été l'objet particulier de fon travail.

Il y a ajouté plufieurs piéces, dont le chant eft plus travaillé & plus difficile ; mais connu prefque par-tout, parce qu'il eft pris des meilleurs ouvrages des grands Maîtres de l'art, & qu'il eft d'un beau naturel vrai & piquant qui frappe & faifit non feulement les connoiffeurs, mais le commun même des gens. Ces Piéces feront particuliérement utiles aux jeunes perfonnes qui apprennent la Mufique, & c'eft le but principal que s'eft propofé l'Auteur dans la plûpart de ces Opufcules. Les Maîtres trouveront dans ce Recueil leurs leçons toutes prêtes. En les laiffant dans les mains de leurs Difciples, ils feront affurés de former leur goût au beau chant, de contribuer à l'innocence de leurs mœurs, & de leur infpirer des fentiments de Religion.

Dans le fiécle où nous vivons, la Mufique fait, avec raifon, une partie de la bonne éducation. Pourquoi ne pas tourner cet objet du côté de la Piété ? & ne pas rendre à des Enfants Chrétiens, cet amufement innocent & falutaire, en les accoutumant à chanter les Louanges du Seigneur, & les amabilités de la vertu, qui fait

---

(*) On a oublié de mettre une étoile * aux Cantiques, pages 167, 315, 319, 361, 372, 378, & 382.

feule la gloire & le bonheur de l'homme , au lieu de mettre dans leur bouche ces paroles frivoles ou efféminées & voluptueufes, qui diffipent leur efprit , excitent leurs paffions , & amolliffent leur cœur.

Les autres Cantiques font de différents Auteurs ; il n'eft point de Recueil qui n'ait été mis à contribution. Nous nous fommes propofés le P. de la Tour pour modele, tant dans le choix , que dans la compofition d'un grand nombre de nouveaux Cantiques que renferme notre Recueil ; il a même eu la complaifance de nous guider dans la correction , & d'ajouter plufieurs Strophes à quelqu'uns des nôtres. Nous nous rendons affez de juftice pour fentir que malgré tous nos foins , nous n'avons pu réuffir à l'imiter. Quand on s'exerce à ce genre d'ouvrage , il ne fuffit pas de faire de bons vers , l'effentiel eft qu'ils aillent au chant, & il en eft peu qui y réuffiffent, comme le P. de la Tour, malgré l'opiniâtreté du travail, & un long ufage de la Poéfie, fur tout dans les Cantiques à plufieurs couplets , & dans les airs d'expreffion & de fentiment.

On reconnoîtra facilement la main de Maître dans ceux de l'incomparable Racine , & dans ceux de fon Fils. (*) Ceux de Fenelon décélent la can-

(*) Ce n'eft qu'à regret que nous avons fait des changemens aux Cantiques de Racine le Pere , pages 81 , 137 , & & dans ceux de fon Fils , pages 38 , 74, 110. Chaque Strophe de pareilles Piéces , devroit avoir fa Mufique particuliere : nous ne les avons confervées toutes fur le même air , que parce qu'il étoit connu depuis long-tems. On s'appercevra que nous avons été obligés de retrancher une fyllabe au fecond vers de chaque Strophe du Cantique de Racine le Pere , page 81 , parce que le Muficien avoit fait élider la derniere fyllabe du premier vers avec la premiere du vers fuivant, ce qui faifoit croire qu'il manquoit une note.

deur de son ame, la sincérité de son amour pour
Dieu & la délicatesse de son goût (*) Celui de
M. de Voltaire, qui commence par ces paroles *Entendrons-nous*, (**) est d'une poésie facile,
d'une noble simplicité, & rempli de sentiments, ce qui est essentiel à toute poésie lyrique. Celui de M. Fléchier, sur la Naissance
de N. S. J. C. est marqué au coin du bon
goût. (***) Des vers doux & faciles avec toutes
les graces de la naïveté caractérisent celui de
M. l'Abbé de Lattaignant, qui commence par
ces paroles *Charmants oiseaux*, (****) Nous nous
sommes contentés de faire à toutes ces Piéces
quelques légers changements absolument né-
cessaires pour le parfait accord de la mélodie.

Pour les autres ils ont été entiérement refon-
dus : nous avons été obligés de les travailler de
nouveau, & nous les avons tous revus avec soin :
on pourra juger des peines qu'ils nous ont coû-
tés, lorsqu'on considérera combien il est désa-
gréable de travailler sur les ouvrages d'autrui,
de réformer des rimes fausses, & le tems
considérable qu'exige nécessairement la com-
paraison des paroles avec la Musique. Les personnes qui compareront l'ancienne Edition avec
celle-ci, s'appercevront facilement qu'il n'est pas
une seule Strophe à laquelle on n'ait fait quelque changement.

Nous n'avons pas omis le Cantique *Bénissez le
Seigneur suprême*, (*****) qui a toujours été goûté

(*) Pages 187 & 277.
(**) Page 45. Nous aurions désiré d'y joindre l'Ode sur le
repentir, qui est du même Auteur ; mais la Musique qu'on y
avoit adapté ne convenoit qu'à la premiere Strophe, & il
auroit fallu changer entiérement les autres.
(***) Page 253. (****) Page 4. Nous avons cru devoir
ajouter à ce Cantique une premiere Strophe. (*****) Page 11.

avec raison : nous y avons fait des corrections pour le rendre plus doux au chant , & des additions qui lui donnent quelque nouveauté , il en est de même de ceux qui commencent par ces paroles : *Reviens pécheur. Voici Seigneur.* (*) parce que ces Cantiques connus depuis long-tems , sont simples , remplis de sentimens , & dans le goût de la vraie piété.

Ce Récueil est divisé en deux Parties : on trouvera dans la première les Cantiques sur les points principaux de Morale ; & dans la seconde , ceux sur les Mystéres & sur les Fêtes de la Sainte Vierge & des Saints. (**) Nous avons inférés à la fin quelques Cantiques sur des airs militaires à l'usage des Soldats. Nous y avons joint quelques Parodies , parce qu'on nous a prié avec instance de ne pas les supprimer. Nous ne croyons pas que ces sortes de piéces puissent jamais faire beaucoup de bien ; elles rappellent trop la chanson , & souvent on est tenté de la continuer préférablement à la Parodie , on ne doit jamais les chanter dans aucun Catéchisme , ni dans aucune assemblée de piété. Nous y avons

---

(*) Pages 96 , 118.

(**) Quoique cette Edition ait été faite pour réunir dans un seul volume, tout ce que renferment nos quatre Parties avec les airs notés , nous avons cru devoir supprimer les grandes Piéces du P. de la Tour, de M. le Franc de Pompignan & de M. l'Abbé de Reyrac ; elles auroient augmenté le volume inutilement , puisqu'on ne peut les chanter sans avoir la musique sous les yeux.

Lorsque ne sçachant pas l'air de quelque Cantique, on voudra en trouver la musique dans l'Edition avec les airs notés , il faudra , pour les Cantiques marqués d'une étoile, consulter la table alphabétique qui est à la fin de la II. Partie , & pour les autres , celle qui est à la fin de la IV.

enfin ajouté, en forme de Supplément quelques Cantiques qui ne se trouvent point dans
notre Edition avec les airs notés : il y en a plusieurs qui sont très-foibles de poésie : nous ne
les avons conservé que parce qu'ils étoient en
usage depuis long-tems dans nos Catéchismes,
& qu'on les auroit vu supprimer avec peine.

On nous a reproché d'avoir mis nos Cantiques
sur des airs profanes : Nous avons tâché de pu-
rifier & de consacrer ces airs, comme on purifie les Temples des Idoles, pour les consacrer
au culte du vrai Dieu : Nous avons voulu faire
servir les richesses de l'Egypte à la décoration
des Tabernacles de Sion, & en cela nous avons
imité S. Charles, S. François de Sales, S. François Xavier, M. de Fenelon, tous les Mission-
naires & Auteurs de Cantiques. Leurs raisons &
les nôtres sont les mêmes. Beaucoup de personnes
ne chantent des chansons, qu'à cause de la Musique qui leur plaît. Nous desirerions les engager
à substituer des paroles saintes, à des chansons
profanes, & souvent dissolues. Nos Cantiques
leur en fournissent l'occasion. La Musique sera
toujours la même ; mais son sujet cessera d'être
dangereux ; il deviendra instructif & édifiant :
Nous n'aurions sûrement pas réussi en mettant
nos Cantiques sur des airs nouveaux : S'ils
avoient plu, on les auroit peut-être chanté quelquefois, mais sans s'abstenir des chansons ;
nous aurions même eu à craindre qu'on y en eût
bientôt adapté. Les airs qu'on joue dans nos
Eglises pendant l'Octave de Noël, en sont une
preuve trop convaincante ; ils ont plu & aujour-
d'hui on ne parle plus des Noëls pour lesquels
ils avoient été composés, on ne connoît que bea

coup de très mauvaises chansons qui y ont été adaptées : on en a même profité pour des ariettes d'Opéra. (*) On nous objecte encore qu'il est singulier de voir des paroles profanes à la tête d'un Cantique , & on ajoute que pour apprendre l'air aux jeunes gens, il faudra auparavant leur apprendre la chanson ; à cela, nous répondrons que l'indication d'un air par les premieres paroles d'une chanson, est pour les personnes qui ne sçavent pas la musique, ce qu'est pour ceux qui la sçavent la clef de g-ré-sol ou celle d'f-ut-fa. Nous sçavons par expérience que le plus grand nombre, en voyant les premiers mots d'une chanson, chanteront l'air, sans même sçavoir le second vers.

Que le parallele des Payens & des Idolâtres avec les Chrétiens de nos jours, est humiliant pour nous ; ceux-là chantoient les louanges de leurs faux dieux jusques dans leurs festins & leurs débauches : ainsi voyons-nous l'infame Balthazar, au milieu de son festin & de ses concubines, louer ses dieux d'or & d'argent, dont il ne recevoit aucun bien. (**) Les Chrétiens au contraire regardent comme une partie de leurs plaisirs, celui de blasphêmer sans pudeur le Dieu dont ils ont reçu la vie, qui la leur conserve avec tous les biens dont ils jouissent.

Que cette conduite soit celle des libertins, nous n'en sommes point surpris ; mais que des Chrétiens qui se piquent de Religion, croient qu'en certains tems, dans certaines circonstan-

---

(*) *Annette à l'âge de quinze ans, &c. Jeune & novice encore, &c.*
(**) *Laudabant Deos suos aureos & argenteos.* Daniel, ch. 5. ℣. 4.

ces, ils peuvent se permettre cette satisfaction
coupable; c'est ce qui mérite des larmes de sang.
Les Peuples de Babylone pressoient les Juifs,
qu'ils avoient réduits en captivité, de chanter
les beaux Cantiques de Sion, dont ils avoient
fait retentir le Temple de Jérusalem : ceux-ci
répondoient qu'ils avoient suspendu leurs instru-
ments de Musique aux saules plantés sur les bords
du fleuve où ils étoient assis, qu'ils ne pouvoient
chanter les Cantiques du Seigneur dans une
terre étrangere, & qu'ils ne trouvoient de
consolation qu'à gemir & verser des larmes sur les
miseres extrêmes dont ils étoient comme acca-
blés. Telles étoient les réponses de ces Captifs
à ces Idolâtres qui les sollicitoient à chanter :
mais qui n'eût été scandalisé d'entendre les Juifs
prier leurs ennemis de chanter les airs de Babylone, & les Cantiques abominables par lesquels
ils honoroient leurs dieux.

Telle est, cependant, la conduite de nos Chrétiens ; ils préférent la coupe empoisonnée de
Babylone au Calice du Seigneur : ils aiment
mieux chanter les louanges des fausses divinités,
que celles de l'aimable vertu & de son Auteur.
Heureux ceux dont la langue n'a jamais été pro-
fanée par ces irréligieux usages !

Qu'il est doux, qu'il est consolant pour nous
de rendre à Dieu dans cet Ouvrage, le juste tribut qu'exigent ses aimables perfections : un de
nos vœux les plus ardents est de le faire connoître, aimer & glorifier par toutes ses créatures : il est lui-même le témoin que ce motif est
le seul qui a animé nos travaux, & soutenu
notre patience. Pour y réussir nous avons tantôt
exposé les dogmes qu'il propose à notre foi, afin

de les graver profondément dans la mémoire de
fon Peuple ; tantôt nous avons célébré fa bonté ,
fa libéralité , fa puiffance , afin d'animer la reconnoiffance, l'amour , la fidélité , & de fixer la
trop conftante inftabilité de fes Créatures ; ici
nous avons peint avec des couleurs fimples, mais
vives , le bonheur de l'ame jufte & fa félicité future , afin de faire germer dans les jeunes cœurs
le defir inné de pratiquer la vertu ; là nous avons
infpiré l'horreur du crime ; nous en avons dé-
taillé les funeftes fuites , afin d'en infpirer la
haine , & de porter à le fuir.

Nous pouvons bien répondre de la fincérité
de nos vues ; mais c'eft à Dieu de féconder nos travaux par fa grace. Daigne donc ce Dieu de toute
bonté , bénir cet Ouvrage que nous confacrons à
fa gloire! Puiffent, avec fon fecours ceux qui l'auront entre les mains , y puifer l'efprit de Religion , l'horreur du vice , le goût de la vertu , le
mépris des biens terreftres , le defir du célefte
bonheur , & les fentiments les plus vifs & les plus
purs du divin amour !

PRIX

De tous les Cantiques à l'usage de la Paroisse de Saint Sulpice, qui se trouvent chez le sieur CRAPART.

CANTIQUES ou Opuscules lyriques sur différents sujets de piété, avec les airs notés, imprimés à Toulouse, 1768, 1 *vol. in-8° de 360 pages,* avec le Supplément imprimé à Paris, brochés, ... 3 liv.

Les Cantiques que renferme ce volume, sont tous du même Auteur : on continue à distribuer le Supplément aux Personnes qui ne sont pas encore venues le prendre.

Opuscules sacrés & lyriques, ou Cantiques sur différens sujets de piété, avec les airs notés, à l'usage de la jeunesse de Saint Sulpice, en quatre Parties, *in-8°.* 1772, brochées, . 12 liv.
Les mêmes en papier d'Hollande , ... 24 liv.

Les mêmes Opuscules, sans les airs notés, en 1 *vol. in-12. de* 504 *pages,* 1772, broché, 1 l. 10 s.
Les mêmes en papier superfin, brochés , 2 l. 10 s.
Les mêmes, Abrégés , *in-12. sous presse.*

Cantiques spirituels sur les points principaux de la Religion & de la Morale chrétienne, à l'usage des petits Catéchismes , &c. 1 *vol. in-12* de 110 *pages* , 1769, broché, ... 8 s.
Cette édition a été faite pour les Campagnes.

On trouve chez le même Libraire quelques exemplaires des Livres suivants.
Le Culte de l'Amour divin , *ou* la Dévotion au Sacré Cœur de Jesus , par M. J. F. H. de Fumel, Evêque de Lodeve , 1 *vol. in-12.* relié , ... 1 liv. 4 s.
Le même avec des Exercices de Piété à , l'honneur des Sacrés Cœurs de Jesus & de Marie , tirés de différents Auteurs, 1 *vol. in-12.* relié , ... 1 liv. 16 s.
Catéchisme des Postulantes , *ou* Instructions pour les personnes qui pensent à entrer en Religion, par M. Collet, Prêtre de la Mission, 1 *petit vol. in-12.* broché, ... 6 s.
On y trouve aussi plusieurs Cantiques séparés, en feuilles , & entr'autres , un en l'honneur de S. Thérese avec la musique. 2 s.

CANTIQUES

CANTIQUES
SPIRITUELS.

PREMIERE PARTIE.

Sur les points les plus importants de la Religion & de la morale Chrétienne.

∗ CANTIQUE I.

Invitation à chanter les louanges du Seigneur.

Sur l'Air : *L'amour veut vous surprendre , &c.*

Aux doux Concerts des Anges
Mêlons tous nos louanges :
Chantons , de la voix & du cœur,
Chantons , comme eux , le Seigneur.
Aux doux , &c.

Seul, de notre langage,
Il mérite l'hommage ,
Et seul, il doit être, en tout tems ,
L'objet aimé de nos chants.
Aux doux , &c.

A

En lui tout eſt aimable ;
Charmant, grand adorable,
Sa gloire, ſon nom, ſes attraits,
Ses œuvres & ſes bienfaits.
Aux doux, &c.

Chantons-le dans lui-même,
Dans ſa beauté ſuprême ;
Chantons, & ne nous laſſons pas,
Chantons ſes divins appas.
Chantons le , &c.

Les Saints dans ſa préſence
Trouvent leur récompenſe ,
Leur paix, leur plaiſir , leur grandeur,
Le comble de leur bonheur.
Chantons-le, &c.

Toujours inépuiſable,
Toujours nouveau , durable,
L'éclat éternel de ſes traits
Ne ſe flétrira jamais.
Chantons-le, &c.

Que ſon nom eſt louable,
Puiſſant, doux admirable !
Chantons , béniſſons-le toujours,
Juſqu'au dernier de nos jours.
Que ſon Nom , &c.

A ce ſaint Nom tout tremble ,
Tout ſe proſterne enſemble,
Au Ciel, ſur la Terre & les Mers,
Et dans le fond des enfers.
Que ſon Nom , &c.

Mais s'il eſt rédoutable ,
Combien il eſt aimable !
Heureux mille fois le cœur
Qui peut goûter ſa douceur !
Que ſon Nom, &c.

Tout prêche sa puissance,
Et sa magnificence :
Chantons, consacrons nos concerts
Au Dieu qui fit l'univers.
Tout prêche, &c.

C'est sa main libérale
Qui pour nous seuls étale
Tout ce riche amas de beautés,
Qui tient nos yeux enchantés.
Tout prêche , &c.
Mais toute la nature
N'est, malgré sa parure ,
Qu'un foible rayon de ses traits,
Qu'une ombre de ses attraits.
Tout prêche, &c.

Nous sommes ses ouvrages,
Ses Temples, ses Images :
Chantons, célébrons, à, jamais
L'Auteur de tous nos bienfaits.
Nous sommes, &c.

Pour nous, quittant son Trône,
Il s'immole , il se donne ;
Pour tant de faveurs , tant d'amour,
N'auroit-il point de retour ?
Nous sommes, &c.

Tout pour lui rendre hommage,
Sait se faire un langage,
Et nous, connoissants ses appas,
Seuls, ne le bénirions pas ?
Nous sommes ,&c.

CANTIQUE II.

Elévations à Dieu à la vue des créatures.

Sur l'Air : *Dans nos hameaux la paix* , &c.

Du Roi des Cieux tout célebre la gloire,
Tout à mes yeux peint un Dieu Créateur ;
De ses bienfaits perdrois-je la mémoire ?
Tout l'Univers m'annonce son Auteur :
L'astre du jour m'offre par sa lumiere
Un foible trait de sa vive clarté :
Au bruit des flots, à l'éclat du tonnerre,
Je reconnois le Dieu de Majesté.

Charmants oifeaux de ce riant bocage,
Chantez , chantez , redoublez vos concerts :
Par vos accents, rendez un digne hommage,
Au Dieu puissant qui régit l'univers :
Par vos doux fons , votre tendre ramage,
Vous inspirez l'innocence & la paix ,
Et vos plaisirs, du moins , ont l'avantage ,
Que les remords ne les suivent jamais.

Aimables fleurs , qui parez ce rivage ,
Et que l'aurore arrofe de fes pleurs ,
De la vertu vous me tracez l'image ,
Par l'éclat pur de vos vives couleurs :
Si vous féchez oú l'on vous voit éclore ,
Et ne brillez fouvent qu'un jour ou deux
Votre parfum après vous dure encore ,
De la vertu fymbole précieux.

Charmant ruiffeau qu'on voit dans la prairie ,
Fuir , ferpenter , précipiter ton cours ,
Tel eft, hélas! celui de notre vie :

Comme tes eaux, s'écoulent nos beaux jours ;
Tu vas te perdre, à la fin de ta courfe,
Au fein des mers, d'où rien jamais ne fort ;
Et tous nos pas, ainfi dès notre fource,
Toujours errants, nous menent à la mort.

⬧⬥⬧

Petit mouton qui pais dans cette plaine,
Que tu me plais par ta docilité !
Au moindre mot du berger qui te mene,
On te voit fuivre avec fidélité ;
Si des Pafteurs choifis pour nous conduire,
Nous écoutions comme toi la leçon,
Des loups cruels voudroient en vain nous nuire :
Tu fuis l'inftinct mieux que nous la raifon.

⬧⬥⬧

Cher papillon, qui, d'une aîle légere,
De fleur en fleur voles fans t'arrêter,
De nos defirs tel eft le caractere :
Aucun objet ne peut nous contenter ;
Nous courons tous de chimere en chimere,
Croyant toujours toucher au vrai bonheur ;
Mais, ici-bas, c'eft en vain qu'on l'efpere,
Et Dieu peut feul remplir tout notre cœur.

CANTIQUE III.

Toutes les Créatures invitées à bénir le Seigneur.

A l'imitation du Cantique des trois Enfants dans la fournaife.

Sur l'Air militaire du drapeau.

Au Dieu de l'Univers,
Que tous les peuples divers
Confacrent, dans tous les tems,
Leurs concerts, leurs vœux, leurs encens :

Qu'à lui ſoit tout honneur,
Que tout être
Loue & ſon Auteur,
Et ſon Maître;
Que toutes les voix
Chantent ſon ſaint Nom à la fois.

⋅✕⋅

Seul, il avoit été
Régnant ſur l'éternité;
Et tout, à lui ſeul préſent,
Etoit dans l'oubli du néant.
Il dit, & ſous ſes yeux
Naît le Monde,
La Terre & les Cieux,
L'Air & l'Onde;
Tout le genre humain
Ne fut qu'un eſſai de ſa main.

⋅✕⋅

Anges & Séraphins,
Puiſſances & Chérubins?
Vous tous que ces ſaints attraits
Raviront d'amour à jamais !
Des céleſtes ardeurs
De vos flammes
Brûlez, & les cœurs,
Et les ames;
Dans tous les mortels,
Rendez vos tranſports éternels.

⋅✕⋅

O Cieux ! produiſez-vous;
Brillez, développez-nous
Ces traits de gloire entaſſés,
Que ces doigts divins ont placés.
Quel azur lumineux
Vous colore !
Quel eſſaim de feux
Vous décore !
Que de fortes voix
Prêchent ſa puiſſance à la fois.

O jour ! que ta clarté ,
Ta douce férénité,
L'enfemble de tes bienfaits ,
Nous font bien fentir fes attraits !
Malgré tous tes appas ,
Ta parure ,
Tu n'es même pas
La figure
Du jour immortel
Qui luit fur fon Trône éternel.

❖

O Nuit ! de ton Auteur
Révele la profondeur :
Sa gloire & fa majefté
Sont empreintes dans ta beauté.
Tes doux flambeaux , la paix
De tes ombres,
Tes voiles épais,
Tes traits fombres,
Le font , à leur tour ,
Auffi grand que le plus beau jour.

❖

Aftre brillant des jours !
Pourfuis ton rapide cours :
Fais voir l'éclat de tes feux
Aux climats les plus ténébreux.
Etale fa fplendeur
Sur les ondes ;
Montre fa grandeur
Aux deux Mondes ;
Annonce, en tout lieu,
Que ton Créateur eft feul Dieu.

❖

Vous , aftres de la nuit ,
Par qui fon ombre nous luit !
De quels amas de clartés
Frappez-vous nos yeux enchantés ?

A iv

Vos courfes, vos retours,
Vos abfences,
Vos vaftes contours,
Vos diftances,
Diront à jamais,
Que le bras d'un Dieu vous a faits.

Terre ! c'eft le Seigneur,
Qui fut le feul Créateur
Des germes de ces Tréfors,
Dont il enrichit tes dehors.
Qu'en voyant tes beautés,
Tes fpectacles,
Ses dons, fes bontés,
Ses miracles,
Pour bénir fa main
Ta voix s'ouvre autant que ton fein.

Plaines, déferts, vallons,
Collines, rochers & monts,
Ruiffeaux, fleuves & forêts,
Célébrez fa gloire à jamais.
Que vos divers accents
Se confondent;
Que les éléments
Vous fecondent;
Que tous les vivants
Soient autant d'échos de vos chants.

Du bruit de fa grandeur
Portez au loin la terreur,
Nuages, qu'un Dieu vengeur
Charge de fa jufte fureur !
Que vos éclairs perçants,
Vos ténébres,
Vos éclats bruyants
Et funébres,
Difent aux humains,
Que la foudre n'eft qu'en fes mains.

Rends fon nom glorieux,
O Mer! étale à nos yeux
Ton calme brillant & doux,
Les horreurs de ton fier courroux,
Tes monftres , tes tyrans,
Tes victimes ,
Tes flots , tes torrens,
Tes abymes ,
Tes bords , où fon bras
Mit un frein à tes attentats.

꘍

Vous , animaux divers ,
Dont l'air , la terre & les mers
Nous montrent l'agilité ,
Les effaims , l'inftinct, la beauté :
Réuniffez-vous tous ,
Votre hommage ;
Que tout foit , en vous ,
Un langage ,
Qui rende au Seigneur
Son tribut d'amour & d'honneur.

꘍

Déployez, ô faifons !
Vos eaux , vos feux, vos glaçons,
Vos neiges , vos aquilons,
Vos zéphirs , vos charmes , vos dons.
Venez , de jour en jour ,
Nous inftruire ;
Venez tour à tour
Nous redire ,
Qu'un Dieu tout-puiffant
Régle votre cours renaiffant.

꘍

Chef-d'œuvre de fes mains!
Portraits de fes traits divins!
O toi , pour qui font éclos ,
Homme, tant d'ouvrages fi beaux !

A v

Admire la splendeur
De ton être :
Mais rends-en l'honneur
A ton Maître.
Poussiere & néant,
Reconnois que seul il est grand.

⊹⊱⋇⊰⊹

Prêtres de l'Eternel,
Ministres de son Autel,
Echos de ses saintes loix,
Elevez pour lui votre voix.
Vivez purs, à ses yeux,
De tout crime;
Offrez en tous lieux,
La victime,
Qui, par sa valeur,
Peut seule égaler sa grandeur.

⊹⊱⋇⊰⊹

Vous, justes! dont le cœur
Pour lui brûle de ferveur,
Sans cesse de vos transports,
Redoublez l'ardeur, les efforts.
La pure activité
De vos flammes,
La sincérité
De vos ames,
Vos vœux innocents
Sont pour lui le plus doux encens.

⊹⊱⋇⊰⊹

De l'aurore au couchant,
Du nord au climat brûlant,
Que tout ce qui voit le jour,
Soit rempli de son saint amour.
Au seul nom du Seigneur
Que tout plie;
Que toute hauteur
S'humilie;
Que tous les Mortels
Ceignent à jamais ses Autels.

Auguste Trinité !
O seul Dieu de majesté !
Que toute l'éternité
Loue, adore ta sainteté,
Tes loix, ton équité,
Ta puissance,
Ton nom, ta bonté,
Ta clémence,
Ton infinité,
Ta grandeur, ton immensité.

CANTIQUE IV.

Les créatures invitées à bénir le Seigneur.

Sur l'Air : *Bénissez le Seigneur, &c.*

QUE le Seigneur est admirable,
Et sur la terre & dans les Cieux !
Qu'il y paroît grand à mes yeux !
Que je l'y trouve aimable !

De sa bonté, de sa puissance,
Je vois par-tout briller les traits ;
S'il est si beau dans tant d'objets,
Qu'est-il dans son essence ?

Contemplons, dans tous ses ouvrages,
L'éclat de ses perfections ;
Aimons la source dans ses dons,
L'auteur dans ses images.

Chaque créature est fidéle,
Seigneur, & docile à vos loix ;
Et sourd à votre tendre voix,
Seul, je vous suis rebelle.

Dans ces beaux lieux tout est fertile ;
J'y vois des fruits, j'y vois des fleurs :
Je le dis, en versant des pleurs,
Je suis l'arbre stérile.   A vj

Charmantes fleurs! un jour voit naître,
Briller, mourir, vos charmes doux;
Je mourrai moi-même après vous :
    Plutôt que vous peut-être.

        ❖❖❖

Béniffez le Seigneur fuprême,
Oifeaux épars dans les forêts !
Chantez, chantez fur-tout les traits
    De fon amour extrême.

        ❖❖❖

Vous roffignols faites de même,
Louez-le & le chantez toujours ;
Dites que les plus heureux jours
    Sont pour celui qui l'aime.

        ❖❖❖

Trifte & plaintive tourterelle !
Béniffez Dieu, rien n'eft fi doux ;
Je devrois plus gémir que vous;
    Mais je fuis moins fidele.

        ❖❖❖

Echo, toi dont la voix facile
Prend & répéte chaque fon,
A nous redire fon faint Nom
    Sois à jamais docile.

        ❖❖❖

Réduit tranquille, épais bocage !
Etale tes feuillages verds :
Mais au feul Dieu de l'Univers
    Rends-en le jufte hommage.

        ❖❖❖

Entre ces deux rives fleuries,
Coule en fon nom, petit ruiffeau !
Hors lui, tout fuit comme ton eau
    Va fuir dans ces prairies.

        ❖❖❖

Paiffez moutons en affurance,
Et béniffez le Bon-Pafteur .
Voit-il, en moi, votre douceur ?
    Ah ! quelle différence !

Que je me plais, & combien j'aime
A vous entendre, ô doux zéphirs !
Vous louez Dieu par vos soupirs,
    Que ne fais-je de même !

❊

Que le soleil, & que l'aurore,
Les champs, les plaines, les moissons,
Les plages, l'onde & les poissons,
    Que tout l'aime, & l'adore !

❊

Grand Dieu ! vous dont je suis l'image,
Serai-je seul, sans vous bénir ?
Non, non, je veux vivre & mourir,
    En vous rendant hommage.

✳ CANTIQUE V.

Le Seigneur béni spécialement dans les oiseaux.

Sur l'Air : *Jusques dans la moindre chose*, &c.

Benissez le divin Maître,
Oiseaux qui peuplez les airs !
Seul, votre Auteur, il doit être
L'objet seul de vos concerts :
Devenez les interprétes
Des êtres inanimés,
Prêtez à leurs voix muettes
Tous les sons que vous formez.   *Fin.*

La fraîcheur de vos feuillages,
L'écho qui rédit vos chants :
Vos retraites, vos ombrages,
De sa main sont des présents ;
Il émaille vos plumages :
Il vous enrichit d'appas :
Il vous donne vos ramages,
Ne le chanteriez-vous pas ?
Bénissez, &c.

Quand le jour, à la nature,
Rendant ses vives clartés,
Vient de toute créature
Vous dépeindre les beautés ;
Du Seigneur à vos bocages
Racontez les doux bienfaits :
Dites-leur que ses ouvrages,
Près de lui sont sans attraits.　　　　　*Fin.*

Quand la nuit étend ses voiles
Sur la Terre & sur les Cieux,
Et que les feux des étoiles
Se dérobent à nos yeux ;
Apprenez aux rives sombres,
Aux collines d'alentour,
Que c'est lui qui fit les ombres,
Comme la splendeur du jour.
Quand le jour, &c.

Echappés de vos asyles,
Dans un jour sérein & pur,
Quand, par vos essors agiles,
Du Ciel vous bravez l'azur ;
Annoncez au loin sa gloire,
Aux bords, aux êtres divers
Remplissez de sa mémoire
Le vuide immense des airs.　　　　　*Fin.*

Quand de vos aîles légeres
Suivant le rapide effort,
Vers des rives étrangeres
Vous tentez un autre sort ;
N'y volez que pour étendre
Sa puissance & sa grandeur ;
N'y chantez que pour apprendre
Son amour & sa douceur.
Echappés de, &c.

CANTIQUE VI.

Reflexions fur le chant des oifeaux.

Sur un Air nouveau.

QUE chantez-vous petits oifeaux ?
Je vous regarde & vous écoute :
C'eft Dieu qui vous a faits fi beaux,
    Vous le chantez fans doute.

·❦·

Son nom vous anime en ces bois,
Vous n'en célébrez jamais d'autre :
Faut-il que mon ingrate voix
    N'imite pas la vôtre ?

·❦·

Vos airs fi tendres & fi doux
Lui rendent tous les jours hommage :
Je le bénis bien moins que vous,
    Et lui dois davantage.

✳ CANTIQUE VII.

Le Seigneur béni fpécialement dans les fleurs.

Sur l'Air : *Monfeigneur voyez mes larmes,* &c.

FLEURS, l'honneur de nos rivages,
Du Très-Haut riches ouvrages,
Douces & vives images
Des rayons de fa fplendeur.
Uniffez tous vos hommages,
Pour les rendre à votre Auteur.
Pour les rendre à votre Auteur.   *Fin.*

C'eſt lui qui vous fit éclore ;
Il vous ouvre, il vous colore :
Il vous pare, il vous décore ;
Il parfume vos couleurs ;
Et par lui l'aurore
Vous arroſe de ſes pleurs.

La beauté du jour naiſſante,
L'heureux ſein qui vous enfante,
L'eau féconde qui ſerpente,
Pour étendre vos bourgeons !
Tout vous dit & vous préſente
Ses merveilles & ſes dons :
Ses merveilles & ſes dons.

Mais ſi ſon œuvre eſt ſi belle,
Qu'eſt donc ſa gloire immortelle ?
Que fut la vôtre auprès d'elle ?
Votre éclat auprès du ſien ?
Rien, rien.
Fleurs, l'honneur de nos, &c.

* CANTIQUE VII.

Le Seigneur béni ſpécialement dans les
fontaines & les ruiſſeaux.

Sur l'air : *L'amour eſt á craindre, &c.*

Ruisseaux & fontaines !
L'amour de nos plaines,
Béniſſez ſeuls à jamais
L'Auteur de vos bienfaits.
Ruiſſeaux & fontaines,
L'amour de nos plaines,
Béniſſez ſeuls à jamais
Le Dieu qui vous a faits.

Coulez, murmurez,
Pour lui rendre gloire :

Portez fa mémoire
Aux bords ignorés.
Ruiffeaux , &c.

Votre onde naiffante ,
Croiffante ,
Fuyante ,
Qui baigne les lieux enchantés :
Vos rivages ,
Vos ombrages ,
Vos flots argentés ,
Tout peint fes beautés.
Ruiffeaux , &c.

CANTIQUE IX.

Les fentiments qu'infpire une retraite champêtre.

Sur un Air nouveau.

ELOIGNEZ-vous, vain fpectacle du monde ;
A votre éclat je préfere ce lieu :
Afyle heureux ! dans une paix profonde,
Mon ame vient s'y remplir de fon Dieu.

Quand le matin, fous l'abri des feuillages,
De mille oifeaux j'entends les doux concerts ,
Mon cœur me dit qu'ils chantent les ouvrages
Et la bonté du Maître que je fers.

Près d'un troupeau, ce pafteur qui s'empreffe,
Des loups cruels fait braver les fureurs :
A fon exemple , il faut veiller fans ceffe
Pour me fauver du poifon des erreurs.

Ce clair ruiffeau , qui toujours fuit fa pente ,
Me plaît, me charme & m'inftruit dans fon cours :

Oui, c'eft ainfi que d'une ardeur conftante,
Vers vous, mon Dieu, je dois marcher toujours.

❧

Comme aux regards d'une aurore nouvelle,
Ces prés plus beaux de fleurs font revêtus :
Ici mon ame, à la voix quil'appelle,
Doit s'enrichir de nouvelles vertus.

❧

Suivons d'un Dieu, les loix, l'ordre fuprême,
Sa main puiffante eft notre unique appui:
Ouvrons les yeux, & lifons dans nous même,
Tout nous l'annonce & nous ramene à lui.

❧

Il fait briller ce foleil, dont les flammes
Parent les Cieux, nous donnent des beaux jours :
Bonté plus grande! il a formé nos ames
Pour le connoître & pour l'aimer toujours.

CANTIQUE X.

Les délices de la folitude champêtre.

Sur l'Air : *Des billets doux , &c.*

QUE je me plais dans ce réduit ,
Eloigné du monde & du bruit !
   Tout y fert à m'inftruire :
La nature eft un livre ouvert,
Où dans le plus fombre défert,
   Il eft aifé de lire.

❧

J'admire l'immuable cours
Des faifons , des ans & des jours ,
   Sans forger de fyftême :
Sans vouloir fonder fes décrets ,
J'adore en Dieu qui les a faits ,
   Sa puiffance fuprême.

❧

Lorfque la nuit vient à fon tour
Me cacher les beautés du jour,
   Sous fes voiles funébres :
Ainfi, dis-je, l'homme eft en foi,
Dès le moment qu'il perd la foi,
   Il n'eft plus que ténébres.

Quand nos champs font fémés de fleurs
J'apperçois peint dans leurs couleurs,
   Le plus beau des fpectacles :
Les divers oifeaux, par leur chant,
Pour le fage qui les entend,
   Sont comme autant d'oracles.

L'inftinct fûr de tant d'animaux,
Pour prévoir ou guérir leurs maux,
Leurs foins & leur adreffe,
Des plus grands jufqu'aux plus petits,
Tous d'un Dieu qui les a produits,
   Me montrent la fageffe.

Nos jours s'en vont comme ton eau,
Dis-je en voyant un clair ruiffeau
   Qui rend fon bord fertile ;
O trop heureux ! fi dans mon cours,
Je faifois, comme toi, toujours
   Quelque chofe d'utile !

CANTIQUE XI.

Les délices de la campagne.

Sur l'Air des Folies d'Efpagne.

Sombres forêts, aimable folitude,
Lieux ennemis de l'éclat & du bruit,
On eft chez vous libre d'inquiétude,
Et des foucis que le monde produit.

Dans vos déferts , une douce influence
Fait refpirer un air doux & ferein ,
C'eft le féjour de l'aimable innocence ,
C'eft l'avant-goût du bonheur fouverain.

Fuyons aux champs , retirons-nous des villes ,
Dont le commerce eft toujours fi fatal :
Allons chercher des retraites tranquilles ,
Où nous puiffions vivre à l'abri du mal.

Du Dieu vivant, de qui j'ai reçu l'être ,
Tout dans ce lieu me parle tour à tour ;
Jufqu'aux rochers tout me le fait connoître ,
Et tout pour lui ranime mon amour.

Là méprifant une fragile gloire ,
Et dégagé de toute ambition ,
Je ne me plais qu'à nourrir ma mémoire
Du fouvenir de la fainte Sion.

Là , des péchés d'une langue maligne ,
Me retraçant le funefte venin ,
Je pleure , hélas! fur le plaifir indigne ,
Que je goûtois en bleffant mon prochain.

Loin de ces lieux cet infâme langage ,
Qui dans le cœur porte des coups mortels;
Dans ce féjour , d'un difcours trop volage ,
Je m'interdis les abus criminels.

Charmant défert , trop aimable filence ,
Je fuis heureux, je connois vos appas ;
En vous gardant, je vis dans l'innocence ,
De quels péchés ne m'éloignez-vous pas ?

Tantôt errant de prairie en prairie ,
Si je m'arrête au bord d'un clair ruiffeau ,
Hélas ! me dis-je, ainfi coule la vie ,
Elle s'enfuit plus vîte que cette eau.

Si des oiseaux j'entends le doux ramage,
Leur voix m'invite à chanter à mon tour:
Sans différer, dans un tendre langage,
Au Dieu puissant, je chante mon amour.

Si quelque lys brille sur le rivage,
Je suis frappé de sa vive blancheur;
Heureux celui, dont le lys est l'image
De la pudeur qui régne dans son cœur.

Rose charmante en qui je vois paroître
Un vif éclat qui nous enchante tous;
Dans peu de tems vous mourrez; mais peut-être
Vivrai-je, hélas! vivrai-je moins que vous.

Quand je me vois sous un épais feuillage,
Je suis ravi du doux bruit des zéphirs,
Avec plaisir j'imite leur langage,
Et vers le Ciel je pousse des soupirs.

Lorsqu'à mes yeux un arbre se présente,
Courbé, tombant sous le poids de son fruit,
Je le regarde, & d'une voix tremblante,
Je dis, hélas! & je n'ai rien produit.

Dès que la nuit étend ses sombres voiles,
Je me rappelle & la mort & son deuil;
Et je crois voir dans le feu des étoiles,
Les pâles feux qui brillent au cercueil.

Rempli du Dieu que j'aime & que j'implore,
J'en entretiens les rochers d'alentour;
Ils sont témoins du feu qui me dévore,
Et leurs échos en parlent nuit & jour.

* CANTIQUE XII.

La néceſſité de s'attacher à Dieu,
ſur-tout pendant la jeuneſſe.

Sur l'Air : *Rieʒ ſans ceſſe.*

Tendre jeuneſſe,
Que votre tendreſſe,
Que votre cœur
Soit tout pour le Seigneur.
Heureux qui l'aime
Lui ſeul dès le berceau même :
En l'aimant toujours,
On n'a que de beaux jours.

❖

Je te déteſte,
Volupté funeſte,
Fatal poiſon,
Qui ſéduis ma raiſon.
Tu nous enchantes
Par des images riantes;
Mais que tes douceurs
Entraînent de malheurs !

❖

Grandeurs mondaines,
Que vous êtes vaines !
De vos appas
Que je fais peu de cas !
Dans votre pompe,
Tout nous plaît, mais tout nous trompe,
C'eſt un faux brillant
Que diſſipe un inſtant.

❖

Biens mépriſables,
Tréſors périſſables,
Par quelle erreur,

Abufez-vous le cœur!
Combien de vuide
Trouve dans vous l'homme avide,
Plus il vous connoît,
Moins il eſt fatisfait.

Monde prophane,
Jeſus te condamne;
Qui ſuit ta Loi
Se perdra comme toi:
Monde perfide,
Tes biens n'ont rien de folide:
Non, non, tes attraits
Ne me vaincront jamais.

Dieu feul, aimable,
Seul bien véritable,
De notre cœur
Peut faire le bonheur:
Heureufe l'ame
Qu'il embrafe de ſa flamme!
Lui feul peut charmer
Des cœurs faits pour l'aimer.

Jeſus aimable !
Sauveur adorable !
Rien n'eſt ſi doux
Que de n'aimer que vous.
Oui, je vous aime,
Plus que tout, plus que moi-même:
Mon cœur fans retour,
Vous donne ſon amour.

* CANTIQUE XIII.

Les avantages d'une ame innocente.

Sur l'Air : *Les doux plaisirs habitent ce bocage*, &c.

Heureuse l'ame où régne l'innocence,
Et qu'enrichit sa premiere beauté !
Non, ce bonheur du monde si vanté,
Ces doux plaisirs qu'enfante l'opulence,
N'ont rien d'égal à sa félicité.

Du Tout-puissant, une ame sainte & pure
Fixe sur elle & le cœur & les yeux ;
Il s'y complaît : ce Dieu, du haut des Cieux,
N'apperçoit rien, dans toute la nature,
Qui soit plus beau, plus grand, plus précieux.

Mais un objet plus cher à sa tendresse
Est la vertu dans un âge naissant ;
La conserver, sans la perdre un instant,
Malgré le feu d'une foible jeunesse,
Est un spectacle encore plus ravissant.

Vils amateurs de la gloire mondaine,
De ses appas connoissez donc l'erreur ;
Tout cet éclat, tout cet air de splendeur,
Tous ces honneurs ne sont qu'une ombre vaine :
Sans l'innocence il n'est point de grandeur.

Tendres enfants ! aux délices perfides,
Aux faux plaisirs n'ouvrez point votre cœur ;
N'aimez jamais, n'aimez que le Seigneur :
Dans son amour sont les seuls biens solides,
Sans son amour, il n'est point de bonheur.

Par

Par quels attraits, le crime, & par quels charmes,
Peut-il, hélas! pervertir tant de cœurs ?
Les noirs remords, & les vives frayeurs,
Le ver rongeur, les mortelles allarmes
Suivent toujours les traces des pécheurs.

Le sort du juste est bien plus desirable;
De son bonheur rien n'arrête le cours:
Toujours content, son cœur goûte toujours
La pure joie, & la paix véritable ;
Ses jours pour lui ne font que d'heureux jours.

A tout revers son ame est toujours prête,
Et son esprit n'est jamais agité;
Tous les efforts de l'enfer irrité,
Tous les malheurs rassemblés sur sa tête,
N'alterent rien de sa tranquillité.

Chéri de Dieu, toujours à Dieu fidéle,
Toujours constant à l'aimer à son tour;
Des saints tréfors qu'il gagne chaque jour,
Il enrichit la couronne immortelle,
Que le Seigneur réserve à son amour.

Pour les pécheurs, la mort si rédoutable,
S'offre à ses yeux fous des traits de douceur :
Rempli d'espoir, sans trouble, sans frayeur,
Il meurt tranquille, & d'un sommeil aimable
Il passe au sein de son Dieu créateur.

O vous! dont l'ame encore belle & pure,
Du crime a sçu se défendre toujours;
Ah! si jamais, même un seul de vos jours
Doit se ternir de sa noire souillure,
Qu'une mort prompte en abrége le cours.

B

CANTIQUE XIV.

Le bonheur d'une fainte enfance.

Sur l'Air : *L'amour vous appelle*, &c.

HEUREUSE l'enfance,
Dont les tendres ans,
Dans leur innocence,
Vont toujours croiffants.   *Fin.*
Heureufe l'enfance, &c.

Les jours de cet âge
Donnés au Seigneur,
Sont un fûr préfage
Du plus doux bonheur. Heureufe, &c.

La vertu naiffante
Devient, à jamais,
La fource abondante
D'une fainte paix :
   Son empire,
   Seul attire
Tous les biens parfaits. Heureufe, &c.

❦

Heureufe l'enfance, &c. Heureufe, &c.
Dieu fixe fur elle
Son puiffant fecours;
L'ombre de fon aîle
Couvre tous fes jours. Heureufe, &c.

De fon innocence
L'éclat renaiffant,
A l'adolefcence
Paffe floriffant,
   Et décore
   Plus encore
L'âge vieilliffant, &c. Heureufe, &c.

CANTIQUE XV.

Les avantages de la ferveur.

Sur l'Air : *L'Aurore vient de naître , &c.*

Goutez , ames ferventes !
Goûtez votre bonheur ;
Mais demeurez conftantes
Dans votre fainte ardeur.

Heureux le cœur fidéle ,
Où régne la ferveur !
On poſſéde avec elle
Tous les dons du Seigneur,
Tous les dons du Seigneur.   *Fin.*

Elle eft le partage
Et le fceau des Élus ;
Elle eft l'appui , le gage ,
Et l'ame des vertus.
Heureux le ,&c.

Par elle , la foi vive
S'allume dans les cœurs ,
Et fa lumiere active,
Guide & régle nos mœurs.
Heureux le , &c.

Par elle , l'efpérance
Ranime fes foupirs,
Et croit jouir d'avance
Du Dieu de fes defirs.
Heureux le , &c.

Par elle , dans les ames,
S'accroît, de jour en jour ,

B ij

L'activité des flammes ,
Du faint , du pur amour.
Heureux le , &c.

❧⊰❧⊱❧

C'eſt ſa vertu puiſſante
Qui garantit nos ſens ,
De l'amorce attayante
Des plaiſirs ſéduiſants.
Heureux le , &c.

❧⊰❧⊱❧

C'eſt ſous ſa vigilance ,
Que l'eſprit , que le cœur
Gardent leur innocence ,
Et ſauvent leur pudeur.
Heureux le , &c.

❧⊰❧⊱❧

C'eſt elle , qui de l'ame
Dévoile la grandeur :
Et le zéle s'enflamme
Par ſa vive chaleur.
Heureux le , &c.

❧⊰❧⊱❧

De l'ame pénitente
Elle rend doux les pleurs,
Et de l'ame ſouffrante
Elle éteint les douleurs.
Heureux le , &c.

❧⊰❧⊱❧

Celui qui fut docile
A vivre ſous ſes loix,
Courut d'un pas agile ,
La route de la Croix.
Heureux le , &c.

❧⊰❧⊱❧

Par elle, du martyre,
Les ſanglantes rigueurs,
Au cœur qui le deſire ,
N'offrent que de douceurs.
Heureux le , &c.

Elle eſt pour qui ſeconde
Ses généreux efforts
Une ſource féconde,
De céleſtes tréfors.
Heureux le, &c.

Une larme ſincere,
Un ſeul ſoupir du cœur,
Par elle, a de quoi plaire
Aux yeux purs du Seigneur.
Heureux le, &c.

C'eſt elle qui prépare
Tous ces traits de beauté,
Dont la main de Dieu pare
Les Saints dans ſa clarté.
Heureux le, &c.

Sous ſes heureux auſpices,
On goûte les bienfaits,
Les charmes, les délices
De la plus douce paix.
Heureux le, &c.

Mais, ſans ſa vive flamme,
Tout déplaît, tout languit;
Et la beauté de l'ame,
Se fane & dépérit.

Heureux le cœur fidéle,
Où régne la ferveur,
On n'a part qu'avec elle,
Aux ſaints dons du Seigneur.

* CANTIQUE XVI.

La paix du cœur.

Sur l'Air : *Préfent des Dieux , doux charme , &c.*

O SAINT repos! ô calme plein d'attraits !
Digne objet de mes vœux, paix à jamais aimable !
    Une ame infidéle & coupable
Ne goûte point le fruit de tes divins bienfaits. *Fin.*
Mais lorfque dans un cœur tu peux voir l'inno-
    cence,
Tu viens pour y fixer ton régne & tes faveurs :
    Tu le ravis par ta préfence ;
    Et rien n'égale les douceurs
    Qu'il trouve dans ta jouiffance.
O faint repos ! &c.

* CANTIQUE XVII.

Le bonheur de la paix de l'ame.

Sur l'Air : *Dans quel afyle , &c.*

PAIX defirable !
Paix délectable !
Tu fais tout le bonheur
Dont peut jouir un cœur:
    L'ame innocente ,
    Toujours contente ,
Ne veut rien hors de foi ,
Et trouve tout en toi.   *Fin.*

    Ton fein tranquille
    Eft un afyle
Contre les coups divers
Du monde & des revers. Paix, &c.

Cœur innocent! ton alégreſſe,
    Tes doux tranſports
    Sont ſans remords ;
    Si la triſteſſe,
    Si la foibleſſe
Menacent tes beaux jours,
Dieu vient à ton ſecours :
Il te chérit, & ſa tendreſſe,
    De ſes bienfaits,
    Nourrit ta paix.   Paix, &c.

CANTIQUE XVIII.

Les avantages de la vertu.

Sur l'Air : *Thémire eſt belle*, &c.

QUAND on vit dans l'innocence,
Quel bonheur a plus d'attraits ?
Sentir dans ſa conſcience,
Régner le calme & la paix ;
C'eſt avoir la jouiſſance
Des vrais biens, des biens parfaits.

Regarder ſans jalouſie,
Les grands au-deſſus de nous ;
Aider avec modeſtie,
Ceux que Dieu met au-deſſous,
C'eſt là l'état de la vie
Le plus ſûr & le plus doux.

Par l'envie ou l'avarice,
Un cœur qui ſe ſent ému,
Dans un éternel ſupplice,
Vit troublé, vit combattu ;
Et nous prouve que le vice
Coûte plus que la vertu.

B iv

Etre content du partage
Que le Ciel fit entre nous ;
N'en faire qu'un faint ufage,
N'eft pas un fort bien doux :
Par-tout l'homme le plus fage,
Fut le plus heureux de tous.

---

* CANTIQUE XIX.

Les amabilités de la vertu.

Sur l'Air : *Monfeigneur voyez mes larmes , &c.*

O SAGESSE defirable !
Don des Cieux ineftimable ;
O tréfor inépuifable
Qui fais le bonheur des cœurs !
Quand de ta préfence aimable,
Goûterai-je les douceurs,
Goûterai-je les douceurs !   *Fin.*

L'innocence eft ta parure ;
Ta beauté fut toujours pure ;
Ta gloire eft folide & fûre ;
Tes jours calmes & fereins :
Ton régne m'augure
La félicité des Saints.

Loin de toi rien n'eft tranquille,
Rien n'eft grand, rien n'eft utile ;
Tout eft faux, tout eft fragile,
Tout s'éclipfe devant toi.
Heureufe eft l'ame docile
Qui fe range fous ta loi,
Qui fe range fous ta loi !

Vers toi feule je foupire ;
Viens étendre ton empire

Sur un cœur qui te defire;
Viens l'enrichir de tes biens,
Viens, viens.
O Sageffe defirable, &c.

CANTIQUE XX.

Defirs de poffèder la vertu,

Sur un Air nouveau.

TA beauté m'attire,
C'eft à ton empire,
O Vertu ! que je me foumets:
On te repréfente
Trifte & rébutante;
Par ces faux portraits,
On défigure tes attraits:
Qui fait te connoître,
Dans fon cœur fent naître
Ce bonheur d'aimer
Que l'efprit ne peut exprimer.

Beautés paffageres,
Douceurs menfongeres,
Votre éclat m'avoit enchanté:
Vains objets du monde !
Malheureux qui fonde
Sa félicité,
Sur votre fauffe volupté:
Oui, dans un beau fonge
Votre erreur nous plonge ;
Mais que ce fommeil
Eft fuivi d'un affreux réveil !

Quand même notre ame
Seroit une flamme
Dont la mort borneroit le cours;

B v

Oui, je voudrois vivre,
Vertu, pour te fuivre :
Ton divin fecours
Seul nous affure de beaux jours :
Pour l'ame immortelle,
Quel guide fidéle !
Il l'a fait aimer
Du Dieu qui daigna la former.

---

* CANTIQUE XXI.

Les douceurs du joug du Seigneur.

Sur l'Air : *Tout me dit que Lindor eft charmant, &c.*

O QU'IL eft doux le joug du Seigneur !
Qu'il a de charmes, & qu'un cœur,
Qui fous lui fe range,
Goûte de bonheur !
S'il offre à nos yeux quelque rigueur
Quand on le porte avec ferveur,
Sa rigueur fe change,
Se répand en fource de douceur. *Fin.*

La tranquille innocence,
La vive confiance,
Le calme de la paix,
Sont de fes bienfaits
Le célefte gage :
Loin de lui les pleurs,
Les fombres frayeurs,
Les maux des pécheurs,
Sous lui de nos croix
Difparoît le poids ;
Heureux qui l'a pour partage.
O qu'il eft doux, &c.

CANTIQUE XXII.

Le service du Seigneur.

Sur l'Air : *Vous dites toujours maman , &c.*

Ne servons que le Seigneur :
A lui seul donnons notre cœur.
 Sans lui point de grandeur,
  Point de vrai bonheur,
   Point de douceur.   *Fin.*

  Seul il est aimable,
   Seul bienfaisant,
   Seul adorable.
  La paix qu'on ressent ,
   En le servant ,
  Est inaltérable.

Ne servons que le Seigneur;
A lui seul donnons notre cœur.
 En lui tout est grandeur ,
  Tout est vrai bonheur,
   Tout est douceur.

  D'un si bon Maître,
   Qui suit la voix ,
   Ne cesse d'être
  Heureux sous ses loix.   *Fin.*

  Seul bien suprême,
  On doit l'aimer :
  Et plus on l'aime,
Plus il a de quoi charmer. D'un si bon , &c.
  Ses bienfaits,
  Ses divins attraits,
   Dans sa paix ,
Font nos délices à jamais. D'un si bon, &c.
 Ne servons, &c.

CANTIQUE XXIII.

Le service du Monde.

Sur l'Air précédent.

FUYONS le monde enchanteur ;
Il causeroit notre malheur :
En lui, tout n'est qu'erreur,
Qu'ombre de grandeur,
Que faux bonheur.   *Fin.*

Sa beauté riante,
Sous quelques traits,
Paroît charmante ;
Mais ni ses attraits,
Ni ses bienfaits
N'ont rien qui contente.

Fuyons le monde enchanteur,
Il causeroit notre malheur.
Ce n'est qu'un séducteur,
Qu'un tyran flatteur,
Qu'un imposteur.

Sous son empire
Tout est poison,
Danger, délire,
Songe, illusion.   *Fin.*

Il nous caresse
Pour nous trahir,
Et sa tendresse
Ne conduit qu'au repentir. Sous son, &c.

Les mépris,
Les tourments, les cris
Sont le prix
De ses esclaves favoris. Sous son, &c.
Fuyons le monde, &c.

CANTIQUE XXIV.
Les dangers du Monde.

Sur l'Air : *On dit par-tout que pour vous* , &c.

COMBIEN de flots nous preffent dans le monde,
Contre l'orage, on n'y voit point de port :
   La terre & l'onde ,
   Tout eft d'accord ,
Tout s'y prépare à nous donner la mort,
Nous périffons fi Dieu ne nous feconde.

Prêtant un voile à la laideur des vices,
A notre vue il fait les dérober ;
   Mille artifices
   Font fuccomber ,
A chaque pas on rifque de tomber ;
C'eft un chemin bordé de précipices.

Par fes faux biens il cherche à nous féduire ,
Il nous promet de combler tous nos vœux :
   L'air qu'il refpire
   Eft dangereux ,
Ses faux honneurs éblouiffent les yeux ;
De fes plaifirs que perfide eft l'empire !

C'eft à vous feul, grand Dieu! que je m'adreffe ,
Dans le danger où je fuis de périr :
   Daignez fans ceffe
   Me fecourir ;
A tous moments je puis, hélas! mourir ,
Si votre main me laiffe à ma foibleffe.

Que peut donner ce monde qui nous tente:
Il promet tout, & ne tient jamais rien ;

Ce qu'il nous vante
Eſt un faux bien :
Votre amour ſeul eſt digne du Chrétien :
Votre amour ſeul peut remplir notre attente.

CANTIQUE XXV.

La corruption du Monde.

Sur l'Air : *Le Dieu qui regne dans Cythere , &c.*

V I E N S nous tirer de cet abîme ,
Où , Seigneur, nous ſommes perdus ;
La terre eſt l'empire du crime,
On y cherche tes Saints, & l'on n'en trouve plus.

Tems déplorables où nous ſommes !
Jours d'erreurs & d'iniquités !
Oui, mon Dieu, les enfants des hommes
Ont par-tout altéré tes ſaintes vérités.

On ne voit qu'indigne artifice ,
Que menſonge , que trahiſon ;
Et l'inſatiable avarice ,
Au fond de tous les cœurs répand ſon noir poiſon.

Des lévres vaines & flatteuſes
Ton ſecours peut ſeul nous ſauver :
Fais taire les langues menteuſes ;
Bientôt contre toi-même elles vont s'élever.

Confonds ces hommes qui prétendent
Que rien ne doit leur reſiſter ;
Puiſſants par le crime , ils demandent,
Quel maître en l'univers ils ont à redouter.

J'entends les cris de l'innocence ,
Je me leve , dit le Seigneur ,
De la vertu , dans l'indigence ,
Il eſt tems de finir l'opprobre & le malheur.

C'eſt à ſon aide que je vole :
Il l'a dit , ne craignons plus rien ;
L'or eſt moins pur que ſa parole,
Du pupille opprimé ſon bras eſt le ſoutien.

◦❊◦

Tandis que dans leur folle ivreſſe,
Son courroux laiſſe les humains ,
Rendons hommage à ſa ſageſſe ,
Qui ſouvent à nos yeux dérobe ſes deſſeins.

CANTIQUE XXVI.

La vanité des choſes mondaines.

Sur l'Air militaire du drapeau.

Tout n'eſt que vanité,
Menſonge , fragilité ,
Dans tous ces objets divers
Qu'offre à nos regards l'univers.
Tous ces brillants dehors ,
Cette pompe,
Ces biens , ces tréſors,
Tout nous trompe ,
Tout nous éblouit ;
Mais tout nous échappe , & tout fuit.

◦❊◦

Telles qu'on voit les fleurs ,
Avec leurs vives couleurs ,
Eclore, s'épanouir ,
Se faner , tomber & périr;
Tel eſt des vains attraits
Le partage;
Tels l'éclat , les traits
Du bel âge,
Après quelques jours ,
Perdent leur beauté pour toujours.

◦❊◦

En vain, pour être heureux ,
Le jeune voluptueux

Se plonge dans les douceurs
Qu'offrent les mondains féducteurs.
 Plus il fuit les plaifirs
  Qui l'enchantent,
 Et moins fes defirs
  Se contentent :
 Le bonheur le fuit,
A mefure qu'il le pourfuit.

   ⸙

 Que doivent devenir,
Pour l'homme qui doit mourir,
Ces biens, long-temps ramaffés,
Cet argent, cet or, entaffés ?
 Fût-il du genre humain
  Seul le maître,
 Pour lui tout, enfin,
  Ceffe d'être :
 Au jour de fon deuil,
Il n'a plus à lui qu'un cercueil.

   ⸙

 Que font tous ces honneurs,
Ces titres, ces noms flatteurs ?
Où vont de l'ambitieux
Les projets, les foins & les vœux ?
 Vaine ombre, pur néant,
  Vil atome,
 Menfonge amufant,
  Vrai fantôme,
 Qui s'évanouit
Après qu'il l'a toujours féduit.

   ⸙

 Tel qui voit aujourd'hui
Ramper au-deffous de lui
Un peuple d'adorateurs,
Qui brigue à l'envi fes faveurs :
 Tel devenu demain,
  La victime
 D'un revers foudain
  Qui l'opprime,

Nouveau malheureux,
Eſt eſclave & rampe comme eux.

❦

J'ai vu l'impie heureux ,
Porter ſon air faſtueux,
Et ſon front audacieux
Au-deſſus du cédre orgueilleux :
 Au loin tout révéroit
  Sa puiſſance,
  Et tout adoroit
  Sa préſence ;
  Je paſſe & ſoudain
Il n'eſt plus ; je le cherche en vain.

❦

Que ſont donc devenus
Ces grands, ces guerriers connus ;
Ces hommes dont les exploits
Ont ſoumis la terre à leurs loix ?
 Les traits éblouiſſants
  De leur gloire,
  Leurs noms floriſſants ,
  Leur mémoire,
  Avec les Héros,
Sont entrés au ſein des tombeaux.

❦

Au ſçavant orgueilleux
Que ſert un génie heureux ,
Un nom devenu fameux
Par mille travaux glorieux ?
 Non, les plus beaux talens,
  L'éloquence ,
  Les ſuccès brillants ,
  La ſcience
  Ne ſervent de rien
A qui ne ſait vivre en Chrétien.

❦

Arbitre des humains,
Dieu ſeul tient entre ſes mains
Les événements divers,
Et le ſort de tout l'univers :

Seul , il n'a qu'à parler ,
Et la foudre
Va frapper, brûler,
Mettre en poudre
Les plus grands héros,
Comme les plus vils vermiſſeaux.

⬦

La mort, dans ſon courroux,
Diſperſe à ſon gré ſes coups ,
N'épargne , ni le haut rang,
Ni l'éclat auguſte du ſang.
Tout doit un jour mourir ,
Tout ſuccombe ;
Tout doit s'engloutir
Dans la tombe ;
Les ſujets, les Rois
Iront s'y confondre à la fois.

⬦

Oui, la mort, à ſon choix ,
Soumet tout âge à ſes loix;
Et l'homme ne fut jamais
A l'abri d'un ſeul de ſes traits:
Comme ſur ſon retour,
La vieilleſſe,
Dans ſon plus beau jour ,
La jeuneſſe,
L'enfance, au berceau,
Trouvent tour-à-tour leur tombeau.

⬦

O combien malheureux
Eſt l'homme préſomptueux,
Qui, dans ce monde trompeur,
Croit pouvoir trouver ſon bonheur !
Dieu ſeul eſt immortel,
Immuable,
Seul grand, éternel,
Seul aimable ;
Avec ſon ſecours,
Soyons à lui ſeul pour toujours.

⬦

CANTIQUE XXVII.

La vanité du bonheur des Mondains.

Sur l'Air des songes funestes d'Atys, &c.

L'HOMME voluptueux
Paroît heureux;
On croit voir les plaisirs
Combler tous ses desirs:
Mais ce trompeur
N'a qu'un fantôme de bonheur;
Les sens flattés
Sont enchantés:
L'horreur
Est dans le cœur.

Ce cœur en vain veut chercher le repos;
Toujours battu des flots,
Les remords & les regrets,
Fruits amers de ses forfaits,
Ne le laisseront jamais
Dormir au sein de la paix.
Dieu terrible en ses arrêts,
Va sur lui rassembler tous ses traits.
Quel est enfin,
A la mort, son destin?
Les fiers démons, tyrans cruels,
Vont l'entraîner dans les feux éternels.

CANTIQUE XXVIII.

La feule confiance en Dieu.

Sur l'Air : *Si des galants de la ville*, &c.

LES Grands , les Princes du monde
Sont fi foibles & fi faux ;
Celui qui fur eux fe fonde,
Prend pour appui des rofeaux.　　　*Fin.*

Seigneur, fois mon héritage,
Je n'attends rien que de toi :
Tu fais mieux , ô Pere fage !
Ce qui me convient que moi.　Les, &c.

Soumis à ta providence ,
Qui nourrit jufqu'aux oifeaux :
Avec même confiance,
J'en attends les biens, les maux ;
Avec même confiance ,
J'en attends les biens, les maux.
Les grauds , &c.

CANTIQUE XXIX.

Dieu feul peut nous rendre heureux.

Sur l'air : *Non , non, Colette n'eft point*, &c.

NON, non, la gloire , ni les richeffes ,
Ne nous peuvent rendre heureux ;
Je ris du monde & de fes promeffes :
Dieu feul peut remplir mes vœux.
Dieu feul peut remplir mes vœux.　*Fin.*

Sa parole eſt immuable,
Je ne compte que ſur lui:
Il eſt ſolide, il eſt ſtable,
Qu'il ſoit mon unique appui.
Non, non, &ç.

CANTIQUE XXX.

Le vrai bonheur n'eſt point ſur la terre.

Sur l'Air : *Le cœur que tu m'avois donné*, &c.

ENTENDRONS-nous vanter toujours
Des beautés périſſables,
De faux plaiſirs, de vains amours
Paſſagers & coupables ?
Songes brillans, beaux jours perdus,
Beaux jours vous ne reviendrez plus.

Nous paſſons d'erreurs en regrets,
De menſonge en folie ;
Hélas! nous ne vivons jamais,
Nous attendons la vie ;
Et l'eſpoir qui ſuit les deſirs,
Eſt plus trompeur que les plaiſirs.

L'amertume eſt dans les douceurs,
Dans nos projets la crainte,
Le néant au ſein des grandeurs,
Dans les travaux la plainte.
O bonheur deſiré de tous,
Bonheur tranquille, où fuyez-vous.

Vous êtes d'un Dieu créateur,
Et l'eſſence & l'ouvrage :
Habiteriez-vous dans un cœur
Criminel & volage ?
Bonheur, enfant du pur amour,
La terre n'eſt point ton ſéjour.

Que cet amour porte mes vœux
Sur son aîle rapide,
Au trône qu'entourent ses feux
Où le repos réside,
Grand Dieu! quel être dois-je aimer
Que l'Etre qui m'a sçu former ?

⊰•⊱

Nos jours sont courts & douloureux;
Ce n'est qu'une ombre vaine:
Notre gloire échappe comme eux,
Et l'oubli nous entraîne;
Mais le tendre amour de ta Loi
Nous rend éternels comme toi.

CANTIQUE XXXI.

Notre bonheur n'est qu'en Dieu.

Sur l'Air: *Les trésors de la fortune, &c.*

LA grandeur, ni la richesse
Ne font point le parfait bonheur,
Nos desirs nous trompent sans cesse,
Dieu peut seul remplir notre cœur:
Ici-bas tout ce que l'on aime,
Quand on l'attend paroît le bien suprême,
Quand on l'obtient on voit son erreur,
L'objet n'est plus le même.

CANTIQUE XXXII.

La Sagesse est le seul vrai bien.

Air d'Hypolite & d'Aricie.

LA gloire & la fortune
N'ont qu'un éclat trompeur ;
La raison importune

Gêne trop notre cœur :
L'esprit & la richesse,
Les honneurs & les talents,
S'ils nous rendent contents,
Ce n'est que pour un tems ;
N'aimons donc que la sagesse :
Tout autre bien
Ne sert de rien.

* CANTIQUE XXXIII.

Le faux bonheur du monde.

Sur l'Air *Est-il sans aimer des biens*, &c.

Est-il de bonheur
Pour qui s'attache au monde ?
Non, non :
Qui l'aime est dans l'erreur :
Et que gagne un cœur,
Qui sur ses biens se fonde !
Rien, rien.
Le monde est un trompeur.　　　　*Fin.*

Ses plaisirs,
Dont les attraits nous frappent,
Malgré nous s'échappent
Loin de nos desirs.
Sa gloire brillante,
Son jour spécieux,
Ne font qu'une ombre amusante,
Qui séduit nos yeux. Est-il de, &c.

De ses charmes,
Naissent nos allarmes.
Ses douceurs
Finissent par nos pleurs.
Hélas ! combien de crimes !
Que d'abîmes !
Quelle horreur !

Entraîne ſa faveur !
Mon malheur
Fut dans ſon eſclavage ;
Mais je m'en dégage,
Pour être au Seigneur. Eſt-il de, &c.

CANTIQUE XXXIV.

Bonheur de l'ame dégagée du monde.

Sur l'Air : *Des ravages de Bellone , &c.*

Monde, malgré tes promeſſes,
Tu n'auras jamais mon cœur ;
Je me ris de tes careſſes ,
Je mépriſe tes richeſſes ;
Je n'aime que le Seigneur :
Je ſoupire,
Je n'aſpire
Qu'à lui prouver mon ardeur.
Pure flamme ,
Dans mon ame,
Allume de ſaints deſirs :
Que ma vie
Soit ſuivie
De tes immortels plaiſirs.
Vas, fuis, Monde coupable ;
Vas, fuis, Monde trompeur,
Trouver ton empire aimable,
C'eſt le comble du malheur.

Heureuſe l'ame fidéle,
Dont Dieu ſeul eſt tout l'eſpoir,
Qui , dès que ſa voix l'appelle ,
Rend ſa volonté rebelle,
Soumiſe au divin vouloir !
Que le monde
Parle gronde,
Elle eſt toute à ſon devoir :

Et

Et certaine
Que la peine
Conduit enfin au repos,
Sans rien craindre,
Sans se plaindre,
Elle endure tous ses maux :
Sa foi, son espérance,
Sa foi, sa charité
Attendent pour récompense
L'heureuse immortalité.

CANTIQUE XXXV.

Le dégoût du monde.

Sur l'Air : *Assis sur l'herbette*, &c.

C'EST à tes faux charmes,
O monde imposteur !
Que je dois mes larmes,
Et tout mon malheur ;
C'est ainsi, perfide,
Que l'homme insensé
Qui te prend pour guide
Est récompensé.

Tes biens nous séduisent,
Ils ont des attraits ;
Mais quel fruit produisent
Tes plus grands bienfaits ?
Souvent dommageables,
Toujours dangereux,
Ils font des coupables,
Jamais des heureux.

Quoi de plus frivole
Que tes agréments ?
Ta faveur s'envole

C

Sur l'aile du tems :
L'inſtant qui voit naître
Tes plaiſirs trompeurs ,
Les fait diſparoître ,
Et les change en pleurs.

❖

O terre ! l'aurore
Verra, ce matin ,
Tes fleurs, naître, éclore
Sous un ciel ſerein :
Demain , de ſes larmes
Elle baignera
Les débris des charmes
Qu'un jour flétrira.

❖

Charmante prairie ,
Qu'arroſe un ruiſſeau ,
Ta rive fleurie
N'en peut fixer l'eau.
Image du monde,
Il hâte ſon cours :
Ainſi que ſon onde
S'écoulent nos jours.

❖

Quitte, amant frivole ,
Ton ſombre bandeau :
Viens de ton idole
Ouvrir le tombeau . . . .
Ce hideux ſpectacle
Qui fait fuir d'horreur,
Etoit le miracle
Qui charmoit ton cœur.

❖

Maîtres de la terre ,
Que ſont devenus
Ces foudres de guerre ,
L'effroi des vaincus?
Cendres & pouſſiere,
La nuit du tombeau

Confond dans la biere
Sceptre & chalumeau.

~❦~

J'ai vu jufqu'aux nues
L'impie infenfé
Etendre fes vues :
Surpris, j'ai paffé :
Déjà les Cieux grondent,
Les airs font émus . . .
Les échos répondent :
Hélas ! il n'eft plus.

⋆ CANTIQUE XXXVI.

Le mépris du monde.

Sur l'Air : *Nou boli pas douna mon cor* , &c.

JE te connois , monde flatteur,
Tu n'as rien qui ne foit frivole,
Tu n'as rien qui ne foit frivole.　　　　*Fin.*

Toute ta gloire & ta faveur
Paffe comme un fonge & s'envole,
Paffe comme un fonge & s'envole.
Je te connois, &c.

⋆ CANTIQUE XXXVII.

Adieu aux fauffes joies du Monde.

Sur l'Air : *L'avez-vous vu , mon bien-aimé* , &c.

FAUSSES douceurs,
Plaifirs trompeurs !
Séduifante chimere !
Oui , pour jamais,
A vos attraits
Je fais l'adieu fincere.　　　　*Fin.*

C ij

Vous nous plaifez,
Nous amufez,
Mais, hélas! vous nous abufez;
Vos plus beaux jours
Eurent toujours
Plus d'un épais nuage;
Plus on vous fuit,
Et plus on fuit
Le vrai bonheur du fage.

De vos biens les foibles lueurs
S'échappent comme des vapeurs,
Et les malheurs,
L'effroi, les pleurs,
Les vers rongeurs,
Et l'enfer même
Sont le prix de qui vous aime. Fauffes, &c.

*CANTIQUE XXXVIII.

Le dégoût des biens du monde & la néceffité de s'attacher à Dieu.

Sur l'Air: *Paifibles bois, vergers délicieux, &c.*

TRESORS, honneurs, flatteufe volupté!
Je renonce, à jamais, à vos charmes funeftes;
Je n'en fus que trop enchanté;
Mes vœux ne vont qu'aux biens céleftes. *Fin.*

Tout n'eft que vanité dans ce monde trompeur,
Dieu feul doit de mon cœur avoir le tendre
hommage;
Seul il peut faire mon bonheur:
A fon amour tout à la fois m'engage,
Sa bonté, fes attraits, fa gloire & fa grandeur:
Dans cet heureux inftant, je connois mon erreur,
Et je veux, pour toujours, être à lui fans partage.
Tréfors, honneurs, &c.

CANTIQUE XXXIX.

La vanité du monde, & le repos en Dieu.

Sur l'Air : *L'autre jour étant affis , &c*

J'AVOIS part à la faveur
D'un monde vain & frivole ;
Mais fon bien le plus flatteur
Laiffe un vuide qui défole ,
   Martyr de mes defirs
   Je chériffois mes chaînes ,
   Et du fein des plaifirs
   Toujours naiffoient mes peines.

⬥

Touché de mes maux preffants
Un Dieu lance dans mon ame
Un de fes rayons puiffants ,
Et je brûle de fa flamme.
   Grace de mon Sauveur
   Soutenez votre oüvrage :
   Sans votre attrait vainqueur
   Va renaître l'orage.

⬥

En vain de mes ennemis
Aurai-je abjuré l'empire :
Mon cœur à leurs loix foumis,
Et les fuit , & les defire :
   Par un penchant fatal
   Et contraire à moi-même ,
   Je hais & fais le mal
   Au lieu du bien que j'aime.

⬥

Dois-je me décourager ?
D'un Dieu la voix me raffure ;
Oui, quel que foit le danger,

C iij

Avec lui ma route eſt ſûre :
   Qu'à m'arracher ma foi
   Plus d'un tyran s'apprête,
   Si le Ciel eſt pour moi,
   Je crains peu la tempête.

⋅❦⋅

Anges ſaints, que vos concerts
Soient garants de ma victoire ;
Du Dieu qui briſe mes fers
Avec moi chantez la gloire :
   L'arbriſſeau, quand il veut,
   Croît en cédre ſuperbe,
   S'il n'agit, s'il ne meut,
   Tout ſéche comme l'herbe.

CANTIQUE XL.

Foibleſſe des hommes : Grandeur de Dieu.

Sur l'Air : *C'eſt une belle ambition*, &c.

LOUEZ, mon ame, le Seigneur,
Rendez un légitime honneur
Au digne objet de vos louanges :
Oui, mon Dieu, je veux déſormais
Partager la gloire des Anges,
Et ne chanter que vos bienfaits.

⋅❦⋅

Renonçons au ſtérile appui
Des Grands qu'on implore aujourd'hui ;
En eux notre eſpérance eſt folle ;
Leur pompe indigne de nos vœux,
N'eſt qu'un ſimulacre frivole ;
Les vrais biens ne viennent pas d'eux.

⋅❦⋅

Dieu ſeul doit faire notre eſpoir :
Dieu, de qui l'immortel pouvoir
Créa le ciel, la terre & l'onde,

Qui tranquille du haut des airs,
Anima d'une voix féconde
Les êtres de cet univers.

◆━◆

Heureux! qui du Ciel occupé,
Et d'un faux éclat détrompé,
En lui seul met son espérance :
Il protége la vérité,
Et ſcaura prendre la défenſe
De l'innocent perſécuté.

◆━◆

Il offre au timide étranger
Un bras prompt à le protéger ;
De l'orphelin il eſt le pere,
De la veuve il devient l'époux ;
Et par un châtiment ſévere ,
Des méchants il confond les coups.

◆━◆

Les jours des Rois ſont en ſa main ;
Leur régne eſt un régne incertain,
Il en a marqué les limites ;
Mais de ſon régne illimité
Les bornes ne ſeront preſcrites
Par le tems ni l'éternité.

CANTIQUE XLI.

Le bonheur d'un vrai Chrétien.

Sur un Air nouveau.

MONDE ne vantes plus le pouvoir de tes
charmes :
Ta faveur eſt pour nous une ſource de larmes,
Et ton empire un joug peſant & rigoureux :
Ton faſte nous ſéduit, ta ſcience nous trompe,
Et ta frivole pompe
N'eſt qu'un néant affreux.

C iv

Contre ce fier tyran, Seigneur, je te reclame,
Détruis ses noirs complots ; romps sa perfide trame,
Et dissipes l'éclat dont il nous éblouit.
N'avons-nous pas appris de ta grace féconde,
  Que la gloire du monde
  Naît & s'évanouit.

Mais libre enfin des fers d'un si dangereux maître,
Quel bien goûte un mortel qui cherche à te
 connoître,
Et de ta sainte Loi fait son unique amour !
Il semble que son ame en ton sein envolée,
  Sous la voûte étoilée,
  Déja fait son séjour.

Tous ces événements, dont la foule importune
Des avides mortels, traversa la fortune,
Livrent à son repos d'inutiles combats:
Son Dieu qui fut toujours fidéle en ses promesses,
  Lui garde des richesses,
  Qu'ils ne détruiront pas.

Quand le Ciel irrité des forfaits de la terre,
Fait contre les humains éclater son tonnerre,
Du Chrétien vertueux il est toujours l'appui:
Si Dieu, quand il punit cette terre rebelle,
  Est un Juge pour elle,
  C'est un pere pour lui.

Chimériques honneurs, dont notre ame est éprise !
Vous, qu'en ses saints desirs le fidéle méprise :
Que peut sur son esprit votre éclat suborneur ?
Loin de vous, vers Dieu seul il dirige sa course,
  Et puise dans la source
  Du véritable honneur.

C'est-là, que recevant ses secrets sacrifices,
Dieu répand dans son cœur ce torrent de délices,

Qui donna de la gloire un goût prématuré :
Fuyez, plaisirs du siécle, êtes-vous comparables
Aux charmes ineffables
Dont il est enivré ?

CANTIQUE XLII.

Les gémissements d'un Chrétien retiré
du Monde.

Sur un Air nouveau.

Loin du bruit des armes,
A l'abri des charmes,
De la vanité ;
Dans ma solitude
Je fais mon étude
De la vérité.

O douce retraite !
Compagne discrette
De mes longs soupirs :
Près de toi l'on goûte,
Nul Sage n'en doute,
Les seuls vrais plaisirs.

Dans ce port tranquille,
D'un bonheur fragile
Enfin détrompé,
Seul avec moi-même,
Du bonheur suprême
Je vis occupé.

Là je me rappelle
D'un monde infidéle
Les périls nombreux ;
Là je me rassure
Quand je me figure
Des jours plus heureux.

C v

Heureuſe demeure,
Où confus je pleure
Mes ans criminels!
Où, las de mes crimes,
Je crains les abîmes
Des feux éternels.

O que tu m'es chere,
Quand je confidere
Paiſible, en ton fein,
Le bonheur durable,
La gloire ineffable
Du féjour divin!

❧

Charité ſuprême,
D'un Dieu qui nous aime
Malgré nos forfaits !
Ma reconnoiſſance
Bénit ta clémence,
Compte tes bienfaits.

Ta fainte parole
Ravit & confole
Mon cœur abbattu:
Et dans ma mémoire,
J'ai toujours ta gloire,
Tes traits, ta vertu.

❧

Long pélérinage,
Lugubre aſſemblage
De nuits & de jours !
Quand de ma foibleſſe,
Quand de ma triſteſſe
Finira le cours.

Sion, ma patrie,
Mon ame nourrie
Du pain des douleurs,
Te voit, & foupire,
T'attend, & defire
La fin de fes pleurs.

Le Ciel & la terre
Déclarent la guerre
Aux mortels ingrats,
Soleil de juſtice,
Rends purs de tout vice
Mon cœur & mes pas.

Fais enfin éclore,
O Chriſt que j'implore,
Ce jour lumineux ;
Ce jour, mon partage,
Sans nuit, ſans nuage,
Terme de mes vœux.

CANTIQUE XLIII.

L'ame dégoûtée des biens de la terre,
ſoupire après les éternels.

Sur l'Air : *Ah! que ma voix me devient chere , &c.*

CHERE Sion, que ta mémoire
Dans ce fatal exil nous fait verſer de pleurs!
Loin de tes murs ſacrés, plongés dans les mal-
heurs ,
Le doux ſouvenir de ta gloire
Aigrit tous les jours nos douleurs.

En voyant Dieu , dans ton enceinte
On goûte & les vrais biens, & les plaiſirs parfaits :
Quand pourrons-nous dans ſa demeure ſainte,
Le voir & l'aimer à jamais ?
Chere Sion , &c.

CANTIQUE XLIV.

Defirs de fe réunir à Dieu.

Sur l'Air : *Que l'aurore tarde à paroître , &c.*

C'EST donc en vain que je foupire!
C'eft donc en vain que je foupire !
Dans cet exil, loin du célefte empire ,
    Hélas! fous un joug rigoureux ,
    Tout me nuit, tout aigrit ma peine :
O le Dieu de mon cœur, objet de tous mes vœux ,
    Pourquoi d'une fi dure chaîne
    Ne puis-je enfin brifer les nœuds? C'eft , &c.

CANTIQUE XLV.

Defirs du Ciel.

Sur l'Air : *Je vais revoir ma charmante , &c.*

CITÉ des Saints, ô féjour plein de charmes
    Où dans un calme fans allarmes ,
    On goûte un éternel bonheur !
    Tout eft plein ici de douleur,
    Tout n'eft que maux dans cette vie :
    Quand te verrai-je, ô ma patrie !
      Seul objet cher à mon cœur?   *Fin.*
    Quand te verrai-je, &c.

Séjour heureux où régne l'innocence,
    Où Dieu même eft la récompenfe
    Et le terme de nos combats !
    Qu'ils font faux les biens d'ici-bas!
    Que nos plaifirs font peu durables!
    Que les tiens font bien plus aimables!
      Seuls ils ne tariffent pas.   *Fin*
    Que les tiens , &c.

Loin de ton fein la trifteffe eft bannie ;
 De fon bonheur l'ame eft ravie,
 Et ne forme point de foupirs :
 Doux moments, céleftes plaifirs !
 Quand vous verrai-je enfin éclore ?
 Dieu, que feul j'aime & que j'adore,
 Mets le comble à mes defirs.   *Fin.*
 Dieu, que feul , &c.

✱ CANTIQUE XLVI.

Le defir du bonheur des Saints.

Sur l'Air : *Ah ! que ma voix me devient chere, &c.*

CHERE Sion, riche héritage,
Afyle fortuné de l'éternelle paix !
Peut-on être infenfible à tes divins attraits ?
 O quand feras-tu mon partage ?
 Quand ferai-je à toi, pour jamais ?   *Fin.*

 Dans ton féjour, tout eft durable :
Le bonheur & la gloire y font toujours certains ;
 Un Dieu lui-même, infiniment aimable
 Y remplit le cœur de fes Saints.
 Chere Sion, &c.

CANTIQUE XLVII.

Defirs du célefte Empire.

Sur l'Air : *A l'ombre d'un ormeau, &c.*

O DIEU ! que doux eft votre empire !
Qu'il a de charmes à mes yeux !
C'eft pour lui que mon cœur foupire,
Tout autre objet m'eft ennuyeux :
 Pour vous, charmant féjour,
 Je languis nuit & jour.   *Fin.*

C'eft trop long-tems, ô ma patrie,
Gémir dans la captivité,
Sous les fers mon ame aſſervie,
N'aſpire qu'à l'éternité. Pour vous, &c.

⬧⬩⬧

Vos doux attraits, de ma mémoire
Ne peuvent point être effacés :
Loin de vous immortelle gloire,
Ah ! que nos jours ſont traverſés. Pour, &c.

⬧⬩⬧

Des biens parfaits, ſource féconde,
Vous calmerez tous mes ſoupirs,
Dans le ſein d'une paix profonde
Vous comblerez tous mes deſirs. Pour, &c.

⬧⬩⬧

Quand viendra-t-il ce jour aimable,
Où vos tréſors ſeront ouverts ?
Faudra-t-il, toujours miſérable,
Souffrir les plus affreux revers ? Pour , &c.

⬧⬩⬧

Vous ranimez mon eſpérance,
Je vous verrai, céleſte cour,
Des plaiſirs l'heureuſe abondance
Sera le prix de mon amour. Pour vous, &c.

✱ CANTIQUE XLVIII.

Les délices du Paradis.

Sur l'Air : *Que ce jour eſt charmant , &c.*

O CITÉ du Seigneur ! Sion, que tu me plais !
Heureux qui dans ton ſein ſçut mériter un trône !
Heureux, &c.   *Fin.*
L'éclat des plus riants palais,
Ne vaut point la clarté du jour qui l'environne ,
Dans le régne éternel de l'innocente paix,
Le Dieu de gloire y devient ſa couronne.
O céleſte, &c.

O Patrie! ô féjour de l'immortel bonheur !
O quand de mon exil effuiras-tu les larmes.
O quand, &c.   *Fin.*
 Ici tout eft plein de douleur,
De travaux, de dangers, de craintes & d'allarmes :
Le plus doux des tranfports s'empare de mon
  cœur ,
 Sainte Sion ! quand je penfe à tes charmes.
O Patrie, &c.

---

* CANTIQUE XLIX.

La gloire du Ciel.

Sur l'Air : *Ah ! que vous chantez tendrement , &c.*

AH ! que ton féjour eft charmant !
O Sion, ô Sion! que ta fplendeur eft belle!
Ta clarté me remplit d'un faint raviffement.
 . Toujours ton régne eft floriffant ;
 Ta beauté toujours eft nouvelle ;
 Quand viendra pour moi le moment
Où j'entrerai dans ta gloire éternelle ?

CANTIQUE L.

Defir de voir & d'aimer Dieu.

Sur l'Air : *La nuit ne fut jamais fi noire , &c.*

ENFIN je trouve la lumiere ;
Grand Dieu ! votre beauté vient briller à mes yeux,
Elle éclaire mon ame, elle comble mes vœux :
Hé! qu'aimois-je infenfé, qu'une vile poufliere !
 Je connois ma funefte erreur :
 De votre amour que je brûle moi-même ;
 C'eft de vos feux que j'attends mon bonheur :
Que j'expire, Seigneur, ou que mon cœur vous
 aime.

Pour moi le monde eut trop de charmes :
Devois-je à ses appas laisser prendre mon cœur ?
Il étoit, & volage, & perfide & trompeur ;
Hélas ! que ses plaisirs me préparent de larmes !
   Tout le tems qu'il m'a sçu charmer ,
   O Dieu, seul beau, beauté pure & parfaite !
J'ai vu mes jours couler sans vous aimer :
Jours, à jamais perdus, ô que je vous regrette

⬧⬧⬧

   Du haut séjour de votre gloire,
Grand Dieu , votre cœur daigne accepter mon
   amour :
C'est bien plus, vous m'aimez vous-même à votre
   tour :
Que mon sort est heureux , ô Ciel ! puis-je le
   croire?
   Seule source de vrais plaisirs ;
   Divin amour, à tes traits je me livre;
   Voyez, Seigneur, l'objet de mes desirs ;
Oui, je veux vous aimer, ou je ne veux plus vivre.

⬧⬧⬧

   En vain, ô mort tu m'épouvantes,
Loin de vouloir les fuir, je recherche tes coups ;
Par toi seule on arrive à ce terme si doux,
Où l'on voit de son Dieu les splendeurs ravissantes :
   Hâte-toi de me rendre heureux ;
   Accours, accours, tout mon cœur te desire,
   C'est trop long-temps résister à mes vœux ,
Tranchez, Seigneur , vers vous seul je soupire.

───────────────

CANTIQUE LI.

Desir de voir Dieu.

Sur l'Air : *Séjour de l'éternelle paix* , &c.

O DIEU d'éternelle beauté !
Quand pourrai-je à jamais t'avoir pour héritage ?
Quand pourrai-je, &c.   *Fin.*

Quand libre des liens de la mortalité,
　　Verrai-je fuir l'épais nuage,
　　Qui me dérobe ta clarté ? O Dieu, &c.

Hélas! que cet exil a pour moi de rigueurs !
Doit-il durer encor? mon ame impatiente,
　　S'éteint, se consume d'attente,
　　Et ne se nourrit que de pleurs. O Dieu, &c.

❧

　　O seul aimable en tous les temps!
O Dieu, seul immortel, vers toi seul je soupire,
O Dieu seul , &c.

Mon ame & mon esprit, & mon cœur & mes sens,
　　Tout en moi t'aime, te desire,
　　Vole à toi par de vifs élans. O seul , &c.

Mais en vain, loin de toi, m'épuisé-je en soupirs;
Errant dans les détours d'une terre étrangere,
　　Plus je t'y cherche, & moins j'espere
　　D'y voir accomplir mes desirs. O seul, &c.

❧

　　Plaisirs, opulence, grandeur,
Non, vous ne m'offrez rien que j'aime, & qui me
　　tente,
Non, vous ne, &c.

L'espoir, le doux espoir de voir mon Créateur,
　　Est le vrai bien qui seul m'enchante,
　　Et qui captive tout mon cœur. Plaisirs, &c.

Je vous dis, sans regret, un éternel adieu:
Malgré tous vos attraits, & la pompe éclatante
　　De votre gloire éblouissante,
　　Vous ne pouvez être mon Dieu. Plaisirs, &c.

❧

　　Le Ciel, qu'embellit ta splendeur,
O Dieu de Majesté! m'apprend à te connoître,
O Dieu de, &c.

Mais que fut-il le Ciel auprès de toi, Seigneur;
　　S'il est si beau, combien doit l'être
　　Son Roi, son Maître, son Auteur. Le, &c.

L'Univers me ravit par mille & mille appas;
De ta gloire par-tout j'y retrouve l'image;
    Mais je n'y vois que ton ouvrage,
    Hélas ! & je ne t'y vois pas. Le Ciel, &c.

    Heureux , feul heureux à jamais,
Qui contempla l'éclat de ton front adorable,
Qui contempla, &c.

Les fêtes des mondains, le féjour des palais
    N'ont eu pour lui rien d'agréable,
    Auprès d'un feul de tes attraits. Heureux, &c.

A fes yeux luit le jour de l'éternel bonheur ;
Et fon cœur abîmé dans ta grandeur immenfe,
    S'enivre de ta jouiffance
    Dans des flots divins de douceur. Heureux.

    Non, non , mille fiecles de jours,
Grand Dieu ! ne changent rien à ta beauté fuprême,
Grand Dieu , &c.

En toi, du vrai bonheur, rien ne fufpend le cours :
    L'œil qui te voit, le cœur qui t'aime,
    Te verra, t'aimera toujours. Non, non, &c.

Mais ici, quand un cœur poffède ton amour,
Vil jouet des périls, qui l'allarment fans ceffe ;
    Un crime, un inftant de foibleffe
    Peut le lui ravir fans retour. Non, non, &c.

    O toi, qui régnes dans les Cieux,
De ma captivité termine l'infortune,
De ma captivité, &c.

Délivre mes regards d'un féjour odieux,
    Et romps la barriere importune
    Qui cache ta vue à mes yeux. O toi, &c.

Ferme à jamais mon cœur à tout defir humain;
De mes jours, dans ton fang, efface la fouillure ,
    Et fouffre que mon ame pure
    Prenne un libre effor vers ton fein. O toi, &c.

CANTIQUE LII.

Les defirs de la vie éternelle,

Tirées des paroles de Sainte Thérèfe.

Sur un air nouveau.

O PENIBLE & trop longue vie,
Ne verrai-je jamais finir ton trifte cours
Cruel exil où je languis toujours
Loin du Ciel ma chere patrie :
Dure prifon, fource de tant de pleurs,
Impitoyables pleurs qui me tenez captive,
Ah! quand pourrai-je, fugitive,
Me dérober à vos rigueurs.

Hélas! Seigneur, hélas! Dieu que mon cœur
implore,
Vous n'entendez pas mes foupirs;
Le monde m'offre en vain des plaifirs que
j'abhorre,
Vous feul pouvez contenter mes defirs :
Brifez, Seigneur, brifez ma chaîne :
L'objet de tous mes vœux eft le plus prompt
trépas,
L'efpoir même augmente ma peine,
Et je meurs de ne mourir pas :
Divin amour qui régnez dans mon ame,
Percez mon cœur de mille traits de flammes.

On m'exauce, je fens tout mon cœur défaillir,
L'amour qui le caufoit termine mon martyre;
Recevez mon dernier foupir,
Immortelle beauté, j'expire.

CANTIQUE LIII.

La mort.

Sur l'Air : *Béniſſez le Seigneur* , &c.

LA mort toujours peut nous ſurprendre :
On peut mourir même en naiſſant :
On n'eſt point sûr d'un ſeul inſtant,
 Tout ſert à nous l'apprendre.

L'inſtant où j'ouvre la paupiere,
Peut me compter parmi les morts ;
La premiere heure où je m'endors,
 Peut être ma derniere.

O mort, moment inévitable ,
D'où mon ſort éternel dépend ;
Qu'il eſt terrible ce moment,
 Pour qui ſe ſent coupable.

Mais la mort n'eſt point effrayante
Pour qui toujours fut innocent ;
Le pécheur même, pénitent,
 La trouve conſolante.

O que l'homme eſt peu raiſonnable !
Que le pécheur eſt imprudent !
Pouvoir mourir à tout inſtant ,
 Toujours vivre coupable.

Mourrai-je Saint, mourrai-je impie ?
Dieu m'a caché mon dernier ſort ;
Ce qu'il a dit, c'eſt que ma mort
 Seroit comme ma vie.

O mon Dieu ! faites à toute heure
Que je ſonge à mon dernier jour ;
Et, que vivant dans votre amour,
 Dans votre amour je meure.

CANTIQUE LIV.

La mort foumet tout à fes loix.

Sur l'Air : *Je fuis une ombre du vieux tems , &c.*

Ou font tant de fuperbes Rois,
Ces Conquérants , maîtres du monde,
Qui, par leurs glorieux exploits,
Faifoient trembler la terre & l'onde?
La mort les foumet à fes loix :
C'eft là que leur grandeur fe brife,
Et de leurs titres fuperflus
Il refte , pour toute devife,
    Ils ne font plus.

CANTIQUE LV.

L'utilité de l'incertitude de la mort.

Sur un Air nouveau.

C'est un arrêt du Ciel, il faut que l'homme
    meure :
    Tel eft fon partage & fon fort :
    Rien n'eft plus certain que fa mort,
Et rien plus incertain que cette derniere heure.
Heureufe incertitude, aimable obfcurité !
    Par où la divine bonté
A veiller, à prier fans ceffe nous convie ;
Que ne pouvons-nous point avec un tel fecours,
Qui nous fait regarder chaque jour de la vie,
    Comme le dernier de nos jours,
    Comme le dernier de nos jours.

CANTIQUE LVI.

Les furprifes de la mort.

Sur l'Air : *C'eft le moulin d'une coquette , &c.*

O vous, dont la jeuneffe aimable
A l'éclat d'une belle fleur :
Songez que la mort implacable
Moiffonne tout dans fa fureur.

Tel comptant fur la longue vie,
Du préfent fe laiffe enchanter ,
La mort qui rit de fa folie ,
Lui vient apprendre à décompter.

Un homme vain forme fans ceffe
Pour l'honneur des vœux infenfés ;
Au dépourvu la mort le preffe,
Ses beaux projets font renverfés.

Cet avare avec foin amaffe
Des tréfors pour fes derniers ans;
Mais c'eft en vain qu'illes entaffe,
La mort le frappe avant le temps.

Celui-ci plongé dans les vices,
Enivré de honteux appas,
Même au milieu de fes délices,
Trouve le plus affreux trépas.

L'autre étale avec affurance
Le faux bonheur dont il jouit;
Mais à grands pas la mort s'avance,
Et fon bonheur s'évanouit.

Ce vainqueur, ce terrible foudre,
Va par-tout répandre l'effroi;

Il eſt demain réduit en poudre,
Et la mort le tient ſous ſa loi.

❖

Tel qui commence ſa carriere,
Tout-à-coup ſe voit défaillir;
Avec lui tombe dans la biere
La vaine attente de vieillir.

❖

Contre nous la mort toujours prête,
Tient ſon glaive en l'air ſuſpendu :
Quel triſte ſort, quand ſur la tête,
Il tombe ſans être attendu!

❖

Contre ſa ſoudaine ſurpriſe,
Vivre en garde eſt votre recours :
Loin de la craindre, on la mépriſe,
Quand on s'y prépare toujours.

CANTIQUE LVII.

La mort chrétienne.

Sur l'Air : *Des billets doux, &c.*

L'INSENSÉ mépriſe la mort,
Le criminel craint ſon abord :
  Le malheureux l'appelle :
Le ſage ſçait s'y préparer
Sans la craindre ou la deſirer :
  Quel plus digne modele!

❖

Tel eſt, non du ſage payen,
Mais du philoſophe chrétien
  Le parfait caractere;
Il reconnoît un Dieu vengeur;
Mais il ſçait qu'il eſt un Sauveur
  En qui ſeul il eſpere.

Ah ! qu'un mortel eſt malheureux,
Qui n'attend qu'un néant affreux
   Au ſortir de ce monde :
Qui croit étouffant ſes ſouhaits,
Qu'il va retourner pour jamais
   Dans une nuit profonde.

Plus malheureux, qui ſans avoir
Le plus léger rayon d'eſpoir,
   N'attend que le ſupplice :
Et qui de ſon Maître irrité,
Ne comptant plus ſur la bonté,
   Ne craint que ſa juſtice.

Heureux celui qui de ſon corps
Voyant affoiblir les reſſorts,
   Sent ſon ame immortelle,
Et compte en quittant ce bas lieu,
Aller jouir au ſein de Dieu
   D'une gloire éternelle.

Heureux celui qui de ſes jours,
Voit finir le pénible cours
   Comme un pélérinage :
Et qui n'enviſage la mort,
Que comme un favorable port,
   Après un long orage.

CANTIQUE LVIII.

La mort du pécheur.

Sur l'Air : *J'entends déja le bruit des armes, &c.*

AH ! que la mort eſt effroyable
Pour le pécheur que Dieu pourſuit !
Il voit un Juge redoutable,
Dont la fureur par-tout le ſuit :

                Et

Et dans ce jour ce cœur coupable
N'attend que l'éternelle nuit.

Que sa frayeur est légitime,
Quand rien ne peut le secourir;
La mort le traîne dans l'abîme,
Il voit l'enfer prêt à s'ouvrir ;
Il n'a vécu que dans le crime,
Et dans le crime il va mourir.

Il faut dire un adieu funeste
Aux vains honneurs , aux faux plaisirs :
Le bonheur du séjour céleste
N'est pas permis à ses desirs ;
Et désormais il ne lui reste
Que des tourments & des soupirs.

Et dans les cieux , & sur la terre ,
Tout ne sert qu'à le tourmenter ;
Un Dieu vengeur lui fait la guerre,
Il ne sçauroit lui résister ;
Il a déja pris le tonnerre
Qu'il va sur lui faire éclater.

Lorsque la mort vient le surprendre,
Il voit, en quittant ces bas lieux,
Tous les biens qu'il pouvoit prétendre
S'il eût voulu gagner les cieux :
Il voit les maux qu'il doit attendre ,
Mais c'est bien tard ouvrir les yeux.

CANTIQUE LIX.

La mort du juste.

Sur un Air nouveau.

Qu'il meure ce corps misérable,
Ce honteux fardeau qui m'accable ;
Digne victime de la mort,
Qu'il soit dévoré par la tombe,
Qu'on l'y descende, & qu'il retombe
Dans la poussiere dont il sort.

O mort ! que l'on nomme cruelle,
Viens frapper ce corps trop rebelle,
Viens mettre un terme à mon tourment ;
Quand, par un moment de souffrance,
On acheta sa délivrance
L'acheta-t-on chérement ?

A tous ces mortels méprisables,
Enivrés des biens périssables,
Imprime une juste terreur :
Tu les appauvris, qu'ils t'abhorrent :
Tu leur ravis ce qu'ils adorent :
C'est pour eux que tu n'es qu'horreur.

Ah ! que faussement courageuse,
L'ame doit se voir bien affreuse,
Quand le néant est son espoir !
Hélas ! n'avoir rien à prétendre,
Point de bonheur qu'on puisse attendre,
Point de secours qu'on puisse avoir.

La foi donne le vrai courage ;
Pour qui la vie est un voyage,
Le terme n'est point un malheur ;

A quelques tréfors qu'on l'arrache,
Ce qu'il posséda fans attache,
Il l'abandonne fans douleur.

Son cœur à regret en foupire ;
Et contre un coup qui le déchire,
Nature ! tu défends tes droits :
Mais lui dans fa foi ferme & vive
Laiffe ta voix, en vain plaintive,
Parler, pour la derniere fois.

O ! puifque c'eft la deftinée
De notre race infortunée,
Et de fouffrir & de mourir :
O Ciel ! viens borner ma carriere ;
Que bientôt mon heure derniere
M'épargne le tems de fouffrir.

S'il faut que j'attende cette heure,
S'il faut encor que je demeure,
J'accepte mes jours & mes maux :
Pour prix de mon obéiffance,
Qu'une mort pleine d'efpérance
Rompe le cours de mes travaux.

O toi, qui fauvant le coupable,
Du haut de ta croix adorable,
Ouvris les bras à l'Univers,
Fais, quand ta divine Juftice
Ordonnera mon facrifice,
Fais que ces bras me foient ouverts.

CANTIQUE LX.

Le pécheur mourant.

Sur l'Air : *En croyant me tromper , &c.*

QUE je te plains, pécheur ! en ton heure der-
niere :
Tous les maux à la fois font raffemblés fur toi,
 Le noir enfer, féjour rempli d'effroi,
  T'attend au bout de ta carriere.

⋯⋯

Où font tant de beaux jours que tu donnois au
crime ?
Il ne t'en refte hélas ! qu'un trifte fouvenir ;
 Et fous tes yeux, d'un affreux avenir,
  Tu vois ouvrir le noir abîme.

⋯⋯

Que fert en ce moment l'amas de tes richeffes ?
Pour toi leur vain fecours n'eft plus rien aujour-
d'hui ;
 N'efpere point, par un fi foible appui,
  Domter les flammes vengereffes.

⋯⋯

Où font ces faux plaifirs, cette ombre de délices,
Ecueil pernicieux de ton coupable cœur ?
 Infortuné, leur perfide douceur
  Se change en d'éternels fupplices.

⋯⋯

Ce corps aimé, flatté, nourri dans la molleffe,
Va n'être plus bientôt qu'un fpectacle d'horreur ;
 Ton ame, hélas ! en fit pour fon malheur
  L'indigne objet de fa tendreffe.

⋯⋯

Le fafte des grandeurs pour toi va difparoître,
Ce n'eft qu'une vapeur qui fuit devant tes yeux ;

Dieu, tôt ou tard, abbat l'audacieux,
  Tout tombe aux pieds d'un si grand Maître.

❧

Tu perdis mille fois ton Dieu, ton bien suprême,
Pour ces objets trompeurs dont tu fus enchanté ;
  Funeste fruit de ton iniquité,
    Tu t'es enfin perdu toi-même.

CANTIQUE LXI.

Le Chrétien mourant à la vue de la Croix.

Sur l'Air : *O douce amie ! O ma tant belle ,* &c

SEIGNEUR, quand de ma triste couche,
Sur la Croix je vous vois mourir,
Mes maux n'ont plus rien qui me touche,
Les vôtres seuls me font souffrir :
Cet autel, où je vous adore,
Change mes larmes en douceurs,
Et si mon cœur soupire encore,
C'est à l'aspect de vos douleurs.

❧

Du sommet de votre Calvaire,
Déja je crois toucher les Cieux,
Sur cette cime salutaire,
Qu'il m'est doux de fixer les yeux ;
Là le sacrifice s'opére,
Victime & Sacrificateur,
Le Fils d'un Dieu, mon Roi, mon Pere,
Verse son sang pour mon bonheur.

❧

Thabor, ta cime lumineuse,
M'offre un séjour moins enchanteur
Que la montagne ténébreuse
Où meurt un Dieu libérateur ;
Je la choisis pour ma demeure,
Mon Dieu ! jusqu'au dernier moment,

D iij

Et mon amour veut que j'y meure,
Pour revivre éternellement.

⋆⋆⋆⋆

Le sang dont votre Croix est teinte,
De mon cœur dissipe l'effroi,
Et j'ose envisager sans crainte
La mort qui s'approche de moi :
La miséricorde propice,
Aux portes de l'éternité,
Vient dépouiller votre justice
Des droits de sa sévérité.

⋆⋆⋆⋆

O mort ! tes coups rompront la chaîne
Des jours de ma captivité,
Ta main abrégera ma peine,
Pour hâter ma félicité :
Tu n'as plus rien que je redoute,
Tombe sur moi sans différer,
Ton trait mortel m'ouvre la route
De la gloire où je vais entrer.

⋆⋆⋆⋆

De mon salut, gage adorable,
Bois sacré, regle de ma foi,
Dans cet instant si redoutable,
Que mes yeux s'éteignent sur toi ;
Que ma main mourante te presse,
Qu'elle t'attache sur mon cœur ;
Et parmi les chants d'allegresse,
Enfin, que j'expire en vainqueur.

⋆⋆⋆⋆

De l'arrêt qui proscrivit l'homme,
Je subirai donc la rigueur,
Mon sacrifice se consomme :
Mais c'est aux pieds de mon Sauveur ;
Déja ma débile paupiere
Se couvre d'un nuage épais :
Et ma douloureuse carriere
Se termine au sein de la paix.

Mais mon courage m'abandonne,
Et mes yeux se r'ouvrent aux pleurs ;
L'effroi, le trouble m'environne,
Mettez le calme à mes frayeurs ;
C'est votre sang que je réclame,
Grand Dieu ! je ne crains plus vos coups,
Dans vos mains je remets mon ame ;
Mais rendez-la digne de vous.

De plus heureuses destinées
Vont pour moi commencer leurs cours ;
Et pour d'éternelles années,
Je quitte des moments si courts :
Vole, mon ame, à des spectacles
Que le tems ne finira plus :
Hâte-toi, vole aux tabernacles,
Où Dieu rassemble ses élus.

CANTIQUE LXII.

Le Jugement dernier.

Sur l'Air : *Partez, puisque Mars vous l'ordonne, &c.*

DIEU va déployer sa puissance :
Le tems, comme un songe, s'enfuit :
Les siécles sont passés ; l'éternité commence,
Le monde va rentrer dans l'horreur de la nuit.
Dieu va, &c.

J'entends la trompette effrayante :
Quel bruit ! quels lugubres airs !
Le Seigneur a lancé sa foudre étincelante,
Et ses feux dévorants embrasent l'univers.
J'entends, &c.

Les monts foudroyés se renversent ;
Les êtres sont tous confondus :

D iv

La mer ouvre fon fein : les ondes fe difperfent :
Tout eft dans le cahos , & la terre n'eft plus.
    Les monts , &c.

⟞⟨✕⟩⟝

    Sortez des tombeaux , ô poufliere ,
    Dépouille des pâles humains :
Le Seigneur vous appelle : il vous rend fa lumiere;
Il va fonder les cœurs , & fixer vos deftins.
    Sortez des , &c.

⟞⟨✕⟩⟝

    Il vient . . . . tout eft dans le filence ,
    Sa Croix porte au loin la terreur :
Le pécheur confterné frémit à fa préfence ,
Et le jufte lui-même eft faifi de frayeur.
    Il vient , &c.

⟞⟨✕⟩⟝

    Affis fur un trône de gloire ,
    Il dit : Venez , ô mes élus :
Comme moi vous avez remporté la victoire ,
Recevez de mes mains le prix de vos vertus.
    Affis fur un , &c.

⟞⟨✕⟩⟝

    Tombez dans le fein des abîmes ,
    Tombez , pécheurs audacieux :
De mon jufte courroux , immortelles victimes ,
Vils fuppôts des démons , vous brûlerez comme
    eux.   Tombez dans , &c.

⟞⟨✕⟩⟝

    Vous n'êtes plus , vaines chimeres ,
    Objets d'un facrilege amour :
Fléau du genre humain , oppreffeurs de vos freres ,
Héros tant célébrés , qu'êtes-vous dans ce jour ?
    Vous n'êtes plus , &c.

⟞⟨✕⟩⟝

    Trifte Éternité de fupplices
    Tu vas donc commencer ton cours :
De l'heureufe Sion , ineffables Délices ,
Bonheur , Gloire des Saints, vous durerez toujours
    Trifte éternité , &c.

Grand Dieu ! qui fera la victime
De ton implacable fureur !
Quel noir preffentiment me tourmente & m'op-
prime !
La crainte & les remords me déchirent le cœur.
Grand Dieu , &c.

⋅⊰⊱⋅

`De tes Jugements Dieu févere ,
Pourrai-je fubir les rigueurs ?
J'ai péché , mais ton fang défarme ta colere ,
J'ai péché , mais mon crime eft éteint dans mes
pleurs.   De tes jugements , &c.

CANTIQUE LXIII.

Le bonheur des Juftes, & le malheur des Réprouvés.

Sur un Air nouveau.

HEUREUX qui dans la fageffe,
Cherchant tout fon fecours ,
N'a point mis en la richeffe
L'efpoir de fes derniers jours :
La mort n'a rien qui l'étonne ,
Et dès que fon Dieu l'ordonne ,
Son ame prenant l'effor ,
Vole d'une aîle rapide
Vers la demeure où réfide
Son véritable tréfor.

⋅⊰⊱⋅

De quelle allarme profonde
Vont être pénétrés ,
Ces infenfés , qui du monde ,
Seigneur , vivent enivrés;
Quand , par une fin foudaine ,
Détrompés d'une ombre vaine,
Qui paffe & ne revient plus ,   D v

Leurs yeux, du fond de l'abîme,
Près de ton trône sublime,
Verront briller tes élus.

⬥✦⬥

Infortunés que nous sommes,
Aveugles, vains esprits !
Tels sont, diront-ils, ces hommes,
Objets de notre mépris !
Leur sainte & pénible vie
Nous parut une folie;
Mais, aujourd'hui triomphants,
Le Ciel chante leur louange,
Et Dieu lui-même les range
Au nombre de ses enfants.

⬥✦⬥

Pour atteindre un bien fragile,
Qui nous fut arraché,
Par quel sentier difficile,
Hélas ! avons-nous marché ?
Dans une route insensée,
Notre ame en vain s'est lassée,
Sans se reposer jamais :
Fermant l'œil à la lumiere,
Qui nous montroit la carriere
De la bienheureuse paix.

⬥✦⬥

De nos démarches injustes,
Quel fruit nous est resté !
Où sont les titres augustes
Dont notre orgueil s'est flatté ?
Sans amis & sans défense,
Au trône de la vengeance
Appellés en jugement,
Foibles & tristes victimes,
Nous y venons de nos crimes
Accompagnés seulement.

⬥✦⬥

Ainsi d'une voix plaintive,
Va rendre ses remords,

La pénitence tardive
Des inconfolables morts :
Ce qui faifoit leurs délices ,
Seigneur , fera leurs fupplices ,
Et par une égale loi ,
Tes Saints trouveront des charmes
Dans le fouvenir des larmes
Qu'ils verfent ici pour toi.

---

* CANTIQUE LXIV.

Les béatitudes évangéliques & les malé-
dictions qui leur font oppofées.

Sur l'Air : *Jufques dans la moindre chofe , &c.*

HEUREUX , [a] qui de l'opulence ,
A fçu détacher fon cœur ,
Et qui , de l'humble indigence ,
Supporte en paix la rigueur !
Dieu , fidele en fes promeffes ,
Infini dans fa bonté ,
Par d'éternelles largeffes
Enrichit la pauvreté.   *Fin.*

Mais malheur à l'homme avide
Qu'éblouit l'éclat de l'or ,
Et dont le cœur , toujours vuide ,
Fait fon Dieu de fon tréfor :
Les feuls biens , le feul falaire
Qu'aura fa cupidité ,
Sont des tréfors de colere
Qu'entaffe l'éternité.
Heureux , qui , &c.

Heureux le cœur débonnaire [b]
Qui ne connut point l'aigreur ,
Et dont nul revers n'altere

D vj

L'inépuisable douceur !
Le Dieu de paix lui destine,
Dans son éternel séjour,
Toute l'onction divine
Des douceurs de son amour.

Maudit l'homme sanguinaire,
Qui, dans sa féroce humeur,
Du venin de la vipere
Exhale au loin la noirceur :
Contre lui-même implacable,
Et de lui-même abhorré,
Par sa rage insatiable,
Son cœur sera dévoré.
Heureux le cœur, &c.

⬥⬦⬥

Bienheureux ceux dont la vie [c]
Traînée au sein des douleurs,
Ne s'abbreuve & n'est nourrie
Que de cendres & de pleurs !
Dieu, témoin de leurs allarmes,
Attentif à leurs soupirs,
Changera leurs maux en charmes,
Et leurs larmes en plaisirs.

Maudit qui de la mollesse
Aima le charme empesté,
Et qui s'endort dans l'ivresse
De la folle volupté !
Un abîme de souffrance,
Un étang de sombres feux ;
L'éternelle pénitence
Succéde à ses jours heureux.
Bienheureux, &c.

⬥⬦⬥

Bienheureux ceux qui du vice [d]
Fuyant le sentier trompeur,
De la soif de la justice
Sentent enflammer leur cœur !

L'eau de l'éternelle vie,
Accordée à leurs soupirs,
Sans éteindre leur envie,
Raſſaſira leurs deſirs.

Maudits les hommes frivoles,
Vils eſclaves de leurs ſens,
Qui ſe cherchent des idoles
Dans tous les objets préſents !
Le Seigneur ſeul devoit être
Leur vrai bonheur, à jamais ;
Ils ne pourront le connoître,
Que par d'éternels regrets.
Bienheureux ceux, &c.

·✦✧✦·

Bienheureux, qui pour ſes freres, [e]
Plein d'un cœur compatiſſant,
A leurs pleurs, à leurs miſeres,
Prodigue un ſecours puiſſant !
Le Seigneur Dieu, de ſes aîles,
Se plaît à couvrir ſes jours ;
Ses entrailles paternelles
S'ouvrent à lui pour toujours.

Mais malheur à cet avare,
Qui, du pauvre gémiſſant,
Voit d'un œil ſec & barbare
Les maux, le beſoin preſſant !
Pour lui, le Dieu de clemence
Fermant à jamais ſon cœur,
N'aura plus que la vengeance,
L'anathême, la fureur.
Bienheureux, qui, &c.

·✦✧✦·

Heureux ceux dont l'ame pure [f]
Garde, avec ſoin, ſa blancheur,
Et dont la moindre ſouillure
Epouvante la pudeur !
Dieu lui-même eſt leur partage ;
Et dans l'immortalité,

Ils verront , loin du nuage ;
Tout l'éclat de sa beauté.

Malheur à ces ames lâches
Qu'énerva l'impureté ,
Qui par de honteuses taches ,
Ont souillé leur sainteté !
Loin de la gloire éternelle,
Où régne le Saint des Saints ,
Jamais la palme immortelle
Ne décorera leurs mains.
Heureux ceux, &c.

Bienheureux les pacifiques, [g]
Que le fiel n'émeut jamais ,
Et dont les desirs uniques
Sont de voir régner la paix !
Dieu devient leur tendre Pere ;
Ils sont ses enfans chéris ,
Et de leur paix passagere ,
Son repos sera le prix.

Malheur à l'homme farouche ,
Qui se repaît de fureur ,
Et dont l'infernale bouche
Souffle le trouble & l'horreur !
Le Dieu de miséricorde ,
Dont il outragea l'amour ,
N'admit jamais la discorde
Dans son paisible séjour.
Bienheureux les , &c.

Heureux ceux que l'injustice [h]
Charge de ses traits perçants,
Et dont la sombre malice
Noircit les jours innocents !
Le Très-Haut sera lui-même
Leur soutien & leur vengeur ,
Et son riche diadême
Couvrira leur front d'honneur.

Mais maudites font ces ames ,
Dont les complots inhumains ,
Les fureurs , les fourdes trames
Confpirent contre les Saints !
Tôt ou tard, triftes victimes
De leurs iniques projets ,
Elles iront aux abîmes
Eternifer leurs forfaits.
Heureux ceux , &c.

⬦

Bienheureufe l'ame fainte , [i]
Qui, dans fa fimplicité ,
Ne connut jamais la feinte
Que hait la fincérité !
De la fageffe éternelle ,
L'adorable profondeur ,
Se découvrira, pour elle ,
Dans fa plus vive fplendeur.

Malheur à l'homme hypocrite ,
Qui, fous un front impofteur,
Nous cache une ame profcrite
Par le Dieu qui voit le cœur !
C'eft un fépulchre, un repaire ,
Teint d'une fauffe blancheur ,
Dont la divine lumiere
Viendra dévoiler l'horreur.
Bienheureufe l'ame, &c.

⬦

Bienheureux l'homme fidéle [k]
A garder toute la Loi,
Qui, pour le Dieu qui l'appelle ,
Renonce à tout, même à foi !
Un jour , affis fur un trône ,
Il donnera de fa main ,
Ou les fers , ou la couronne
Aux Tribus du genre humain.

Malheur au Chrétien fervile ,
Qui, déshonorant fon nom,

Soumettra fon ame vile
A l'empire du démon !
Il n'aura pour tout partage,
Dans la fombre éternité,
Que le honteux efclavage
Du tyran qui l'a domté.
Bienheureux l'homme, &c.

Bienheureux l'homme modefte, [*l*]
Qui, dans fon néant, confus,
Va, loin du jour qu'il détefte,
Couvrir d'oubli fes vertus !
Le feul Juge de la gloire,
Au grand jour de l'équité,
Viendra mettre à fa mémoire
Un fceau d'immortalité.

Mais maudite l'ame fiere
Qui méconnut fon Auteur,
Et d'une gloire étrangere
Se fit fa propre grandeur !
Du Tout-Puiffant ennemie,
Complice de lucifer,
Une éternelle infamie,
L'humiliera dans l'enfer.
Bienheureux l'homme, &c.

<hr />

[*a*] Beati Pauperes. *Matth.* 5. [*b*] Beati Mites. *Matth.* 5.
[*c*] Qui lugent. *Matth.* 5. [*d*] Qui fitiunt juftitiam. *Matth.* 5.
[*e*] Mifericordes. *Matth.* 5. [*f*] Mundo corde. *Matth.* 5.
[*g*] Pacifici. *Matth.* 5. [*h*] Qui perfecutionem patiuntur.
Matth. 5. [*i*] Et revelafti ea parvulis. *Matth.* 11 [*k*] Qui
fecuti eftis me : Sedebitis fuper fedes . . . judicantes duode-
cim Tribus Ifraël. *Matth.* 19 [*l*] Qui fe humiliaverit,
exaltabitur. *Matth.* 23.

CANTIQUE LXV.
L'Enfer.

Sur l'Air : *Dieu de bonté*, &c.

TOI que le doux espoir d'un éternel bonheur
N'a pu déterminer à renoncer au vice :
Si Dieu par ses bontés n'a pu toucher ton cœur,
Crains du moins, crains, ingrat, le bras de sa justice.

Porte tes yeux, pécheur, sur l'affreux avenir
Où doit tomber sur toi sa vengeance équitable ;
Souviens-toi que le Ciel s'apprête à te punir
Par tout ce que l'enfer a de plus redoutable.

Endurer mille morts, & ne pouvoir mourir,
Se déchirer le cœur de dépit & de rage ;
Recommencer toujours à pleurer, à souffrir,
Et n'avoir pour jamais que des feux en partage !

C'est le sort qui t'attend en ce funeste lieu,
Et ce que ton malheur t'empêche de comprendre :
Téméraire, endurci, rebelle contre Dieu,
Tu vois l'abîme ouvert, sans craindre d'y descendre.

Mais comment pourras-tu, de tous les maux atteint,
Rester dans un brasier de souffre & de bitume,
Dans un feu dévorant qu'aucun torrent n'éteint,
Un feu qui toujours brûle & jamais ne consume ?

Tu voudras aimer Dieu, que tu perds pour jamais,
Et ce desir fera ta plus cruelle peine :
Oui, tu voudras l'aimer ; mais, éternels regrets !
Ton cœur ne s'ouvrira qu'à des transports de haine.

Pécheur, à cet aspect, cours après les plaisirs,
Abandonne ton cœur au désordre des vices ;
Achete, aveugle, achete au gré de tes desirs,
Par d'éternels tourments un moment de délices.

CANTIQUE LXVI.

L'éternité des peines de l'enfer.

Sur l'Air : *Que l'amour du Seigneur est une*, &c.

QUELLE fatale erreur ! Quel charme nous
 entraîne !
Rien n'égala jamais notre stupidité ;
Il est pour les pécheurs une éternelle peine,
 Et nous osons aimer l'iniquité.

De Dieu sur nos excès, voyant le long silence,
On croit qu'impunément on le peut offenser ;
Mais s'il exerce tard sa terrible vengeance,
 Son tems enfin viendra de l'exercer.

C'est après notre mort, que montrant sa justice,
Il sçait rendre à chacun ce qu'il a mérité ;
Mais, soit qu'alors sa main récompense ou pu-
 nisse,
 Gloire, ou tourment, c'est pour l'éternité.

Devant Dieu les damnés seront toujours coupables;
En mourant criminels, ils sont morts endurcis ;
Il faut donc qu'en enfer, des maux toujours du-
 rables,
 De leurs forfaits soient le funeste prix.

La beauté du Seigneur, l'éternel héritage,
Les plaisirs ravissants du céleste séjour,
Jamais des réprouvés ne seront le partage:
 Pour eux tout bien est perdu sans retour.

O brasier de l'enfer ! ô flammes dévorantes !
Qu'un Dieu dans son courroux ne cesse d'allumer,

Vous brûlez le pécheur dans ces prifons ardentes,
   Vous le brûlez, mais fans le confumer.

❦

Que la mort pour toujours leur femble defirable:
Ils voudroient n'être plus pour ceffer de fouffrir:
Mais c'eft du Ciel contre eux l'arrêt irrévocable:
   Souffrir toujours, & ne jamais mourir.

❦

Toujours dans leurs tourments la même violence!
Non, ils n'efpérent point un état plus heureux:
Eft-il dans les enfers un rayon d'efpérance?
   C'eft pour toujours un défefpoir affreux.

❦

Un mal, quoique léger, nous femble infuppor-
  table,
Lorfque c'eft pour long-tems qu'il nous faut l'en-
  durer;
Mais l'enfer eft le mal le plus intolérable,
   Et la rigueur en doit toujours durer.

❦

Après avoir fouffert des millions d'années,
Et le plus long des tems que l'efprit peut penfer,
Les damnés loin de voir leurs peines terminées,
   Les fentiront toujours recommencer.

❦

De ces peines fans fin, la penfée accablante,
Afflige leur efprit fans ceffer un moment:
L'éternité pour eux toute entiere eft préfente,
   L'éternité fait leur plus grand tourment.

❦

Eternels Hurlements, Tortures éternelles!
Feux, Brafiers éternels, éternelle Fureur!
O peines de l'enfer que vous êtes cruelles!
   Peut-on vous croire & demeurer pécheur!

❦

O vous, cœurs obftinés, aveugles dans le crime!
Qui ne redoutez point les coups vengeurs des
  Cieux:

Un jour enfevelis dans l'éternel abîme,
   Hélas ! trop tard vous ouvrirez les yeux.

⋘⋙

Craignons, mortels, craignons ce gouffre formi-
   dable,
Portons-en dans l'efprit un fouvenir conftant :
Le vice alors pour nous n'aura plus rien d'aima-
   ble,
   Et la vertu plus rien de rebutant.

⋘⋙

Grand Dieu ! Dieu Tout-puiſſant, terrible en vos
   vengeances,
Purifiez nos cœurs avant notre trépas :
Coupez, brûlez, tranchez, puniſſez nos offenſes,
   Mais pour toujours ne nous condamnez pas.

---

* CANTIQUE LXVII.

La crainte que les pécheurs doivent avoir de la préſence de Dieu.

Sur l'Air : *Du Dieu des Cœurs, &c.*

D u feul vrai Dieu
Révérons la préſence ;
Sans ceſſe dans tout lieu
Pénétre ſa grandeur immenſe.   *Féri.*

D'un regard foudroyant,
Sur l'homme qui l'offenſe,
Il peut, au même inſtant,
Déployer ſa vengeance.
   Du feul, &c.

CANTIQUE LXVIII.

La néceffité du falut.

Sur l'Air des Folies d'Efpagne.

Fu t-il jamais erreur plus déplorable ?
Nous defirons les faux biens d'ici-bas,
Et le falut, le feul bien véritable,
Hélas ! nos cœurs ne le defirent pas.

Sommes-nous faits pour des biens fi fragiles,
Qu'on voit paffer ainfi qu'une vapeur ?
Et qui, pour nous, en maux font fi fertiles :
Ah ! de tels biens font-ils le vrai bonheur ?

Un Dieu, pour nous, fouffre une mort honteufe,
Qu'une ame eft donc d'une grande valeur !
Et pour un rien cette ame précieufe
Nous l'expofons à l'éternel malheur.

Perdre fon ame, ô perte ineftimable !
Quel bien pourroit nous en dédommager ?
De tous les maux c'eft le feul redoutable :
Tout autre mal n'eft qu'un mal paffager.

En vain placés au fein de l'abondance,
Nous jouiffons du bonheur le plus doux;
Gloire, plaifirs, emplois, biens, opulence,
Sans le falut tout eft perdu pour nous.

Y penfons-nous, infenfés que nous fommes ?
Nous ne courons qu'après la vanité ;
Dieu tout-puiffant ! quand verra-t-on les hom-
mes
Plus occupés de leur éternité ?

Oui, déformais, les maux les plus fenfibles;
La pauvreté, les peines, les mépris
Ne doivent plus nous paroître terribles;
Sauvons notre ame, & nos maux font finis.

CANTIQUE LXIX.

Les avantages de la Foi.

Sur l'Air : *Votre cœur, aimable aurore, &c.*

Tout eft doux, & rien ne coûte,
Quand on croit bien vivement :
Dans la plus pénible route,
On marche légérement ;
Mais dès l'inftant que l'on doute,
Tout devient peine & tourment.

D'un rayon feul d'efpérance,
Un mortel eft confolé,
Dans la plus vive fouffrance,
Jamais il n'eft accablé,
La foi tient lieu d'évidence ;
Le vrai femble dévoilé.

Quel fort plus digne d'envie,
Que d'être en Dieu raffuré ?
On peut voir fans jaloufie
Le riche au plus haut degré,
Quand aux biens de l'autre vie,
Son bonheur eft comparé.

Un mortel, dans fa croyance,
Bien ferme & bien raffuré,
Eft heureux fi-tôt qu'il penfe
Au bien pour lui préparé,
Et c'eft en jouir d'avance,
Que d'en être pénétré.

Dieu puiſſant, Dieu que j'adore,
Je me livre à ta bonté,
Mais ma foi trop foible encore,
N'eſt qu'une incrédulité :
Aide-moi, Dieu que j'implore,
A chercher la vérité.

Ma raiſon, lumiere obſcure,
Ne me ſert qu'à m'égarer :
Ta parole toujours ſûre,
Seule a droit de m'éclairer :
Sans la grace, la nature
Ne ſçauroit rien opérer.

CANTIQUE LXX.

Dieu n'éclaire qu'une foi humble.

Sur un Air nouveau.

LES tréſors de ta haute & profonde ſcience,
Sont inconnus, Seigneur, aux ſuperbes humains :
De leur ſotte raiſon tous les efforts ſont vains,
  Leur orgueil fait leur ignorance :
Il faut pour pénétrer les ſecrets de ta loi,
Captiver ſon eſprit ſous le joug de la foi,
Et devenir enfant ſi l'on veut être ſage :
  Ce n'eſt que par l'humilité
  Qu'on peut diſſiper le nuage
  Qui nous cache la vérité,
  Qui nous cache la vérité.

* CANTIQUE LXXI.

Le pécheur exhorté à revenir à Dieu.

Sur l'Air : Hélas ! Daphnis , &c.

Hélas ! pécheur, quel est ton sort ?
Si sans délai survient la mort ! *Fin.*
Hélas ! pécheur, &c.

Par ta constance dans le crime,
Tu ne fais, aux yeux du Seigneur,
Qu'enflammer son courroux vengeur :
Tremble de voir t'ouvrir l'abîme.
Hélas ! pécheur, &c.

Gémis, frémis sur ton malheur;
Appaise Dieu par ta douleur. *Fin.*
Gémis, frémis, &c.

Ranime en lui ta confiance ;
Il te cherche encore aujourd'hui :
Hâte-toi de venir à lui :
Céde à la voix de sa clémence.
Gémis, frémis, &c.

CANTIQUE LXXII.

Le pécheur invité à revenir à Dieu.

Sur un Air ancien.

Reviens, pécheur, à ton Dieu qui t'appelle ;
Viens au plutôt te mettre sous sa loi :
Tu n'as été déja que trop rebelle,
Reviens à lui , puisqu'il revient à toi.

Dans

Dans tes écarts, sa voix s'est faite ente ndre
Sans se lasser, par-tout il te pourfuit :
D'un Roi, d'un Dieu, du Pere le plus tendre
Il a le cœur, & ton cœur dur le fuit.

⬥

Frayeur, remords, attraits, secret langage,
Rien n'échappoit à son amour constant:
A-t-il, pour toi, pu faire davantage ?
A-t-il, pour toi, dû même faire tant ?

⬥

S'il fut toujours pour toi plein de clémence,
Faut-il qu'encor tu péches chaque jour ;
Plus de rigueur vaincroit ta résistance ;
Tu l'aimerois, s'il avoit moins d'amour.

⬥

Marche au grand jour que t'offre sa lumiere ;
A sa faveur tu peux faire le bien :
Crains que la nuit ne borne ta carriere,
La nuit funeste, où l'on ne peut plus rien.

⬥

Ta courte vie est un songe qui passe,
Et de ta mort le jour est incertain ;
Ce Dieu si bon qui te promet sa grace,
Te promit-il jamais le lendemain ?

⬥

Ou le Ciel doit te combler de délices,
Si la vertu te fuit à ton trépas :
Ou bien l'enfer t'ouvrir ses précipices
Si c'est le crime, & tu n'y penses pas.

E

CANTIQUE LXXIII.

L'efpérance du pécheur dans les mérites de Jefus-Chrift.

Sur l'Air : *Ciel en voyant ce temple, &c.*

DIEU ! quel moment terrible & redoutable !
De quel frémiffement on fe fent agité ,
    En penfant qu'il eft arrêté ,
  Que l'on doit être heureux ou miférable ,
Non des fiécles entiers , mais une éternité :
    Que l'arrêt eft irrévocable !
  Qu'un jufte Dieu lui-même l'a porté !
    Quel doute infupportable !
    Qu'un pécheur en eft tourmenté !
Mais ta bonté, grand Dieu ! me raffure & j'efpere:
  Ton bien aimé qui s'eft offert pour nous ,
    Seigneur , a fufpendu les coups
    De ta jufte colere :
  Seigneur , Seigneur , a fufpendu les coups
    De ta jufte colere :
Combien ce fouvenir doit calmer mon effroi ;
    Son fang qu'il a verfé pour moi ,
Eft d'un prix affez grand pour racheter la terre:
    Quel coupable dans ta fureur ,
    Peux-tu frapper de ton tonnerre ,
    Que n'ait teint le fang du Sauveur ?
    Quel coupable dans ta fureur ,
    Peux-tu frapper de ton tonnerre ,
    Que n'ait teint le fang du Sauveur ?

CANTIQUE LXXIV.

La néceffité & les douceurs de la vraie
pénitence.

Sur l'Air : *Des ravages de Bellone , &c.*

SALUTAIRE pénitence,
Seul refuge du pécheur ,
Tu calmes la confcience ,
Et de l'aimable innocence
Tu remplaces la douceur.
 Que de charmes
 Ont les larmes ,
Qui partent du fond du cœur !
 L'abftinence ,
 La fouffrance
Perdent toute leur rigueur.
 Quand on aime ,
 La mort même
Ne caufe point de frayeur :
 Souffrons , c'eft l'apanage
 D'un cœur vraiment chrétien.
Prenons la Croix pour partage ,
Qu'elle foit notre foutien.

CANTIQUE LXXV.

Les rigueurs de la pénitence forcée.

Sur l'Air précédent.

LE joug de la pénitence
N'offre que peine au pécheur ,
Sans calmer fa confcience ,
Sans lui rendre l'innocence ,

Elle eſt pour lui ſans douceur.
Point de charmes
Dans les larmes
Qui ne partent pas du cœur.
L'abſtinence,
La ſouffrance,
Ne ſont alors que rigueur.
A qui n'aime
Que ſoi-même,
Tout cauſe de la frayeur :
Souffrir quel apanage
Pour un mauvais Chrétien !
Il a la Croix pour partage,
Sans l'avoir pour ſon ſoutien.

---

* CANTIQUE LXXVI.

Priere d'un pécheur qui veut revenir à Dieu.

Sur l'Air : *Ceſſez , mes yeux , ceſſez , &c.*

Dans quels malheurs ! hélas, m'entraînerent
mes crimes !
Que d'horreurs inondent mes jours !
Je t'invoque, grand Dieu ! des plus profonds
abîmes ,
Daigne écouter mes cris, prête-moi ton ſecours.
Daigne écouter, &c.   *Fin.*
Toujours j'ai mérité d'éprouver ta vengeance ;
Mais, Seigneur, ta clémence
Me raſſure, m'anime & me ramene à toi ,
Rends-moi ton accès favorable :
Je cours dans tes bras , reçois-moi ,
Et fais que mon retour à jamais ſoit durable ,
Dans ton amour & ſous ta Loi.
Dans quels malheurs , &c.

CANTIQUE LXXVII.

Sentiments d'un pécheur pénétré de la crainte des jugements de Dieu.

Sur un Air nouveau.

JE céde à la terreur, grand Dieu ! que tu
    m'imprimes :
    Voici le tems de te venger :
L'impitoyable mort & l'horreur de mes crimes
    Viennent, hélas ! m'affiéger.

En vain voudrois-je fuir les coups de la tempête :
    Me cacherois-je devant toi ?
Les aîles de la mort couvrent déja ma tête ,
    Et fa faulx tombe fur moi.

Mais, non ! j'exifte encor : quel bras m'eft fecou-
    rable
    Et de la mort retient les traits ;
Sufpend, pour un moment, ton courroux redou-
    table ,
    Ciel ! daigne ouir mes regrets.

Et que me fert, hélas ! de voir enfin le vuide
    Où j'ai mis ma félicité ,
Quand le tems me conduit d'un pas prompt &
    rapide
    Aux bords de l'éternité.

Quel trouble me faifit ! ô ciel, quelle furprife !
    O jour plein de deuil & d'effroi !
Le monde entier s'émeut, fe diffout & fe brife ,
    Et va périr avec moi.

O quel torrent de maux ! je vois tout fe confondre ,
    Les Cieux avec les éléments :

J'entends gémir la terre, & la mer lui répondre
  Par d'affreux mugissements.

⟶⊲✕⊳⟵

Les astres sans éclat, errants loin de leur route,
  Déja se choquent dans les airs,
Et prêts à s'arracher à la céleste voûte,
  Vont abîmer l'univers.

⟶⊲✕⊳⟵

Tu vas périr, Soleil, pour ne jamais renaître,
  Tu vas rentrer dans le néant :
Je reconnois au coup qui te fait disparoître,
  Le bras d'un Dieu tout-puissant.

⟶⊲✕⊳⟵

Par ces objets, Seigneur, mon ame épouvantée
  A cru dans cet affreux moment,
Que contre les mortels ta justice irritée
  Prononçoit leur jugement.

⟶⊲✕⊳⟵

Mais non, c'est une erreur, je suis le seul coupable
  Dont tu te venges en ce jour ;
Et ta main va frapper le coup irrévocable
  Qui me perdra sans retour.

⟶⊲✕⊳⟵

Fais-moi sentir, Seigneur, les traits de ta puissance,
  A pardonner comme à punir ;
Mes chants publieront ton nom & ta clémence
  Dans l'éternel avenir.

CANTIQUE LXXVIII.
Converſion du Pécheur.
Sur un Air nouveau.

QUAND je penſe aux tourments dont ta juſte
  vengeance,
Doit accabler enfin nos forfaits trop foufferts :
Je la préviens, Seigneur, dans mon intelligence ,
   En m'abîmant juſqu'aux enfers.

Je meurs : la foudre gronde, & je ſuis dans l'a-
  bîme :
La honte en ma douleur, combat avec l'effroi ;
Quels maux autour de moi ! quel mal plus grand
  m'opprime ,
   Et les raſſemble tous dans moi !

C'eſt l'horrible péché que mon ame déteſte,
Que mon cœur a chéri juſques à ce moment,
Qui m'enchaîne à jamais, & dont le fruit me reſte
   Pour conſommer ſon châtiment.

Péché, que j'ai long-tems aimé ſanste connoître ,
Monſtre que j'adorois , quand j'ai pu t'amortir ,
Trop tard, hélas ! dans moi, je reconnois ton être,
   Quand je ne peux l'anéantir.

Où ſont-ils ces attraits, ces douleurs, ces délices ,
Où mes ſens ſe noyoient avant de s'aſſouvir ?
Où ſont-ils ? Ah ! que vois-je à combler mes ſup-
  plices
   Le Ciel va les faire ſervir.

Tout eſt changé pour moi, mais je change moi-
  même :
Je m'aimois, je me hais ; je me crus un géant,

Je me trouve un insecte; & la Grandeur suprême,
  Réduit mon orgueil au néant.

⊰⊱

J'ai trop bravé, mon Dieu ! ta bonté souveraine,
Abandonné ta loi, combattu mon devoir :
Aveugle à tes bienfaits, je devois en ma peine,
  Reconnoître enfin ton pouvoir.

⊰⊱

Je marchois, sans frémir, dans les routes du vice :
Ta sagesse n'étoit qu'un fantôme à mes yeux ;
Et mon cœur oublioit, noyé dans l'injustice,
  Que la justice régne aux Cieux.

⊰⊱

Tonne, éclate sur moi, frappe, ô Dieu ! voici
  l'heure,
Qui de mes jours passés doit enfin te venger :
Tu vis, grand Dieu, tu vis ! il faut bien que je
  meure,
  Quand j'ai vécu pour t'outrager.

⊰⊱

Déjà l'affreux remords, dont je suis la victime,
Venge tes droits sacrés dans le fond de mon cœur,
Et déja ma raison a consacré mon crime
  Au triomphe de ta rigueur.

⊰⊱

Seigneur, à me punir il suffit de moi-même :
Tranquille, au haut du Ciel, considere mes coups :
Tu verras ma douleur, dans son transport extrême,
  Armer contre moi ton courroux.

⊰⊱

J'ai dit : mon ame est prête à tomber dans l'abîme
J'ai senti sous mes pieds s'entrouvrir les enfers :
J'ai frémi, j'ai pâli, j'ai reconnu mon crime,
  Et la grace a brisé mes fers.

⊰⊱

Dans ma confusion j'ai pris un nouvel être,
Sous la main du Très-Haut mort & ressuscité,
Par sa colere éteint, je me suis vu renaître
  Aux doux rayons de sa bonté.

Secourez-moi, Seigneur, c'eſt dans vous que
  j'eſpere ;
O vous, que j'offenſai ! que j'invoque aujourd'hui,
Puniſſez mes forfaits ; mais puniſſez en pere ;
    Soyez mon juge & mon appui.

⊰⊱

Mêlez au châtiment les douceurs de la grace :
Frappé, mais ſoutenu, je bénirai vos coups :
Je chérirai ma peine, & ma longue diſgrace
    Appaiſera votre courroux.

⊰⊱

Chaque jour, vers les Cieux, d'où partoit le
  tonnerre,
Mes cris exprimeront l'effort de mes douleurs,
Et mes yeux, chaque nuit, abbreuveront la terre
    Du ſacrifice de mes pleurs.

⊰⊱

Hâtez-vous, ô mon Dieu ! ma vertu m'abandonne,
Et mes jours effacés du livre des vivants,
Paſſent, comme une fleur qu'un vain ſoleil d'au-
  tomne
    Laiſſe deſſécher par les vents.

⊰⊱

Jouet de la nature à ma perte animée,
Moi-même je me livre à mon accablement ;
Et les ſoupirs preſſés dans ma bouche enflammée,
    Deviennent mon ſeul aliment.

⊰⊱

La douleur a tari le ruiſſeau de mes larmes :
A force de crier j'ai demeuré ſans voix :
Mes regrets redoublés, mon trouble, mes al-
  larmes
    Vengent le mépris de tes loix.

⊰⊱

Qu'ai-je à t'offrir, grand Dieu ! que ma foi-
  bleſſe même,
Qu'un eſprit vain, un corps à la terre attaché,
Triſtement enchaînés dans leur contraſte extrême,
    Par l'horrible nœud du péché ?

E v

Plus je fuis accablé, moîns je me défefpere;
Plus je fus criminel, plus grand eft mon retour ;
Il falloit tout mon crime & toute ma mifere,
  Pour fignaler tout ton amour.

•⋖⋗•

De la grace, ô mon Dieu ! qui m'éclaire & m'en-
 flamme ,
C'eft peu que je commence à goûter les attraits :
J'invoque ton pouvoir : épuife fur mon ame
  Toute la force de tes traits.

•⋖⋗•

Fais qu'en ce foible point où mon amour com-
 mence ,
Rempli du noble efpoir de fon infinité ,
J'embraffe tous les tems dans fon ardeur im-
 menfe,
  Pour embraffer l'éternité.

•⋖⋗•

Des remords du paffé que fon feu fe nourriffe ;
Qu'en mon bonheur préfent bien loin de s'af-
 foupir ,
Confommant de mes jours le prochain facrifice,
  Il t'offre mon dernier foupir.

•⋖⋗•

Fais que ne pouvant plus s'augmenter ni s'étein-
 dre ,
Des enfers confondus , par toi victorieux,
Du féjour de la terre, il vole & puiffe atteindre
  A l'immortalité des Cieux.

CANTIQUE LXXIX.

La miféricorde de Dieu envers le pécheur.

Sur l'Air : *Arrachez de mon cœur, &c.*

PAR quels vœux, ô Seigneur, & par quelles
    victimes
Pourrai-je détourner ta haine que je crains ?
Je mérite la mort, & pour de moindres crimes,
Le monde a vu tomber les carreaux de tes mains.

L'excès de tes bontés augmente mon offenfe,
Tu m'as comblé de biens au lieu de me punir :
Et l'on voit, ô prodige ! une égale conftance
En moi, pour t'offenfer, en toi pour me bénir.

Il eft vrai, mon Sauveur, mes fautes font mor-
    telles ;
Toujours ma paffion s'oppofe à tes projets :
Mais, hélas ! fi tu perds tous ceux qui font re-
    belles,
En quel lieu de la terre auras-tu des fujets ?

Mes forfaits d'un côté provoquent ta juftice,
De l'autre ta bonté demande mon pardon :
As-tu moins de bonté que je n'ai de malice ?
Serois-je plus méchant que tu ne ferois bon ?

Il y va de mon bien, il y va de ta gloire :
Rends-toi le maître feul d'un cœur trop obftiné,
Ton triomphe eft le mien, je gagne en ta victoire ;
Quand tu feras vainqueur, je ferai couronné.

E vj

*CANTIQUE LXXX.

Priere à Dieu dans la tentation.

Sur l'Air : *J'ai perdu tout mon bonheur, &c.*

DIEU puiſſant dans mes combats.
Daigne me tendre les bras ;
  Soutiens ma foibleſſe ,
  Soutiens ma foibleſſe,
Dieu puiſſant dans mes combats
Daigne me tendre les bras.
  Soutiens ma foibleſſe ,
  Soutiens ma foibleſſe.   *Fin.*

Hélas ! je veux être à toi:
Mais tout s'arme contre moi:
Hélas ! je veux être à toi,
Mais tout s'arme contre moi,
Hélas! je tombe ſans ceſſe ,
  Je tombe ſans ceſſe.   Dieu , &c.

CANTIQUE LXXXI.

L'eſpérance en la bonté de Dieu déſarme ſa juſtice.

Sur un Air nouveau.

IL n'eſt rien de plus déplorable
Que le funeſte état où ta main m'a réduit :
  Hélas ! grand Dieu ! je languis jour & nuit,
Et jamais un pécheur ne fut plus miſérable :
  Mais ta bonté me fait ſçavoir
Que quand ſur elle ſeule on fonde ſon eſpoir,
  On fléchit bientôt ta colere :
  Viens, Seigneur , viens me ſecourir ;
  Pour me tirer de ma miſere,
  Tu n'as qu'à me vouloir guérir ,
  Pour me tirer de ma miſere,
  Tu n'as qu'à me vouloir guérir.

✱ CANTIQUE LXXXII.

Priere pour demander à Dieu la paix de l'ame.

Sur l'Air : *Qu'elle eſt belle ma cabane , &c.*

ENTENDS ma voix gémiſſante,
Dieu, qui calmes ſeul les flots !
Rends à mon ame tremblante
Le bonheur d'un ſaint repos,
Le bonheur d'un ſaint repos.

Hélas, mille objets funebres
S'offrent , jour & nuit, à moi !
Tout me vient glacer d'effroi :
Tout m'eſt peine , ennui , ténébres ,
Trouble, martyre, ſans toi ;
Tout m'eſt peine , ennui, ténébres ,
Trouble , martyre , ſans toi.

Entends ma voix gémiſſante ,
Dieu, qui calmes ſeul les flots !
Rends à mon ame tremblante
Le bonheur d'un ſaint repos :
Rends à mon ame tremblante
Le bonheur d'un ſaint repos , &c.

CANTIQUE LXXXIII.

L'eſpérance du pardon dans les mérites de Jeſus-Chriſt.

Sur l'Air : *Que ton courroux, Seigneur , &c.*

ELOIGNE de ton cœur toute frayeur extrême,
Eſpere tout d'un Dieu qui t'a formé, qui t'aime,
Qui porta ſon amour pour rendre heureux ton ſort,
Juſqu'à livrer ſon Fils à la croix, à la mort.

Mille fois il promit au ferviteur fidéle,
Pour prix de fes vertus, la couronne éternelle :
Il eft la bonté même, il eft plein d'équité,
Il ne perdra que ceux qui l'auront mérité.

La grandeur de ton crime excite fa vengeance,
Mais fi ton crime eft grand, plus grand eft fa
  clémence :
A quel excès peut-on porter l'iniquité,
Que ne furpaffe encor l'excès de fa bonté ?

Son amour qui fufpend l'effet de fa juftice,
T'affure qu'à tes vœux il fe rendra propice :
Ah ! pécheur, s'il vouloit te perdre pour jamais,
T'attendroit-il encore après tant de forfaits ?

De fon courroux vengeur tu ferois la victime,
S'il n'étoit attentif qu'à la voix de ton crime ;
Mais le fang de fon Fils qui parle en ta faveur,
Le touche, le fléchit & défarme fon cœur.

Reviens donc animé d'une douce efpérance,
Reviens à ce bon pere, implore fa clémence ;
Mais apprends, fi tu veux n'être pas rejetté,
Qu'un cœur humble & contrit eft lui feul écouté.

CANTIQUE LXXXIV.

Le pécheur connoiffant fon état, & de-
mandant à Dieu de l'en délivrer.

Sur l'Air de la mufette de M. Defmarais.

QUE mon fort eft déplorable,
Où me vois-je, hélas ! réduit !
Un cruel remords m'accable,
Par-tout le trouble me fuit ;

Ah ! péché , monſtre exécrable ,
Tes faux charmes m'ont féduit. Que, &c.

❖

Au gré d'un honteux caprice ,
Je vis dans l'égarement :
Mon cœur tout feu pour le vice ,
Eſt pour Dieu fans mouvement ;
Ciel ! quelle eſt mon injuſtice !
Quel eſt mon aveuglement ! Au gré , &c.

❖

Le Seigneur , fouvent m'appelle
Par amour & par douceur :
Sors de ta langueur mortelle ,
Mon Fils donne-moi ton cœur ;
Mais ce cœur toujours rebelle ,
Ne lui montre que froideur. Le Seigneur ,

❖

Dans ma longue réfiſtance ,
Veux-je donc perſévérer ?
Sur l'horreur de mon offenſe
Ne devrois-je point pleurer ?
Il faut qu'enfin je commence ;
C'eſt beaucoup trop différer. Dans ma, &c.

❖

Ah ! que fens-je dans moi-même !
Quelle guerre ! quels combats !
Je voudrois, du mal que j'aime,
Pour toujours fuir les appas :
Mais quelle mifere extrême !
Je veux & je ne veux pas. Ah ! que, &c.

❖

Les plaifirs femblent me dire :
Veux-tu nous abandonner ?
Sous notre agréable empire
Laiſſe-toi donc enchaîner :
Mon cœur foible, hélas ! foupire ,
Et fe fent comme entraîner.
Les plaifirs , &c.

O malheureufe habitude
Que forma l'iniquité,
Tu caufes l'inquiétude
Dont mon cœur eft agité;
Dans ta dure fervitude
Tu retiens ma volonté. O malheureufe, &c.

Sous l'affreux poids de mon crime,
Gémirai-je donc en vain ?
De mes maux trifte victime
N'en verrai-je point la fin ?
Pour fortir de mon abîme,
Ah ! qui me tendra la main ? Sous, &c.

D'un état fi lamentable
Soyez attendri, Seigneur;
Voyez d'un œil favorable
Un trop malheureux pécheur;
Sans votre main fecourable
Je péris dans mon malheur. D'un état, &c.

Grand Dieu ! finiffez ma peine,
De mes maux foyez touché :
Brifez la funefte chaîne
Qui tient mon cœur attaché :
Que d'une volonté pleine,
Je quitte enfin le péché. Grand Dieu, &c.

C'en eft fait, malgré fes charmes
Du péché je veux fortir :
Un Dieu calme mes allarmes;
Sa bonté fe fait fentir :
O mes yeux fondez en larmes,
Faites voir mon repentir.
C'en eft fait, &c.

* CANTIQUE LXXXV.

Le regret d'avoir perdu la premiere innocence , & le defir de la recouvrer.

Sur l'Air : *Solitaire témoin , &c.*

SEULE fource de biens , précieufe innocence !
O toi, qui fus des cœurs le plus bel ornement !
    Périffe à jamais le moment,
      Où tu délaiffas mon enfance !
Le péché m'a ravit tes dons & mon bonheur :
Mais je l'abhorre, & vers toi je foupire :
Daigne t'ouvrir la route de mon cœur ;
    Reviens-y fixer ton empire ,
    Reviens-y fixer ton empire.

* CANTIQUE LXXXVI.

Priere d'un Pécheur pénétré du regret de fes crimes.

Sur l'Air : *Reviens parjure amant, &e.*

DAIGNEZ, Dieu de bonté , diffiper les al-
    larmes ,
Où de mille forfaits m'a plongé la noirceur.
Soyez , hélas ! touché de ce torrent de larmes ,
    Qu'arrache à mes yeux la douleur.   *Fin.*
Le trifte fouvenir d'avoir pu vous déplaire,
En r'ouvrira le cours jufqu'au dernier foupir.
    Pour vous venger , ô tendre Pere !
Ah ! de regret, d'amour que ne puis-je mourir !
Ah ! de regret, d'amour que ne puis-je mourir !
Daignez Dieu , &c.

* CANTIQUE LXXXVII.

Le jeune pécheur touché de Dieu.

Sur l'Air : *Arrachez de mon cœur , &c.*

COMBIEN triste est mon sort ! O comble de
  disgrace !
Quels biens que le péché m'a fait perdre à la fois !
L'amitié de mon Dieu, la beauté de la grace,
La douce paix du cœur, mes mérites, mes droits.

Je me vois de l'enfer la proie & la victime,
Et du cruel démon l'esclave criminel :
Si la mort me surprend, je tombe dans l'abîme,
Et sans retour je perds l'héritage éternel.

Que périsse le jour où ce péché funeste
Vint de mon innocence interrompre le cours !
Je t'abhorre, à jamais, péché, je te déteste :
Puisse ce jour fatal s'effacer de mes jours !

Pourquoi t'ai-je jamais donné ma confiance,
Ami, dont les discours m'apprirent mes malheurs ?
Sans ta fausse amitié j'aurois mon innocence ;
Que tu vas me coûter de soupirs & de pleurs !

O cruel souvenir ! avoir aimé le vice,
Avant d'aimer mon Dieu, mon Pere, mon
  Sauveur :
Dans un âge si tendre avoir tant de malice,
Etre si jeune encore, & me voir si pécheur !

Oui, n'eussé-je qu'un jour, d'un crime été coupable,
Mes yeux devroient aux pleurs s'abandonner
  toujours :

Combien dois-je en verſer, ô honte qui m'ac-
    cable !
Moi, qui du crime, hélas ! ai ſouillé tous mes jours !

* ⟡ *

Ouvrez-vous donc, mes yeux, en deux ſources
    de larmes ;
Pleurez, & jour & nuit l'excès de mes forfaits ;
Qu'aujourd'hui la douleur ſeule ait pour moi des
    charmes ;
Que mon cœur au tombeau porte encor ſes re-
    grets.

* ⟡ *

Mais hélas ! mais ſur-tout, ce qui me rend coupable,
Non, non, je ne pourrai m'en conſoler jamais ;
C'eſt d'avoir outragé ce Dieu, ce Maître aimable,
Dont l'éternel amour me combla de bienfaits.

* ⟡ *

Quelle étoit mon erreur ! je ne puis la compren-
    dre ;
Dieu m'appelloit à lui, j'étois ſourd à ſes cris ;
Toujours Dieu fut pour moi le Pere le plus
    tendre,
Je fus pour lui, toujours, un ingrat, non un fils.

* ⟡ *

Son amour, même encore, ordonne que j'eſpere,
Il eſt toujours le même, il eſt tendre, il eſt bon ;
Tout pécheur que je ſuis, il veut être mon Pere ;
Si je reviens à lui, je ſuis ſûr du pardon.

* ⟡ *

Recevez donc, Seigneur, ce fils long-tems re-
    belle ;
Daignez favoriſer ſes pleurs & ſon retour ;
Plus il s'eſt égaré, plus il ſera fidéle,
Plus il ſera conſtant à garder votre amour.

* ⟡ *

C'en eſt fait, du péché la plus légere tache
Ne ternira jamais mon ame, ni mon cœur :
Non, ce cœur n'aura plus de criminelle attache ;
J'aimerois mieux mourir qu'être encore pécheur.

Mais que dis-je, Seigneur? comment dans ma
    foibleſſe,
Attendre de moi-même un repentir conſtant?
Je vous fis mille fois, hélas! cette promeſſe,
Et mille fois, hélas! je péchai dans l'inſtant.

En vous ſeul, ô mon Dieu, je mets ma confiance;
Vous êtes mon eſpoir & mon bien le plus doux :
Du ſecours de vos dons aidez mon inconſtance,
Je ne puis rien de moi, mais je puis tout en vous.

Exercez, Dieu vengeur, ſur moi votre juſtice;
Frappez-le ce coupable, en tout tems, en tout
    lieu;
Le plus grand des malheurs, le plus cruel ſup-
    plice,
Sera trop doux pour moi, s'il me rend à mon
    Dieu.

*CANTIQUE LXXXVIII.

Les regrets d'un jeune pécheur.

Sur l'Air: *Que vois-je ? c'eſt Iſſé, &c.*

QUEL fus-je! Quel je ſuis! & quel eſt mon
    malheur!
    J'ai perdu l'aimable innocence,
Et déja mille fois outragé le Seigneur.
O fatal ſouvenir! O criminelle enfance!
Dans mon Dieu tant d'amour, dans moi tant
    d'inconſtance!
Coulez, mes pleurs, coulez, noyez dans vos
    torrents
      La honte de mes jours naiſſants:
Vous ſeuls aurez pour moi des douceurs & des
    charmes
      Regrets, Sanglots, Soupirs & Larmes.

Dieu Sauveur ! Dieu d'amour ! daigne écouter
  mon cœur,
    Il est droit & sincere,
  Sois pour moi, sois encore un Pere :
  Tu n'auras plus un fils pécheur.

CANTIQUE LXXXIX.

Le pécheur implore la clémence de Dieu.

Sur l'Air : *Je vais revoir, &c.*

1 **D**u fond du sombre tombeau je t'implore,
   Dieu tout-puissant, Dieu que j'adore,
   Tu vois mes maux & mes douleurs :
   Laisse-toi fléchir par mes pleurs :
   Ah ! quel doit être mon supplice,
   Si tu n'entends que ta justice !
   Mais de ta bonté souviens-toi,
   Et que s'offrant en sacrifice,
   Ton propre fils est mort pour moi.

O Dieu clément ! ô charitable pere !
   Si, peu touché de ma priere,
   Tu fermes ton cœur à mes cris :
   Du péché vois quel fut le prix ...
   Arrête ton bras redoutable,
   Pourrois-tu frapper un coupable
   Tout couvert du sang de ton Fils ?
   Pourrois-tu frapper un coupable
   Tout couvert du sang de ton Fils ?

CANTIQUE XC.

Le pécheur revient à Dieu.

Sur un Air ancien.

Voici, Seigneur, cette brebis errante,
Que vous daignez chercher depuis long-tems :
Touché, confus d'une si longue attente,
Sans plus tarder, je viens & je me rends.

Triste, éperdu, je cherchois un asyle,
Je m'efforçois à vivre sans effroi ;
Mais, ô mon Dieu, pouvois-je être tranquille,
Si loin de vous, & vous si loin de moi ?

Je me repens de mon erreur passée ;
Contre le Ciel, contre vous j'ai péché :
Mais oubliez ma conduite insensée,
Et ne voyez en moi qu'un cœur touché.

Quand sous vos yeux, grand Dieu ! je considere
Toute l'horreur de tant d'excès commis,
Comment oser vous appeller mon pere,
Comment oser me dire votre fils.

Dieu de mon cœur, principe de tout être,
Unique objet, qui seul peut nous charmer,
Ai-je pu vivre, hélas ! sans vous connoître !
Et vivre, hélas ! toujours sans vous aimer !

Votre bonté surpasse ma malice ;
Pardonnez-moi ce long égarement :
Je le déteste, il fait tout mon supplice,
Et pour vous seul, j'en pleure amérement.

Je ne vois rien que mon cœur ne défie ;
Malheurs, tourments, biens, charmes les plus
   doux ;
Non, fallut-il cent fois perdre la vie,
Rien ne pourra me féparer de vous.

CANTIQUE XCI.

Sentiments de contrition,

Tirés du Pfeaume 129.

Sur un Air nouveau.

DE ce profond, de cet affreux abîme
Où je me fuis aveuglement jetté,
Le cœur brifé du regret de mon crime,
J'ofe implorer, Seigneur, votre bonté.

Prêtez l'oreille à l'ardente priere,
Voyez les pleurs d'un enfant malheureux :
Quoique pécheur, il voit dans vous un pere,
Pouvez-vous être infenfible à fes vœux ?

Si vous voulez, fans ufer de clémence,
Compter, pefer tous nos déréglements :
Ah! qui pourra, malgré fon innocence,
Se raffurer contre vos jugements.

Mais vous aimez à vous rendre propice,
Et votre bras toujours lent à punir,
Se plaît à voir défarmer fa juftice :
Heureux celui qui fçait la prévénir !

Cette bonté dans mes maux me confole,
Et quoiqu'il plaife au Seigneur d'ordonner,
Je fouffre en paix fur fa fainte parole,
Quand il nous frappe, il veut nous pardonner.

Ah! qu'Ifraël en Dieu toujours efpere ,
Qu'il en réclame avec foi le fecours ,
Ce Dieu puiflant, fon défenfeur, fon pere ,
Dans fes dangers le protégea toujours.

⭗

Entre les bras de fa miféricorde ,
Avec tendreffe il reçoit les pécheurs ,
Et fon amour au pardon qu'il accorde ,
Ajoute encor les plus grandes faveurs.

⭗

Peuple , autrefois l'objet de fa vengeance ,
Ne gémis plus fur ta captivité ,
Bientòt il va brifer dnas fa clémence
Tous les liens de ton iniquité.

CANTIQUE XCII.

Les larmes de la pénitence.

Sur un Air nouveau.

G R A C E , grace, Seigneur, arrête tes ven-
geances ,
Et détourne un moment tes regards irrités ;
J'ai péché , mais je pleure, oppofe à mes offenfes,
Oppofe à leur grandeur celle de tes bontés.

⭗

Je fçais tous mes forfaits , j'en connois l'étendue ;
En tous lieux , à toute heure , ils parlent contre
moi :
Par tant d'accufateurs mon ame confondue,
Ne prétends pas contre eux difputer devant toi.

⭗

Tu m'avois par la main conduit dès ma naiffance :
Sur ma foibleffe en vain je voudrois m'excufer ,
Tu m'avois fait, Seigneur, goûter ta connoiffance :
Mais de tes dons, hélas ! je n'ai fait qu'abufer.

De

De tant d'iniquités la foule m'environne,
Fils ingrat, cœur perfide, en proie à mes re-
   mords,
La terreur me faifit, je tremble, je friffonne ;
Pâle, & les yeux éteints, je defcends chez les
   morts.

—⋙⋘—

Ma voix fort du tombeau, c'eft du fond de
   l'abîme
Que j'éleve vers toi mes lugubres accents :
Fais monter jufqu'aux pieds de ton trône fublime
Cette mourante voix, & ces cris languiffants.

—⋙⋘—

O mon Dieu ! . . . quoi, ce nom, je le prononce
   encore ?
Non, non, je t'ai perdu, j'ai ceffé de t'aimer :
O toi ! qu'en frémiffant je fupplie & j'adore :
Grand Dieu ! d'un nom plus doux puis-je ofer
   te nommer.

—⋙⋘—

Dans les gémiffements, l'amertume & les lar-
   mes,
Je repaffe des jours perdus dans les plaifirs ;
Et voilà tout le fruit de ces jours pleins de char-
   mes :
Un fouvenir affreux, la honte & les foupirs.

—⋙⋘—

Ces foupirs devant toi font ma feule défenfe,
Un coupable, par eux, ne peut-il t'attendrir ?
N'as-tu pas un tréfor de grace & de clémence ?
Dieu de miféricorde, il eft tems de l'ouvrir.

—⋙⋘—

Où fuir & me cacher, tremblante créature,
Si tu viens en courroux pour compter avec moi ?
Que dis-je ? Etre infini, dans toi je me raffure,
Et me fent trop heureux de compter avec oi.

—⋙⋘—

L'homme feul eft pour l'homme un Juge inexorable :

Où l'efclave auroit-il appris à pardonner ?
C'eſt la gloire du maître : abſoudre le coupable
N'appartient qu'à celui qui le peut condamner.

⟡

Tu le peux, mais ſouvent tu veux qu'il te dé-
ſarme :
Il te fait violence, il devient ton vainqueur:
Le combat n'eſt pas long, il ne faut qu'une larme:
Que de péchés efface une larme du cœur !

⟡

Non jamais, non, grand Dieu ! tu nous l'as dit
toi-même,
Un cœur humble & contrit ne ſera mépriſé :
Le mien l'eſt, tu le vois, tu reconnois qu'il
t'aime ;
Il eſt digne de toi, la douleur l'a briſé.

⟡

Si tu le ranimois de ſa premiere flamme,
Que bientôt il auroit ſa joie & ſa vigueur !
Mais non, fais plus pour moi, renouvelle mon
ame,
Et daigne dans mon ſein former un nouveau
cœur.

⟡

De mes crimes alors je te ferai juſtice,
Et ma reconnoiſſance armera ma rigueur :
Oui, tu peux me laiſſer le ſoin de mon ſupplice,
Je veux être pour toi mon juge & ton vengeur.

⟡

Le tourment eſt toujours au crime néceſſaire:
J'ai ma grace à ce prix, il la faut mériter:
Je te dois, je le fais, je veux te ſatisfaire :
Mais, donne-moi, grand Dieu! le tems de
m'acquitter.

⟡

Plus heureux eſt celui que tu frappes en Pere,
Il connoît ton amour à ta ſévérité :
Ici-bas quels que ſoient les coups de ta colere,
L'enfant que tu punis n'eſt point déshérité.

Coupe, brûle ce corps, & conferve mon ame ;
Frappe, fais-moi payer tout ce qui fut à toi :
Arme-toi dans le tems, du fer & de la flamme ;
Mais dans l'éternité, Seigneur, épargne-moi.

Quand j'aurois, fous tes loix, vécu depuis l'en-
fance,
Criminel en naiffant, je ne dois que pleurer :
Pour me conduire à toi, la route eft la fouffrance ;
Loi trifte, route affreufe .... entrons fans mur-
murer.

De la main de ton Fils j'accepte le calice :
Mais, hélas ! mais je fens ma main prête à
trembler :
De ce trouble honteux mon cœur eft-il complice ?
Je fuis le criminel, dois-je donc reculer ?

C'eft ton Fils qui le tient, que ma foi fe rallume :
Il l'a bu le premier, oferois-je en douter ?
Que dis-je ? il en a bu la plus grande amertume,
Il m'en laiffe le refte, & je n'ofe en goûter.

Je me jette à tes pieds, ô Croix, chaire fublime,
D'où le Dieu de douleurs inftruit tout l'univers !
Saint Autel, où l'amour embrafe la victime !
Arbre où mon Rédempteur vient fufpendre mes
fers !

Etendard de mon chef, qui marche à notre tête,
Tribunal où j'adore & mon Juge & mon Roi,
Trône & char du vainqueur dont je fuis la con-
quête,
Lit où je pris le jour que j'expire fur toi.

CANTIQUE XCIII.

Sentiments de pénitence & d'amour.

Sur l'Air : *Solitaire témoin , &c.*

SOLITAIRE témoin du regret qui m'accable,
Echo, du Créateur ici tout suit la loi,
   Pourquoi pleurez-vous avec moi ?
   Laissez pleurer seul le coupable :
Où, pour mieux désarmer un Dieu, Juge irrité,
   Portez mes vœux vers cet Etre suprême,
   Et si l'amour jamais n'est rejetté,
   Echo, dites-lui que je l'aime.

Hélas ! pour l'appaiser, je ne sçaurois suffire,
Echo, c'est par vos sons que je veux m'exprimer,
   Je n'ai qu'un seul cœur pour l'aimer,
   Qu'une seule voix pour le dire ;
Joignez-vous donc à moi, doublez mes sentiments
   Et devenez comme un autre moi-même,
   Pleurons tous deux sur mes égarements :
   Echo, disons-lui que je l'aime.

Dieu pardonne mon crime : ô ciel quelle clémence
Echo, ne pleurons plus, unissons notre voix,
   Rendons-lui l'hommage à la fois
   D'une double reconnoissance :
Si mon cœur malheureux, après ce grand bien-
   fait,
   Cesse jamais d'aimer la bonté même,
   Contre un ingrat, noirci d'un tel forfait,
   Echo, prononcez anathême.

✳ CANTIQUE XCIV.

Le pécheur sincérement converti.

Sur l'Air : *Un jour dins lou boufcatge ,* &c.

SEIGNEUR, Dieu de clémence !
Reçois ce grand pécheur ,
A qui la pénitençe
Touche aujourd'hui le cœur :
Vois d'un œil fecourable
L'excès de fon malheur ,
Et d'un cœur favorable
Accepte fa douleur.

❧❧❧

Je fuis un infidéle ,
Qui méconnus tes Loix ,
Un perfide , un rebelle ,
Qui péchai mille fois.
Jamais, dans l'innocence ,
Je n'ai coulé mes jours ,
Toujours plus d'une offenfe
En a terni le cours.

❧❧❧

Chargé de mille crimes ,
Souvent j'ai mérité
D'entrer dans les abîmes ,
Pour une éternité :
J'ai peu craint la colere
De ton bras irrité ;
Mais cependant j'efpere ,
Seigneur , en ta bonté.

❧❧❧

Lorfqu'à ton indulgençe
Un coupable a recours ,
Des traits de ta vengeance
Ton cœur fufpend le cours.

F iij

Rempli de confiance
J'ose venir à toi :
Au nom de ta clémence,
Grand Dieu ! pardonne moi.

Hélas ! quand je rappelle
Combien je fus pécheur,
Une douleur mortelle
S'empare de mon cœur.
Par quel malheur extrême
Ai-je offensé souvent
Un Dieu la beauté même,
Un Dieu si bienfaisant ?

Fuis loin, péché funeste,
Dont je fus trop charmé ;
Péché, je te déteste
Autant que je t'aimai.
O Dieu bon ! ô bon Pere !
Tu vois mon repentir ;
Avant de te déplaire
Plutôt, plutôt mourir.

C'est fait, je le proteste,
Plus de péché pour moi :
Le Ciel, que j'en atteste,
Garantira ma foi :
Le Dieu qui me pardonne,
Aura tout mon amour,
A lui seul je le donne
Sans bornes, sans retour.

* CANTIQUE XCV.

Résolution de donner son cœur à Dieu pour jamais.

Sur l'Air : *Ce que je dis est la vérité même, &c.*

Non, non, non, non, l'inconstance volage
Ne pourra plus rien sur mon cœur ;
Jusqu'au dernier des instants de mon âge,
Je veux qu'il soit sans partage au Seigneur.

Fin.

Jusqu'ici, ce cœur trop coupable,
Vers mille objets a porté ses desirs :
Il est tems que le seul aimable,
Ait, pour lui seul, tous mes soupirs.
Non, non, non, &c.

* CANTIQUE XCVI.

Acte de renoncement au démon.

Sur l'Air : *Tristes apprêts, pâles flambeaux, &c.*

Fuis, seul auteur de tous mes maux,
Monstre échappé du noir abîme :
Fuis, rentre aux gouffres infernaux :
Fuis, rentre aux gouffres infernaux,
Non, non, n'espere plus de m'entraîner au crime,
Non, non, n'espere plus de m'entraîner au crime.

Fin.

C'en est fait, mes yeux sont ouverts :
Le Tout-puissant & m'éclaire & m'inspire ;
Par son secours, je romps sans regret tous tes fers,
Et je m'attache à son empire.
Fuis, seul auteur, &c.

F iv

* CANTIQUE XCVII.
La confiance en Dieu.

Sur l'Air : *Tout doit ici fléchir, &c.*

En mon Dieu seul je mets mon espérance ;
Tout autre appui
N'est rien auprès de lui.
L'homme qui place ailleurs sa confiance
Ne peut que se voir
Trompé dans son espoir :
L'homme qui place ailleurs sa confiance
Ne peut que se voir
Trompé dans son espoir :   [*]
Ne peut que se voir
Trompé dans son espoir.

❈

Il est mon tout, mon Roi, mon divin Maître,
Mon Créateur,
Mon Pere, mon Sauveur.
Par tant de droits pourroit-il ne pas être
Toute ma douceur,
Tout l'espoir de mon cœur ?

❈

Il me conduit ; sa douce providence
Veille sur tous ;
C'en est assez pour nous.
Depuis les jours de ma premiere enfance,
L'ai-je vu jamais
Suspendre ses bienfaits ?

❈

Jusqu'aux oiseaux ses soins daignent s'étendre ;
L'homme à ses yeux
Est-il moins précieux ?
Non, non jamais, le pere le plus tendre
N'eut pour ses enfants
De si doux sentiments.

[*] C'est dans cet ordre qu'il faut répéter les trois derniers vers des Strophes suivantes.

Fuſſé-je au ſein d'une indigence extrême,
  A ſon ſecours
  Je me firois toujours.
Fuſſé-je en butte aux traits de la mort même,
  Mes yeux, devant moi,
  La verroient ſans effroi.

:✧✧✧:

De ſon amour, quand même il nous corrige,
  Nous recevons
  Des gages & des dons ;
Et tous les maux dont ſa main nous afflige,
  Pour des cœurs chrétiens
  Sont des ſources de biens.

✧✧✧

Le péché ſeul ne fut point ſon ouvrage ;
  L'homme pécheur
  Fait ſeul ſon vrai malheur.
Et même encor, cet ingrat qui l'outrage,
  Eſt-il de faveur
  Qu'il ne doive à ſon cœur ?

✧✧✧

Ce bon Paſteur jamais ne l'abandonne,
  Sa tendre voix
  L'appelle mille fois :
Il le reçoit, l'embraſſe, le pardonne
  S'il revient gémir
  Dans un vrai repentir.

✧✧✧

Mais plus les pas de la brebis errante
  Dans ſes écarts,
  Avoit fui ſes regards,
Plus, s'il la voit fidelle, obéiſſante,
  Plus eſt-elle un jour,
  L'objet de ſon amour.

✧✧✧

Pourquoi, pécheurs, déjà trop infidéles,
  N'allez-vous pas
  A ſes divins appas ?
Ceſſez, ceſſez d'être à ſa voix rebelles ;

F v

Il ouvre, il vous tend
Les bras à chaque inſtant.

❦

N'eſt-il point mort pour l'homme qui l'offenſe ?
Verſé pour tous,
Son Sang coule pour vous.
Sur ſa Croix ſainte eſt l'Autel de clémence,
D'où ce Dieu Sauveur
Abſout l'humble pécheur.

❦

Que le Seigneur eſt grand, puiſſant, fidéle !
Mais qu'il eſt doux,
Qu'il eſt tendre envers nous !
Dans tous les tems, ſa bonté paternelle
De ſes traits divers
Remplit tout l'univers.

❦

Il nous promet ſa couronne immortelle,
Si nous l'aimons
Au milieu de ſes dons.
Peuples, chantez ſa clémence éternelle,
Aimez-le, à jamais,
Dans lui, dans ſes bienfaits.

✶ CANTIQUE XCVIII.

Acte d'eſpérance après le péché.

Sur l'Air : *Aimable vainqueur, &c.*

L'ESPOIR le plus doux
Me conduit vers vous,
O Dieu de clémence !
Votre vengeance
Cherche à ſe calmer ;
La confiance,
L'humble pénitence,
Sçait la déſarmer.

Le plus grand pécheur
Trouve son asyle
Dans l'accès facile
Qu'ouvre votre cœur.
Votre bonté,
De l'iniquité
Efface l'injure,
Elle me rassure,
Elle est mon recours ;
J'y viens, j'y cours :
Elle est sans mesure,
J'espere toujours.

CANTIQUE XCIX.

Les douceurs de l'espérance en Dieu.

Sur l'Air : *Cherchons la paix dans cet asyle, &c.*

MALGRÉ l'enfer, mon cœur espere
De posséder un jour les Cieux :
Je sortirai de la misere,
Qu'à tout moment j'éprouve en ces bas lieux :
Maître des Cieux, aimable Pere,
C'est sur vous seul que j'ai toujours les yeux.

Fuyez de moi vaines allarmes !
Loin de mon cœur, injuste Effroi !
Puisque le Ciel reçoit mes larmes,
En vain l'enfer conspire contre moi ;
Dans ce séjour rempli de charmes,
J'espere voir mon adorable Roi.

N'espere plus, mon ame, au monde,
Ses maux sont vrais, ses biens sont faux,
Et sa faveur est comme l'onde,
Où la tempête éleve mille flots ;
Si c'est sur Dieu que je me fonde,
Lui seul pourra mettre fin à mes maux.

F vj

Il ne veut pas que je périffe,
Il eft mon Pere, il eft mon Roi ;
S'il ne vouloit que mon fupplice
Dans le féjour & d'horreur & d'effroi :
Que deviendroit fon facrifice
Et tout le fang qu'il a verfé pour moi ?

❖

Vous me rendrez toute affurance :
Divin Jefus ! j'efpere en vous,
Et puifqu'enfin votre clémence
A triomphé du plus jufte courroux ;
Tout affermit mon efpérance,
Je ne perdrai jamais un bien fi doux.

CANTIQUE C.

Acte de Contrition.

Sur l'Air : *Aimable vainqueur, &c.*

O DIEU de bonté !
Dieu de majefté !
Soyez favorable
A ce coupable,
Digne de vos coups,
Que l'efpérance
En votre clémence
Ramene vers vous.

Mille & mille fois,
Mon ame infidelle
Fut, hélas ! rebelle
A vos faintes Loix :
J'en fuis confus,
O divin Jefus !
Le regret fincere,
La douleur amere
Pénétrent mon cœur.
De ce pécheur,
O mon tendre Pere !
Soyez le Sauveur.

CANTIQUE CI.

Acte d'amour.

Sur l'Air précédent.

O DIEU de mon cœur !
O mon doux Sauveur !
Jefus, feul aimable,
Seul adorable,
Jefus plein d'appas !
O divin Maître !
Peut-on vous connoître,
Et ne vous aimer pas ?
Malheur, à jamais,

Au cœur infléxible,
Qui n'eft point fenfible
A vos faints attraits !
Seul eft heureux
Qui reffent vos feux.
O beauté fuprême !
O la bonté même !
O Dieu de grandeur !
Dieu de douceur !
Vous feul je vous aime
Du fond de mon cœur.

CANTIQUE CII.

Sentiments de contrition, d'efpérance,
de reconnoiffance & d'amour.

Sur l'Air : *Chere Annette reçois l'hommage, &c.*

PUISQUE mon cœur fenfible & tendre,
A l'amour ne peut réfifter,
Loin de vouloir le lui défendre,
Je veux chercher à l'augmenter :

Mais ce n'eſt qu'à l'Etre ſuprême
Que je conſacre mon ardeur :
Aimer mon Dieu plus que moi-même,
Voilà ma gloire & mon bonheur.

·❊·

Diſparoiſſez cendre & pouſſiere ,
Vains objets , je m'arrache à vous :
Dieu veut mon ame toute entiere ,
Il a droit d'en être jaloux :
C'eſt à regner qu'il me deſtine :
Il eſt mon pere , il eſt mon Roi :
Fier d'une auſſi noble origine,
Je vois tout au-deſſous de moi.

·❊·

O Ciel ! ô terre ! ô mer féconde !
Aſtres, fleurs , plantes, animaux ,
Qui faites l'ornement du monde :
Nos êtres ſont bien inégaux :
Vous exiſtez tous ſans connoître
La main de votre Créateur ;
L'homme ſeul adorant ſon Maître
L'honore en lui donnant ſon cœur.

·❊·

Que dis-je ! hélas ! dans ce partage,
Si je ſuis beaucoup plus aimé ,
Je dois rougir de l'avantage
Que j'ai ſur l'être inanimé :
Sans connoiſſance , mais ſans crime,
A ſon Auteur il eſt ſoumis ;
Et je ne puis ſonder l'abîme
De tous les maux que j'ai commis.

·❊·

O monſtre affreux d'ingratitude ,
Un Dieu ſaint , juſte & tout-puiſſant
Par le ſupplice le plus rude
Ne te punit que foiblement :
Oui, dans l'enfer, lieu de miſere ,
Gouffre d'une éternelle horreur ,
S'il te fait ſentir ſa colere ,
Il te fit goûter ſa douceur.

L'Enfer... voilà le fort terrible
Qui m'attend après mon trépas ;
O Ciel ! êtes-vous inflexible ?
Mes pleurs ne vous touchent-ils pas ?
Qu'entends-je ? une voix favorable
Me promet un Libérateur,
Qui ne pouvant être coupable,
Prendra la forme d'un pécheur.

***

Verbe Divin, Dieu par effence,
Egal au Pere en dignité,
Le terme de fa connoiffance,
Engendré dans l'éternité,
Par un myftere inexplicable
Que l'on honore par la foi,
Sans perdre votre Etre adorable,
Vous vous rendez femblable à moi.

***

Banniffons de nos cœurs la crainte,
Le Seigneur n'eft plus irrité :
Le fang de la Victime fainte
Eft un garant de fa bonté :
Son Fils nous le rendit propice,
Lorfqu'il confentit à mourir ;
Et fa formidable Juftice
Ne trouve plus rien à punir.

***

Mais quel noir retour de trifteffe
Me force à répandre des pleurs ?
Grand Dieu ! pourquoi votre tendreffe
Nous comble en vain de fes faveurs ?
L'homme, par le plus grand des crimes,
Court après des Dieux impofteurs,
Il leur immole des victimes
Et rend hommage à fes erreurs.

***

Vos deffeins font impénétrables,
Peut-on y penfer fans frayeur !

Auſſi terribles qu'équitables,
Adorons-en la profondeur :
Qu'ai-je fait ! & par quel mérite
Ai-je trouvé grace à vos yeux ?
C'eſt votre bonté gratuite
Qui ſe plaît à me rendre heureux.

Par un amour de préférence,
Pécheur néceſſaire en naiſſant,
Vous me rendez mon innocence
Et m'adoptez pour votre enfant :
Vous me placez dans votre Egliſe,
Où déteſtant la nouveauté,
Mon ame en paix humble & ſoumiſe
Se nourrit de la vérité.

Je tremble & tombe en défaillance,
Vous voulez entrer dans mon cœur :
Pourquoi craindrois-tu ma préſence,
Me dites-vous avec douceur ?
Je m'accommode à ta foibleſſe,
Je te voile ma Majeſté :
Viens à moi, mon amour me preſſe
De faire ta félicité.

Je ſens toute mon impuiſſance
A reconnoître ce bienfait :
Pour payer un amour immenſe,
Je n'ai qu'un amour imparfait ;
O feu ſacré, divine flamme
Qu'attendez-vous de m'enflammer ?
Je livre à vos ardeurs mon ame,
Hâtez-vous de la conſumer.

CANTIQUE CIII.
La Charité.
Sur un *Air ancien.*

EN VAIN , je parlerois le langage des Anges :
En vain , mon Dieu , de tes louanges
Je remplirois tout l'univers :
Sans amour ma gloire n'égale
Que la gloire de la cymbale ,
Qui d'un vain bruit frappe les airs.

Que sert à mon esprit de percer les abîmes
Des mysteres les plus sublimes ,
Et de tout voir dans l'avenir ?
Sans amour , ma science est vaine ,
Comme le songe dont à peine
Il reste un foible souvenir.

Que me sert que ma foi transporte les montagnes ?
Que , dans les arides campagnes ,
Les torrents naissent sous mes pas ?
Ou que ranimant la poussiere
Elle rende aux morts la lumiere ,
Si dans ma foi l'amour n'est pas.

Oui , mon Dieu , quand mes mains de tout mon
héritage
Aux pauvres feroient le partage ;
Quand même pour le nom chrétien ,
Bravant les croix les plus infâmes ,
Je courrois me vouer aux flammes ,
Si je n'aimai , je ne suis rien.

Que je vois de vertus qui brillent sur ta trace ,
Amour , divin fruit de la Grace !
Avec toi marche la douceur ,
Que suit avec un air affable

La patience, inféparable
De la paix, fon aimable fœur.

⋅⋙⋘⋅

Tel que l'aftre du jour écarte les ténébres
Compagnes de la nuit funébres,
Tel tu diffipes d'un coup d'œil
L'envie aux humains fi fatale,
Avec la cohorte infernale
Des vices nés du fol orgueil.

⋅⋙⋘⋅

Exempt d'ambition, fimple & fans artifice,
Autant que tu hais l'injuftice,
Autant la vérité te plaît
Que peut la colere farouche
Sur un cœur que jamais ne touche
Le foin de fon propre intérêt.

⋅⋙⋘⋅

Aux foibleffes d'autrui, loin d'être inexorable,
Toujours d'un voile favorable
Tu t'efforças de les couvrir.
Quel triomphe manque à ta gloire?
L'amour fçait tout vaincre, tout croire,
Tout efpérer & tout fouffrir.

⋅⋙⋘⋅

Un jour Dieu ceffera d'infpirer des oracles,
Le don des langues, les miracles,
Le fçavoir vont à leur déclin,
Seule, la charité divine,
Eternelle en fon origine,
Ne connoîtra jamais de fin.

⋅⋙⋘⋅

Ici, dans nos clartés, tout n'eft qu'énigmes fom-
bres,
Mais Dieu, fans voiles & fans ombres,
Nous montrera tout dans les Cieux :
Et fa lumicre inacceffible,
Comme à fes yeux je fuis vifible,
Sera vifible à tous les yeux.

L'amour fur tous les dons l'emporte avec juſtice ,
 De notre céleſte édifice
 La foi vive eſt le fondement ;
 La ſainte eſpérance l'éleve ,
 L'ardeur du pur amour l'acheve ,
 Et l'aſſure éternellement.

⋅◦✕◦⋅

Quand pourrai-je t'offrir, Charité bien ſuprême !
 Au ſein de la lumiere même
 Le chant ſacré de mes ſoupirs ?
 Et toujours brûlant pour ta gloire ,
 Puiſer ſans ceſſe & toujours boire ,
 Aux doux torrents des vrais plaiſirs ?

CANTIQUE CIV.

Les avantages de l'amour de Dieu.

Sur un Air nouveau.

LE Souverain des Cieux s'abaiſſe juſqu'à moi ;
 Il veut, il permet que je l'aime :
O devoir enchanteur ! O très-aimable Loi !
 Que de raiſons, bonté ſuprême !
Vous aſſuroient déja mon amour & ma foi.

⋅◦✕◦⋅

Les biens, dont ici-bas mon cœur eſt tranſporté,
 Vous les poſſédez ſans partage :
O beauté raviſſante ! ô ſeul Dieu de beauté !
 Dieu ſeul parfait, ſeul juſte & ſage ,
Que de droits par vous-même à ma fidélité !

⋅◦✕◦⋅

Seigneur, à votre amour , pour les dons qu'il
 m'a faits,
 Je me dois par reconnoiſſance :
Ses ſoins à chaque inſtant préviennent mes
 ſouhaits.

Cher auteur de mon exiftence,
Qu'eft-ce que tout mon cœur pour payer vos
bienfaits?

꘍꘍꘍

Peu fatisfait, mon Dieu, de m'avoir tout donné,
A moi vous vous donnez vous-même :
Pour fauver l'homme ingrat, à la mort deftiné,
O prodige ! ô faveur fuprême !
L'immortel s'eft lui-même à la mort condamné.

꘍꘍꘍

De nos cœurs égarés, il attend le retour,
A nous rappeller il s'empreffe;
Oui, pour le foible enfant, qui d'elle tient le
jour,
Une mere a moins de tendreffe :
Cédons à tant d'attraits unis à tant d'amour.

꘍꘍꘍

Son joug eft pour qui l'aime, un joug plein de
douceur ;
Ne fervons que ce Maître aimable :
Aux torrents des plaifirs qu'il verfe dans un
cœur,
Nul autre bien n'eft comparable ;
Heureux qui tendre enfant, en fentit le bonheur.

꘍꘍꘍

A vos attraits, Seigneur, mon cœur fe rend
enfin,
Il veut vous aimer fans partage,
Vous l'avez fait pour vous, dans vous feul eft
fa fin,
Ah ! je fens qu'il vous fait outrage;
Si fon amour n'eft point un amour tout divin.

꘍꘍꘍

Toujours en vains defirs prompt à me confumer,
Me fuyant, & vous, & moi-même,
J'errois de bien en bien, je m'enlaiffois charmer;
Que mon erreur étoit extrême !
Je voulois vivre heureux fans vouloir vous
aimer.

Honteux, enfin trop tard, de mon égarement,
  Je me range fous votre empire,
Plutôt que d'en fortir, ne fût-ce qu'un moment,
  Plutôt, Seigneur, qu'ici j'expire :
Un Chrétien vit affez, s'il vit en vous aimant.

⊰※⊱

Fixez-moi donc, Seigneur, dans votre faint
   amour;
  Hélas ! quelle eft mon inconftance !
Mille objets différents m'attirent tour-à-tour ;
  Seul vous aurez la préférence;
Régnez feul dans mon cœur, régnez-y pour
   toujours.

CANTIQUE CV.

L'amour de Dieu eft le véritable bonheur.

Sur un air nouveau.

DE tous les biens que tu nous donnes,
Le bien qui fçait le mieux charmer,
Ce n'eft ni l'or, ni les couronnes,
Mon Dieu, c'eft le don de t'aimer.

⊰※⊱

Oui, je le fens, ta voix m'appelle :
M'arrêterois-je un feul moment ?
Tu m'as fait une ame immortelle,
Pour t'aimer éternellement.

⊰※⊱

De ton amour, de ta clémence,
Bien loin que je veuille abufer,
Je crains, autant que ta vengeance,
L'injuftice de t'offenfer.

⊰※⊱

Je fervirois Dieu par contrainte !
Pour tant de graces, quel retour !
Ah ! fi je dois fentir la crainte,
C'eft celle qui naît de l'amour.

Que s'il éprouve ma conftance,
Ma peine eft un nouveau bienfait :
Devroit-on appeller fouffrance
Ce qui rend l'amour plus parfait ?

❧

De ce divin feu qui m'anime,
En vain je veux peindre l'ardeur :
Que foiblement la langue exprime
Ce qui remplit fi bien le cœur.

* CANTIQUE CVI.

Les douceurs de l'amour de Dieu.

Sur l'Air : *Qu'il eft aimable , &c.*

Beauté fuprême !
Dieu de mon cœur !
Dieu Sauveur !
Bienheureux qui t'aime !
Dans fon bonheur
Combien de douceur :
Beauté fuprême !
Dieu de mon cœur !
Dieu Sauveur !
Les jours où l'on t'aime
Furent toujours
Les feuls beaux jours.

Source ineffable
De biens parfaits !
Sans tes bienfaits,
Sans tes attraits ,
Rien n'eft aimable.
Sans tes bienfaits, &c.

❧

Dieu de nos ames,
Rends-nous heureux
Par tes feux :

Fin

Quand tu nous enflammes,
Tout devient doux,
Et charmant pour nous.
Dieu de nos ames!
Rends-nous heureux
Par tes feux;
Quand tu nous enflammes,
Tout autre bien
Ne nous eft rien.

Le cœur qui t'aime
Eft fans defir,
Peine ou plaifir,
Vivre ou mourir,
Tout eft le même :   *Fin.*
Peine ou, non &c.

---

* CANTIQUE CVII.

Les avantages de l'amour Divin.

Sur l'Air : *Non, ce n'eft qu'au village, &c.*

Non, non, non, non, non, rien n'eft com-
parable
   A l'amour du Seigneur.   *Fin.*
Non, non, non, &c.
   Le bien le plus aimable
   Ne vaut point fa douceur :
Non, non, non, &c.

   Heureufe l'ame pure,
   Qu'il charme par fes traits!
   Son régne amene, affure,
   Le régne de la paix.
Non, non, non, &c.
Non, non, non, non, non ; c'en eft fait, mon
ame
   Ne fent que fes attraits.   *Fin.*
Non, non, non, &c.

Sa fainte ardeur m'enflamme,
Et me fixe à jamais.
Non, non, non, &c.

Lui feul fera, fans ceffe,
Ma joie & mon recours,
Le bonheur, la richeffe,
La gloire de mes jours.
Non, non, non, &c.

* CANTIQUE CVIII.

Priere à l'Efprit Saint pour lui demander
fon amour.

Sur l'Air : *Je vais te voir, charmante Life, &c.*

ESPRIT d'amour, célefte flamme,
Par qui brûlent les cœurs des Saints!
Daigne répandre dans mon ame
Les rayons de tes feux divins.   **Fin.**

Etends fur moi ton doux empire;
Viens m'embrafer, & dans mon cœur,
Fais que tout autre amour expire,
Et n'y laiffe que ton ardeur.
Efprit d'amour, &c.

CANTIQUE CIX.

Le bonheur & le defir de l'amour Divin.

Sur l'Air : *Des fimples jeux de fon enfance, &c.*

HEUREUX qui goûte les doux charmes
Du régne du divin amour!
Son cœur d'une paix fans allarmes,
Devient le tranquille féjour.

Efprit

Efprit faint, defcends dans m on ame,
Embrafe-la de ton beau feu :
Que ce defir qui feul l'enflamme ,
Soit de toujours aimer un Dieu !

-◄►◊◄►-

·O vous que l'infortune afflige,
Ne craignez point votre douleur;
L'amour opere tout prodige ;
Il change nos maux en bonheur :
Efprit faint, &c.

-◄►◊◄►-

Je le fens cet amour extrême,
Il me prévient de fa douceur :
Mais pour t'aimer, bonté fuprême!
Non, ce n'eft point affez d'un cœur ,
Efprit faint, &c.

CANTIQUE CX.

Le defir de l'amour Divin.

Sur l'Air : *Non, quand l'amour chercheroit , &c.*

CÉLESTE amour ! de biens fource immor-
mortelle ,
    Viens m'animer,
    Viens me charmer,
  De tes traits viens m'enflammer :
Non, il n'eft point pour une ame fidelle
    De pure douceur,
    Ni de vrai bonheur,
    Sans ton ardeur.   *Fin.*

    Heureux le cœur
    Qui brûle de ton zele !
  Le mien déformais
    Se rend à jamais,
  Le mien déformais

                                        G

Se rend, à jamais,
A tes attraits ,
A tes attraits.　　Célefte amour , &c.

Le bonheur que le monde admire
Et defire,
N'eft rien pour moi.
Je le détefte
Ce bien funefte,
Et ne veux d'autre bien que toi.
Ton feu divin peut feul me plaire ,
Ton feu divin peut feul me plaire:
Seul il peut faire mon fort heureux,
Seul il peut faire mon fort heureux ,
Il eft feul l'objet de mes vœux,
Il eft feul l'objet de mes vœux.
Célefte amour, &c.

* ## CANTIQUE CXI.

Les effets du divin amour.

Sur l'Air : *Beaux lieux qui tant de fois , &c*.

Amour, divin amour ! O que fous ton empire,
On peut trouver de biens, éprouver de douceurs!
Plus on te goûte, & plus après toi l'on foupire,
Seul tu fais des heureux , feul tu ravis les cœurs.
Fin.

Par ton fecours, tout eft doux & facile,
Et rien ne coûte à qui reffent tes feux.
Tes vifs attraits rendent l'ame docile
Aux faints efforts, aux tranfports généreux.
J'aime avec toi, mes malheurs & mes larmes:
Et la mort même affervie à ta Loi,
Eft à mes yeux un objet plein de charmes.
Amour, célefte amour! à jamais régne en moi.
Amour, divin amour ! &c.

CANTIQUE CXII.

Sentiments de reconnoiſſance & d'amour.

Sur l'Air : *Des ſimples jeux de ſon enfance, &c.*

Seigneur, dès ma premiere enfance,
Tu me prévins de tes bienfaits;
Heureux , ſi ma reconnoiſſance
Dans mon cœur les grave à jamais!

Le monde trompeur & volage,
En vain m'offriroit ſa faveur ;
Je n'en veux point , tout mon partage
Eſt de n'aimer que le Seigneur.　　*Fin.*

Dieu régne en pere dans mon ame,
Il en remplit tous les deſirs,
Et l'amour pur dont il m'enflamme
Vaut ſeul mieux que tous les plaiſirs.
Le monde , &c.

Si je m'égare , il me rappelle;
Si je tombe , il me tend la main ,
Il me protege ſous ſon aîle :
Il me renferme dans ſon ſein.
Le monde , &c.

Si je ſuis conſtant & fidele
A conſerver ſon ſaint amour ,
Une récompenſe éternelle
M'attend dans ſon divin ſéjour.
Le monde, &c.

G ij

* CANTIQUE CXIII.

Mon Dieu, mon tout.

Sur l'Air : *Quand on aime bien, &c.*

O MON doux Jefus !
Vers vous je foupire,
A vous tout m'attire,
Mon cœur vous defire,
Vous feul & rien plus.
Votre amour raffemble,
Lui feul, tout l'enfemble
Des biens divers,
Et d'un trait de fa flamme,
Il vaut plus à l'ame
Que tout l'Univers.

* CANTIQUE CXIV.

Priere pour demander à Dieu la perfévé-rance dans fon amour.

Sur l'Air : *Charmant objet de ma flamme, &c.*

ACHEVE, ô Dieu de puiffance !
Acheve ton œuvre en moi :
Fixe ma foible conftance
Dans la route de ta loi.   *Fin.*

Mon cœur volage
Par-tout s'engage :
Mon cœur volage
Par-tout s'engage :
Tout mon courage,
Tout mon courage
Succombe, hélas !
Si ton appui ne l'aide pas,
Si ton appui ne l'aide pas.

O Seigneur,
Seul Sauveur,
Sois toujours
Mon ſecours.
Viens dans moi briſer les chaînes
De mille attaches humaines,
Et n'y laiſſe pour jamais,
Que l'amour de tes attraits:
Et n'y laiſſe pour jamais,
Que l'amour de tes attraits.
Acheve, ô Dieu, &c.

CANTIQUE CXV.

Acte d'amour,

Tiré des paroles de Sainte Thérèſe.

Sur l'Air : *Pourquoi me refuſer, &c.*

Non, Seigneur, ce n'eſt point le Ciel que tu
  promets,
Qui me porte à t'aimer d'une ardeur ſi ſenſible ;
Ni l'effroi des mortels, cet enfer ſi terrible
Qui me rend ſi ſoumiſe à tes juſtes décrets;
Mon cœur eſt excité par de plus purs attraits,
Lorſque ſur cette Croix dans une chair paſſible,
Je te vois endurer la mort la plus horrible,
Accablé de mépris, percé de mille traits:
A cet aſpect, brûlant d'un feu qui me dévore
Ne fût-il point de Ciel, je t'aimerois encore,
Ne fût-il point d'enfer, j'obſerverois ta Loi:
Je ne veux pour t'aimer, d'autre prix que toi-
  même;
Quand je n'attendrois pas ce que j'attends de toi,
Je t'aimerois toujours de l'amour dont je t'aime.

* CANTIQUE CXVI.

Le defir de voir Dieu glorifié.

Sur l'Air : *Regne amour dans nos ames, &c.*

GLOIRE au Dieu de tout être :
Gloire à fes faints attraits :
Qu'il régne pour jamais
Dans nos cœurs en feul maître.
Gloire au Dieu, au Dieu de tout être :
Gloire à fes faints attraits
Qu'il régne à jamais
Dans nos cœurs en feul maître :
Gloire à fes faints attraits :
Gloire au Dieu de tout être,
Gloire au Dieu de tout être.

* CANTIQUE CXVII.

Le defir de voir Dieu aimé.

Sur l'Air : *D'un amant inconftant l'amour, &c.*

DE l'amour du Seigneur,
Que tout refpire
La fainte ardeur;
Que fon empire
Soumette tout cœur.
Aux loix de fa douceur,
Soumette tout cœur
Aux loix de fa douceur.

Que de la jeuneffe
L'âge renaiffant,
Que de la jeuneffe
L'âge renaiffant,
Que de la vieilleffe
Le retour languiffant,

Se livre fans cefle
A fon charme innocent.
Que de la jeunefle, &c.

Que fa vive flamme,
Ses céleftes traits
Paffent à jamais,
Et s'éternifent d'ame en ame.
Que fes chaftes feux,
Que fes chaftes feux
Pénétrent, remplifient,
Embrafent, raviffent,
Et la terre & les Cieux.
Embrafent, &c.
De l'amour, &c.

Fin.

---

* CANTIQUE CXVIII.

L'amour de Jefus par-deffus toutes chofes.

Tiré des Chapitres 7 & 8 du Livre II de l'Imitation.

Sur l'Air : *Que le foleil dans la plaine, &c.*

QUE Jefus eft un bon Maître,
Et qu'il eft doux de l'aimer!
Bienheureux qui fçait connoître,
Combien il peut nous charmer.

Divin Sauveur!
Beauté fuprême !
Oui, je vous aime
Divin Sauveur !
Je vous aime, je vous aime
De tout mon cœur,
De tout mon cœur.

Fin.

Mettons-nous fous fon empire :
Soyons à lui pour jamais,
Et que notre ame n'afpire
Qu'à goûter fes faints attraits.
Divin Sauveur, &c.

G iv

Sans Jefus, rien ne peut plaire,
Tout eft dur, tout eft amer ;
Tout eft difgrace , mifere
Défefpoir , tourment, enfer. Divin, &c.

Avec lui , tout eft délices ,
Tout eft fource de douceur,
Tout eft avant-goût, prémices
Du féjour de fon bonheur.   Divin , &c.

Avec lui, de l'indigence ,
L'on ne craint point les rigueurs;
Avec lui de l'opulence
On dédaigne les faveurs.   Divin , &c.

Il eft feul & ma richeffe,
Et mon bien , & mon tréfor ,
Et je prife fa tendreffe ,
Plus que tout l'éclat de l'or. Divin, &c.

Aimer le monde eft folie;
L'homme qui s'attache à lui,
Tel qu'un foible rofeau plie ,
Et tombe avec fon appui. Divin , &c.

Mais le fage véritable ,
Dont Jefus eft le recours ,
Fut toujours inébranlable
Sous l'abri de fon fecours.   Divin , &c.

La faveur du monde paffe
Auffi prompte que le tems,
Et de longs jours de difgrace
Suivent fes premiers inftants. Divin , &c.

De Jefus l'amour fidéle
Ne trompa jamais nos vœux ;
Une foi toujours nouvelle
En ferre à jamais les nœuds. Divin , &c.

De l'amour dont Jesus aime,
Rien ne peut rompre le cours;
Et l'instant de la mort même
L'unit à nous pour toujours. Divin, &c.

Mais les amitiés mortelles,
Fissent-elles un sort doux,
Nous périssons avec elles;
Elles meurent avec nous.   Divin, &c.

Contre nous la force humaine
Portât-elle tous ses coups,
Que pourroit toute sa haine,
Si Jesus étoit pour nous ?   Divin, &c.

L'univers & ses idoles
En vain m'offrent un soutien;
Leurs appuis sont tous frivoles,
Si Jesus m'ôte le sien.   Divin, &c.

Mais Jesus veut qu'on le serve
Sans relâche & sans langueur,
Et ne souffre ni réserve,
Ni partage dans un cœur.   Divin, &c.

Plus ce Dieu d'amour nous aime,
Plus devons-nous, par retour,
Quitter & tout, & nous-mêmes,
Pour être à son seul amour. Divin, &c.

G v

CANTIQUE CXIX.

Defirs d'être à jamais uni à Jefus-Chrift.

Sur un Air nouveau.

VENEZ, aimable Sauveur,
Venez regner dans mon cœur.
Régnez à jamais, à jamais, Seigneur,
Régnez à jamais, régnez dans mon cœur,
Venez aimable Sauveur,
Régner dans mon cœur.
Loin de moi plaifir trompeur,
Loin de moi fauffe douceur,
Fuyez pour jamais, fuyez de mon cœur,
Fuyez monde féducteur :
Venez, aimable Sauveur,
Régnez à jamais, à jamais, Seigneur,
Fuyez pour jamais monde féducteur,
Régnez à jamais, aimable Sauveur,
Régnez à jamais, Seigneur,
Régnez dans mon cœur.

* CANTIQUE CXX.

Sentiments de reconnoiffance & d'amour.

Sur l'Air: Dans nos champs, &c.

QUE tout cœur
Au Seigneur,
A tout âge,
Rende hommage :
Que tout cœur
Au Seigneur
Donne toute fon ardeur.
Que tout cœur, &c.

Fin.

Seul principe de tout être,
Il forma nos premiers ans :
Seul notre fouverain Maître,
Il régle tous nos moments :
Nos jours,
Sans fon fecours,
Verroient terminer leur cours.
Que tout cœur , &c.

De la tendre enfance
Les biens innocents ,
De l'adolefcence
Les jours floriffants
Sont les doux préfents
Que fon amour nous difpenfe.
Que tout cœur, &c.

De fes bienfaits
Nous voyons par-tout les traits :
Il enrichit la nature ,
Pour le bonheur des humains :
Du Ciel la riche ftructure ,
Eft l'ouvrage de fes mains.
Sa bonté, toujours active ,
Nous prodigue mille foins :
Sa providence attentive,
Se prête à tous nos befoins.
Que tout cœur, &c.

Pourrions-nous à tant d'amour
Oppofer notre indifférence ?
Pourrions-nous à notre tour
Ne point le payer de retour ?   *Fin.*

O Dieu bon ! Dieu de clémence !
Senfible à tous vos bienfaits,
Je veux, fans ceffer jamais,
N'aimer que vous déformais.
Pourrions-nous , &c. Que tout , &c.

◆◆◆

C vj

Que tout cœur
Au Seigneur, &c.
Que tout cœur, &c.
Dans le sein de la lumiere,
Si j'appris ses saintes loix,
Si je crois & si j'espere,
C'est à lui que je le dois.
Seigneur !
Sans vous l'erreur
Auroit aveuglé mon cœur.
Que tout cœur, &c.
Ce Dieu secourable
S'immolant pour nous,
Victime adorable,
Vient mourir pour tous,
Combien il est doux
D'être à ce Sauveur aimable !
Que tout cœur, &c.

De son amour
Il nous fait part chaque jour ;
Il soutient notre foiblesse
Dans tous nos dangers pressants ;
Il nous cherche, il nous redresse
Dans tous nos égarements.
Si je péche, il me pardonne
Jusqu'à mille & mille fois,
Et sa grace me redonne
Sa tendresse, & tous mes droits.
Que tout cœur, &c.

Pour combler tous ses bienfaits,
A nous il se donne lui-même,
Et dans l'éternelle paix,
Il nous fait régner à jamais.   *Fin.*

Dieu d'amour ! beauté suprême !
Que par un juste retour,
Nous soyons, à notre tour,
Embrasés de votre amour.
Pour combler, &c. Que tout cœur, &c.

CANTIQUE CXXI.
Les avantages des fouffrances.

Sur l'Air : *Ah! que ma voix me devient chere*, &c.

Consolez-vous, ames fouffrantes !
Laiffez, fans murmurer, laiffez couler vos pleurs:
Vos maux feront changés en fource de faveurs,
  Si vous fçavez être conftantes,
  A fouffrir en paix vos douleurs.   *Fin.*

L'œil du Seigneur voit vos allarmes,
Vos foupirs vont à lui ; le nombre en eft compté ;
  Et, tôt ou tard, il vous paiera vos larmes,
  Par des traits marqués de bonté.
  Confolez-vous, &c.

Il fut toujours jufte, adorable,
Dans fes divers Décrets, fes Loix, & fes def-
  feins :
Mais lorfque fon courroux s'aigrit fur les humains,
  Ce Dieu ne fut pas moins aimable :
  Nos maux font des dons de fes mains.

Craignons l'éclat de fa vengeance ;
Adorons, en tremblant, fon bras levé fur nous ;
Mais ne ceffons de bénir fa clémence,
  Qui guide & conduit tous fes coups.
  Il fut toujours, &c.

O vous, qui fûtes dans le crime ;
Sur vous, qui, tant de fois, armâtes fa fureur !
Reconnoiffez dans lui l'amour d'un Dieu Sauveur ;
  Il veut vous ravir à l'abîme,
  Par quelques inftants de douleur.

S'il étoit moins inexorable,
Vos penchants vous rendroient à vos premiers
  forfaits ;

Et votre cœur devenu plus coupable,
 Vous perdroit, peut-être, à jamais.
 O vous, &c.

⬧⬥⬧

Revers heureux, heureuses larmes!
O sources de lumiere! ô riches dons des Cieux!
Que vous nous éclairez d'un jour bien radieux!
 Vous nous détrompez des faux charmes,
 Que le monde étale à nos yeux.

Sans vos clartés, hélas! peut-être,
De nos sens abusés, esclaves malheureux,
 En viendrions-nous jusques à méconnoître
 Le seul digne objet de nos vœux!
 Revers heureux, &c.

⬧⬥⬧

Votre vertu forte & puissante,
Des Justes opprimés, éprouve la ferveur:
C'est elle qui nourrit le feu de leur ardeur,
 Et qui la rend pure, brillante,
 Agréable aux yeux du Seigneur.

C'est par vos dons, que la Couronne,
Que promet sa justice à leur fidélité,
 De jour en jour, se pare, se rayonne,
 Se couvre de traits de beauté.
 Votre vertu, &c.

⬧⬥⬧

O vous, qu'afflige la souffrance!
Pour vaincre dans vos cœurs la tristesse & l'ennui,
Sçachez, dans Jesus seul, chercher tout votre
 appui:
 Aimez les traits de ressemblance
 Que vous partagez avec lui.

Quand vous voyez votre modele,
Dans l'horreur des tourments, s'anéantir, mourir;
 Que votre croix, doit vous paroître belle!
 Et qu'il vous est doux de souffrir!
 O vous, &c.

C'eſt par la route des diſgraces,
Que Dieu conduit ſes Saints à l'éternel bonheur:
Plus un excès d'amour les rend chers à ſon cœur,
Et plus il répand ſur leurs traces,
Les ſoupirs, les pleurs, la rigueur.

Toujours Marie eut, elle-même,
De la mort, dans ſon ſein, le glaive douloureux.
Si nous voulons porter leur Diadème,
Portons notre Croix après eux.
C'eſt par la route, &c

.·⊂⊃⊂⊃·

Mais armez-vous de confiance,
O vous qui, dans les pleurs, traînez de ſombres
jours !
Au Dieu qui vous afflige ayez votre recours,
Jamais ſa bonté, ſa clémence
Ne vous laiſſera ſans ſecours.

S'il vous punit, c'eſt qu'il vous aime.
Son amour vous tient lieu d'appui, contre ſes
coups,
Et vous vaincrez, & vos maux, & vous-même,
Parce qu'il combat avec vous.
Mais armez-vous, &c.

CANTIQUE CXXII.

Peines & conſolations des Juſtes.

Sur un Air nouveau.

QUEL état pour un cœur, grand Dieu ! qui
vous implore ;
Quand par mille penchants ſes vœux ſont traverſés!
Quoi, toujours en péril ! faut-il combattre encore,
Marchant dans les ſentiers que vos Saints ont
tracés ?

Inspiré par l'amour, charmé d'être fidéle,
Mon cœur sent quelquefois que vous le rem-
 plissez ;
Mais souvent, malgré lui ; perplexité cruelle !
En s'élevant vers vous, ses transports sont glacés.

   ⋅✖⋅

Ah ! du moins, triste nuit, langueur insuppor-
 table,
S'il faut vous éprouver, passez rapidement:
Quel tourment de penser que Dieu seul est ai-
 mable,
Et de sentir, hélas! qu'on l'aima foiblement.

   ⋅✖⋅

Hâtez-vous, revenez, amour, divine flamme ;
Sans vous mon cœur succombe aux craintes, à
 l'ennui :
Oui, Dieu seul est l'Auteur, le charme de notre
 ame;
Comment passer un jour, un instant loin de lui.

   ⋅✖⋅

Mais, les Cieux sont ouverts, mon Dieu m'est
 favorable,
Cet astre de mes jours me perce de ses traits ;
Il enflamme mon cœur; bonheur inexprimable !
Tous mes vœux sont remplis, j'aime plus que
 jamais.

CANTIQUE CXXIII.

Le bonheur des souffrances.

Sur un Air nouveau.

O DOUCE Croix, travaux, mépris, souf-
 frances,
Vous serez désormais l'objet de mes desirs !
Plus vous m'accablerez, plus votre violence
 Me procurera de plaisirs.

Plus vous m'accablerez , plus votre violence ,
   Me procurera de plaifirs.

Vous paroiffez , mortels , effrayés de mon choix:
   Tout vous femble affreux fur la Croix:
   Ah ! fi vous livriez votre ame
Aux tranfports amoureux de la divine flamme ,
   Vous chanteriez cent & cent fois.

   C'eft fur la Croix qu'on trouve la fageffe,
   C'eft dans fes bras qu'on goûte le bonheur:
     C'eft fon apparente baffeffe
     Qui cache aux mondains fa douceur :
   C'eft fur la Croix qu'on trouve la fageffe,
   C'eft dans fes bras qu'on goûte le bonheur :

CANTIQUE CXXIV.

Sentiments d'une ame fouffrante qui ne
   cherche fa confolation que dans le
   Seigneur.

Sur l'Air : *Troupeau chéri , paiffez fur , &c.*

DE mon Dieu feul j'implore la clémence ,
Seul il peut deffécher mes pleurs.
     Toutes les douceurs
   Qu'on vient offrir à ma fouffrance ,
     Me font d'autres douleurs
     Qui raniment fa violence.   [*]
De mon Dieu feul j'implore la clémence ,
Seul il peut deffécher mes pleurs.

[*] Confolatores onerofi omnes vos eftis, JOB. 6.

* CANTIQUE CXXV.

Acte de conformité à la volonté de Dieu dans ses souffrances.

Sur l'Air: *Témoin de mon indifférence, &c.*

SOUMIS aux loix de ta vengeance,
Dieu d'amour, je bénis la rigueur de tes traits !
Tu fus le juste auteur de ma souffrance,
Mais jusques dans mes maux, je connois tes bien-
faits.   *Fin.*

Frappe, je ne suis qu'un coupable,
Qui mérite toujours que la douleur l'accable ;
Plus de ta main sur moi tombent les coups,
Dieu de bonté ! plus elle est paternelle :
Tu veux me dérober à ta haine éternelle :
J'adore avec amour ton aimable courroux.
Soumis aux loix, &c.

CANTIQUE CXXVI.

La nécessité de fuir les occasions du péché.

Sur un *Air nouveau.*

UN Chrétien qui s'expose au bord du précipice,
Se voit bien-tôt puni de sa témérité :
On ne tente jamais la divine bonté,
Que l'on n'irrite sa justice.
Par de saintes précautions,
Il faut nous éloigner de ces occasions,
Où toujours la vertu reçoit quelque dommage ;
Qui nous a dit que Dieu viendra nous secourir ?
C'est avoir déja fait naufrage,
Que d'oser affronter le hazard de périr.
C'est avoir déja, &c.

CANTIQUE CXXVII.

La charité fraternelle

Sur un Air nouveau.

Qu'il est charmant,
Raviffant, de n'avoir enfemble
Qu'un efprit & qu'un fentiment !
Qu'un efprit & qu'un fentiment !
Tout fe raffemble
Pour prévenir ,
Et pour bannir le déplaifir :
La charité
Nous remplit de fuavité,
Comme un torrent de volupté :
Elle triomphe dans nos cœurs ,
Elle diffipe nos langueurs :
Tout infpire,
Tout refpire
Et fa joie & fes douceurs.
Tout infpire, &c.

CANTIQUE CXXVIII.

La fincérité.

Sur l'Air : *Tu croyois , en aimant Colette , &c.*

Enfance aimable ! ô fleur nouvelle !
Que j'aime à voir votre candeur,
Cette vertu par-tout eft belle ,
Mais bien plus dans un jeune cœur.

❖

Enfants chéris, dans ce bel âge,
Trahiriez-vous la vérité ?
Vous dont le plus riche apanage
Doit être la fincérité.

O vertu propre de l'enfance !
Où faudroit-il donc te chercher ?
Si dans l'âge de l'innocence
Tu te plaifois à te cacher.

❦❦

Dans tous les hommes l'on détefte
L'art affreux du déguifement ;
Mais quel préfage plus funefte
S'il fe trouvoit dans un enfant !

❦❦

Un menfonge eft une baffeffe
Aux yeux même de la raifon ,
Qui fans couvrir votre foibleffe
La rend indigne du pardon.

❦❦

Quand même fa laideur extrême
N'engageroit point à le fuir ,
Il offenfe l'Etre fuprême ;
En faut-il plus pour le haïr ?

---

* CANTIQUE CXXIX.

A la gloire de la pureté.

Sur l'Air : *Eglé tient tous fes biens de la nature , &c.*

PUDEUR , fainte pudeur , fi chere aux An-
ges même !
Pur tréfor de gloire & de paix !
Non, tous les biens fans toi, n'ont rien que mon
cœur aime,
Tout l'or n'a point l'éclat d'un feul de tes at-
traits ,
Par toi l'homme en ces lieux, nous retrace l'image
Des Saints qui régnent dans les Cieux ;
Et tu fus, pour lui, le doux gage
Du bonheur qui l'attend au fein du Dieu des
Dieux.

CANTIQUE CXXX.

Les avantages de la sainte vertu de pureté.

Sur l'Air : *Petite inhumaine , &c.*

O QU'UNE ame est belle
Quand elle est à Dieu fidelle !
Et pour toi pleine de zele ,
   Divine pudeur !
   Tréfor admirable ,
   Don incomparable !
   Que tu fus aimable
   Aux yeux du seigneur !

O bien ineffable !
Dans un corps si misérable ,
Par toi l'homme est fait semblable
   A de purs esprits ;
   Heureux qui desire
   Ton céleste empire ,
   Qui pour toi soupire ,
   O vertu sans prix !

Fuyons donc , sans cesse ,
Fuyons tout ce qui la blesse ,
Sur-tout vous , chere jeunesse ,
   Vivez chastement ;
   Hélas ! quel naufrage ,
   Ne fait point votre âge ,
   Quand , foible , il s'engage
   Dans l'égarement !

Qu'une impure flamme
Jamais n'entre dans votre ame ;
Que jusqu'à son ombre infâme ,
   Vous soit en horreur :

O vice exécrable !
Vice abominable !
Poison détestable !
Fuis loin de tout cœur.

⁂

Dieu seul , sa présence,
La fuite, la vigilance ,
Le travail, la tempérance
Font votre secours :
L'ame qui souhaite
La pudeur parfaite ,
Cherche la retraite ,
Gardez-la toujours.

---

* CANTIQUE CXXXI.

Desir de posséder la pureté.

Sur l'Air : *Quand vous entendrez , &c.*

V I E N S dans mon cœur,
Céleste Pudeur !
Du vrai bonheur
Source inépuisable ,
Viens dans mon cœur ,
Céleste pudeur !
Fixer ton régne aimable.

Fin.

Que tu me plais
Par tes saints attraits !
La foi, l'espérance ;
L'amour , la paix,
En récompense
De ta décence,
Te suit à jamais.
Viens dans, &c.

CANTIQUE CXXXII.

A la gloire de la douceur.

Sur l'Air d'un Rondeau nouveau.

SOURCE de paix,
Douceur, vertu docile !
Régne tranquille
Dans nous, à jamais.   *Fin.*
Source de, &c.

A tes attraits
La haine rend les armes ;
Tout sent tes charmes,
Tout céde aux cœurs
Comblés de tes faveurs.

source de, &c.
De ces bas lieux
Tes dons font les délices,
Et les prémices
Du bonheur des Cieux.

source de, &c.

CANTIQUE CXXXIII.

L'état tranquille d'une Religieuse.

Sur un Air nouveau.

L'ESPRIT tranquille,
Et le cœur docile,
Nous voyons notre afyle & nos jours s'embellir ;
Nos Loix aufteres
Nous deviennent cheres;
L'amour en fut l'auteur, l'amour les fait remplir.
Fin.

Vers vous, Seigneur,
La tendre ardeur
Dont notre ame eſt remplie,
L'enleve & nous lie
Par un nœud charmant :
La douce vie,
Qu'on paſſe en vous aimant!
L'eſprit, &c.

Pour le prochain, douceur, tendreſſe
On aime, on admire, on vante ſes vertus :
Voit-on ſes foibleſſes ?
On craint d'en avoir encor plus.
L'eſprit , &c.

---

* CANTIQUE XXXIV.

Les trois principaux actes de la Religion

Sur l'Air : *De tout un peu , &c.*,

ACTE DE FOI.

Oui , je le crois,
Ce que l'Egliſe nous annonce :
Oui , je le crois ,
Seigneur, & j'honore ſes loix.
Toutes les fois
Qu'elle prononce ,
Par elle l'Eſprit ſaint s'énonce :
Oui, je le crois.

ACTE D'ESPÉRANCE.

J'eſpere en vous,
Dieu de bonté , Dieu de clémence !
J'eſpere en vous ;
Tout autre eſpoir ne m'eſt point doux:
Vous ſeul comblez mon eſpéiance ;
Vous ſeul ſerez ma récompenſe ;
J'eſpere en vous.

ACT

A C T E D'A M O U R.

O Dieu sauveur !
Vous êtes le feul bien fuprême ;
O Dieu sauveur !
A vous feul je donne mon cœur :
Et , pour l'amour de vous feul, j'aime
Mon prochain, autant que moi-même ;
O Dieu Sauveur !

* CANTIQUE CXXXV.

Priere pour offrir la journée au Seigneur.

sur l'Air : *Dans ma cabane obfcure , &c.*

O DIEU, dont je tiens l'être,
Toi qui régles mon fort,
Seul Arbitre, feul Maître
De mes jours, de ma mort !
Je t'offre les prémices
Du jour qui luit fur moi ;
Et veux fous tes aufpices,
Ne les donner qu'à toi.

Daigne, d'un œil propice,
En voir tous les inftants ;
Que ta main en banniffe
Tous les dangers preffants :
Sur-tout, Dieu de clémence !
Qu'avec ton faint fecours,
Nul crime, nulle offenfe,
N'ofe en ternir le cours.

Que ta bonté facile
Qui voit tous mes befoins,
Rende , à tes yeux, utile
Mon travail & mes foins ;

H

Et que suivant la trace
Que nous ouvrent les saints,
Mes jours soient, par ta grace,
Des jours purs & pleins.

---

*CANTIQUE CXXXVI.

Priere pour demander à Dieu sa bénédiction pendant la nuit.

Sur l'Air : *Quand on sçait aimer & plaire , &c.*

O DIEU, dont la providence
Fixe nos nuits & nos jours !
De la nuit que je commence
Daigne rendre heureux le cours.   *Fin.*

Que tes Anges tutélaires
Veillent sur tous mes moments,
Et que leurs soins salutaires
Gardent mon ame & mes sens.
O Dieu , &c.

Que jamais je ne sommeille,
Que dans la paix du seigneur,
Et que je ne me réveille
Que pour lui donner mon cœur.
Que pour lui donner mon cœur.

O Dieu, dont la providence
Fixe nos nuits & nos jours !
De la nuit que je commence
Daigne rendre heureux le cours.

CANTIQUE CXXXVII.

Prieres pour demander à Dieu de bénir
notre travail.

Sur l'Air : *Dans ma cabane obfcure , &c.*

AVANT LE TRAVAIL.

SUR ce que je vais faire
Jettez les yeux , feigneur,
A fervir , à vous plaire
Je mets tout mon bonheur :
Soutenez ma foibleffe,
Ou je travaille en vain:
Dirigez donc fans ceffe
Et mon cœur & ma main.

PENDANT LE TRAVAIL.

Fils d'un pere coupable,
Né dans l'iniquité,
Des maux le poids m'accable
Et j'en fens l'équité :
Au travail quand vous-même,
Grand Dieu, me condamnez,
Je m'y foumets, je l'aime,
Puifque vous l'ordonnez.

❧

Si par plus d'une offenfe
J'ai pu vous irriter,
Par cette pénitence
Puiffé-je m'acquitter!
Que jamais le murmure,
Les plaintes , les ennuis ,
Des peines que j'endure
Ne m'enlevent les fruits.

H ij

Lorsqu'en votre préfence,
De vous plaire jaloux,
Au travail en filence
Je me livre pour vous:
Dieu bienfaifant, j'efpere
Qu'un éternel repos
Sera l'heureux falaire
De mes foibles travaux.

APRÈS LE TRAVAIL.

O mon Dieu, de l'ouvrage
Que je viens de finir,
Mon cœur vous doit l'hommage,
Et je viens vous l'offrir;
Le bien que j'ai pu faire,
Daignez le couronner;
Ce qui peut vous déplaire,
Daignez le pardonner.

CANTIQUE CXXXVIII.

Les principaux actes du Chrétien. (*)

Sur l'Air : *Tu croyois, en aimant Colette, &c.*

JE crois en vous, en vous j'efpere,
Je vous aime de tout mon cœur,
Je vous adore, ô vous mon Pere,
Mon Dieu, mon Roi, mon Créateur.

De vos biens, je vous remercie,
De mes péchés je me repens,
Qu'à vous je fois toute ma vie,
Qu'à moi vous foyez en tout tems.

(*) Il eft bon de faire cette priere toutes les fois que l'horloge fonne.

CANTIQUE CXXXIX.

Priere pour le Roi & fon peuple.

Sur l'Air : *Béniſſez le Seigneur , &c.*

S EIGNEUR , fauvez notre Monarque',
Conſervez ſes jours précieux ,
Que tous ſes projets glorieux,
   Du Ciel portent la marque.

※

Qu'en lui, tous reſpectent l'empreinte
De votre augufte majefté :
Que conſacrés à l'équité,
   Ses jours coulent ſans crainte.

※

Que ſon peuple, votre héritage,
Vous béniſſe Dieu de bonté !
Que la paix & la vérité
   Soient ſon heureux partage.

CANTIQUE CXL.

Le defir de faire une retraite.

Sur l'Air : *Jardins que la nature , &c.*

F UYEZ loin de mes yeux, fuyez & pour
    jamais ,
Faux biens, gloire, ou plaifir volage,
Dont le monde avec bruit étale les attraits !
Vains objets, vous flattez mon âge,
Mais vous ne donnez pas l'innocence & la paix.

Les vingt-quatre Cantiques qui fuivent ferviront particuliérement dans le tems des Catéchifmes & des retraites don-
nées aux jeunes gens, pour les préparer à recevoir les Sacrements de Confirmation & d'Euchariftie

H iij

Séjour de sainteté, séjour du vrai bonheur,
    Retraite innocente & tranquille,
Que tu plais à mes vœux, que tu charmes mon
      cœur !
    Doux repos, favorable asyle,
Que ne m'est-il donné de goûter ta douceur !

Tu montres à nos yeux le jour, la vérité ;
    Tu sçais tracer l'horreur du crime,
De l'aimable vertu dépeindre la beauté ;
    Tu nous fais éviter l'abîme,
Et tu guides nos pas vers la sainte Cité.

Un jour seul dans ton sein vaut mieux que mille
    jours ;
    D'un feu divin tu nous enflammes ;
Tu détruis dans nos cœurs les profanes amours.
    Dieu puissant, préparez nos ames
A recueillir les fruits d'un si rare secours.

---

* CANTIQUE CXLI.

Priere pour invoquer le Saint-Esprit.

Sur l'Air de la musette d'Ajax.

ESPRIT Saint, comblez nos vœux,
    Embrasez nos ames
    Des plus vives flammes ;
Esprit saint, comblez nos vœux,
    Embrasez nos ames
    De vos plus doux feux.   *Fin.*

Seul auteur de tous les dons,
De vous seul nous attendons
    Tout notre secours,
      Dans ces saints jours.   Esprit, &c.

Sans vous, en vain, du don des Cieux'
  Les rayons précieux
    Brillent à nos yeux ;
  Sans vous, notre cœur
    N'eſt que froideur.   Eſprit , &c.

Eſprit ſaint , &c.
Voyez notre aveuglement,
Nos maux, notre égarement.
  Rendez-nous à vous ,
    Et changez-nous.   Eſprit, &c.
Sur nos eſprits Dieu de bonté ,
  Répandez la clarté,
    Et la vérité.
    Préparez nos cœurs
      A vos faveurs.   Eſprit, &c.

Eſprit ſaint, &c.
Donnez-nous ces purs deſirs,
Ces pleurs ſaints, ces vrais ſoupirs,
  Qui des grands pécheurs
    Changent les cœurs. Eſprit, &c.
Donnez-nous la docilité ,
  Le don de pureté,
    Et de piété,
    L'eſprit de candeur
      Et de douceur.   Eſprit , &c.

Eſprit ſaint , &c.   Eſprit, &c.
Etouffez notre tiédeur;
Réchauffez notre ferveur;
  Raſſurez nos pas,
    Dans nos combats.   Eſprit, &c.
Sanctifiez nos jours naiſſants ,
Et nos jours floriſſants ,
  Et nos derniers ans :
    Que tous nos inſtants
      Soient innocents.   Eſprit, &c.

* CANTIQUE CXLII.

Priere avant le Catéchifme.

Sur l'Air : *Le cœur que tu m'avois donné , &c.*

ESPRIT Saint, Dieu de vérité
Exaucez nos prieres :
Ouvrez nos yeux à la clarté
Des traits de vos lumieres:
Divin Efprit ! inftruifez-nous,
Et tournez notre cœur vers vous.

Daignez de ces tendres enfants
Rendre l'efprit docile:
Formez leurs jours encore naiffants
Au joug de l'Evangile :
Faites fur eux tomber vos dons;
Faites leur goûter vos leçons.

Gravez en eux, de votre Loi,
Et l'amour & la crainte:
Que dans leur cœur la vive foi
Ne foit jamais éteinte !
Que fon flambeau, jufqu'au trépas,
Eclaire & conduife leurs pas.

Venez, Efprit de charité ,
Vous fixer dans nos ames !
Allumez-y l'activité
De vos céleftes flammes :
Efprit d'amour, venez dans nous,
Nous apprendre à n'aimer que vous!

CANTIQUE CXLIII.

Le même sujet.

Sur l'Air : *Afin d'être docile & sage , &c.*

A VOTRE école , divin Maître,
Nous nous rendons pour nous former :
Apprenez-nous à vous connoître,
A vous servir, à vous aimer.

Seigneur , qu'attentif & tranquille,
Mon esprit s'ouvre à votre voix :
Et que mon cœur, toujours docile
Se soumette au joug de vos loix.

CANTIQUE CXLIV.

Priere après le Catéchisme.

Sur l'Air d'un Rondeau nouveau.

B ENISSONS à jamais
Le Dieu qui nous éclaire,
Bénissons à jamais
Ses loix & ses bienfaits.   *Fin.*

Sa grace salutaire
Dissipe nos erreurs,
Et comble de ses faveurs
Nos esprits & nos cœurs.
Bénissons, &c.

Un Dieu qui nous aime
De cet amour extrême,
Un Dieu qui nous aime
A droit à notre amour.
Bénissons, &c.

H

Gardons ſa loi ſainte,
Sans lui donner la moindre atteinte;
Gardons ſa loi ſainte ;
Aimons-le, aimons-le à notre tour.
Béniſſons, &c.

CANTIQUE CLXV.

Le même ſujet.

Sur l'Air : *Afin d'être docile & ſage, &c.*

Nous adorons cette Loi ſage
Que l'on vient de nous expliquer;
Achevez, seigneur, votre ouvrage,
Aidez-nous à la pratiquer.

Soyons à Dieu dès notre enfance,
Paſſons nos jours à le ſervir,
Et que toute notre ſcience,
Soit de croire, aimer, obéir.

* CANTIQUE CLXVI.

Exhortation aux Enfants qui ſe diſpoſent à recevoir le Sacrement de Confirmation.

Sur un Air nouveau.

Jeunes Chrétiens, voici le temps
Où le Dieu des lumieres
Vient ajouter des dons récents
A ſes faveurs premieres.
Il a lavé vos jours naiſſants
Dans l'onde du Baptême;
Il va munir vos tendres ans
Du doux ſceau du ſaint Chrême,

De l'Esprit sanctificateur,
  La flamme bienfaisante
Va rallumer dans vous l'ardeur
  D'une foi languissante :
Et, sur vous, graver, à jamais,
  La vertu salutaire
Qui scelle des Chrétiens parfaits
  L'auguste caractere.

❧❦❧

Sur vous, d'un des Pontifes saints
  La parole efficace
Fera, descendre, par ses mains,
  Les sources de la grace.
Préparez-vous à son aspect,
  Dans la plus humble attente,
Et rappellez, avec respect,
  Le Dieu qu'il représente.

❧❦❧

Mais l'Esprit saint veut, chers Enfants,
  Que la reconnoissance
Ouvre en vous des cœurs innocents
  Aux dons qu'il vous dispense.
Versez sur vos jours criminels
  Des pleurs de pénitence,
Et sans cesse au pied des Autels,
  Implorez sa clémence.

---

* CANTIQUE CXLVII.

Priere pour demander les sept dons du
Saint-Esprit.

Sur l'Air : *L'on dit que l'amour me guette , &c.*

DON DE SAGESSE.

Viens dans nous, don de sagesse!
  Présent du Ciel, sans prix ;
O toi, qui fais seul la richesse

Des cœurs & des esprits !
Viens fixer tous nos soupirs,
Epurer tous nos desirs :
Qu'à jamais en nous expire
L'amour des biens mortels,
Et que notre ame ne soupire
Qu'après les éternels.

DON D'INTELLIGENCE.

O saint Don d'Intelligence !
Fais luire en moi tes traits ;
Viens d'une fatale ignorance
M'ôter le voile épais.
Que ton flambeau radieux
Brille sans cesse à mes yeux.
A l'éclat de tes lumieres ,
Que la divine loi,
Que de la foi les saints mysteres.
Se dévoilent à moi.

DON DE CONSEIL.

O don de Conseil ! mon ame,
Dans ses pressants besoins,
T'offre ses vœux , & te reclame ;
Viens l'aider de tes soins,
Mets-là sous tes sages loix,
Sois l'arbitre de ton choix ;
Qu'à toi seul, toujours docile ,
La gloire du Seigneur ,
Et mon salut soient le mobile
Que suive son ardeur.

DON DE FORCE.

Esprit saint, Dieu de puissance !
Venez remplir nos cœurs
D'un don de force & de constance,
Qui les rende vainqueurs.
Contre nous font réunis
Et mille & mille ennemis.
Les mondains , l'enfer , nous-même,

Tout nous porte des coups.
Dans ce danger conftant, extrême,
Daignez être avec nous.

DON DE SCIENCE.

Accordez à ma priere,
Divin Efprit ! ce don
Et de fcience , & de lumiere
Qui guide la raifon.
Qu'il éclaire tous mes pas,
Jufqu'au jour de mon trépas.
Que du vice il me découvre
Les piéges captieux :
Qu'il m'en détourne, & qu'il ne m'ouvre
Que la route des Cieux.

DON DE PIÉTÉ.

Defcends , viens orner mon ame,
O Don de Piété !
Toi , par qui fe nourrit, s'enflamme,
S'accroît la fainteté.
Prête-moi de doux tranfports
Qui redouble mes efforts.
Sois , fans ceffe , ma reffource
Dans les revers humains ;
Et fais couler fur moi la fource
Des autres dons divins.

DON DE CRAINTE.

Efprit faint ! que notre crainte ,
Que notre amour pour vous ,
Notre refpect pour la Loi fainte
Croiffe à jamais dans nous.
Que nos fens , que nos efprits
En foient pénétrés , remplis.
Qu'avant que de vous déplaire
Nous fçachions tout fouffrir ,
Et tout entreprendre, & tout faire ,
Et tout perdre & mourir.

CANTIQUE CXLVIII.

Le Saint Sacrifice de la Meſſe.

Sur l'Air : *Tu croyois, en aimant Colette, &c.*

C'EST Dieu qui deſcend ſur la terre,
Non tel qu'il y vint autrefois,
Au bruit horrible du tonnerre,
Au peuple Hébreu donner des loix.

❖❖❖

Non ſous la figure terrible
D'un Chérubin étincelant,
Et tel qu'il ſe rendit ſenſible
Aux yeux d'un Prophête tremblant.

❖❖❖

C'eſt le même Dieu qui gouverne
Et qui créa tout l'univers ;
Dont l'œil perçant voit & diſcerne
Juſqu'au fond des cœurs & des mers.

❖❖❖

Sous le ſaint voile du myſtere,
Par un excès de ſa bonté,
Il ſe donne à nous, il modére
L'éclat de ſa Divinité.

❖❖❖

Quelle race prédeſtinée
Dans aucun temps, dans aucun lieu,
Fut jamais aſſez fortunée
Pour jouir ainſi de ſon Dieu ?

❖❖❖

Victime, digne de ſon pere,
Le Fils de Dieu meurt ſur la Croix ;
Et dans notre auguſte myſtere,
Il s'offre une ſeconde fois.

❖❖❖

C'eſt pour nous qu'il ſe ſacrifie
Par un excès de charité ;

Et fa mort nous donne la vie,
Que dis-je? l'immortalité.

⬦⬧⬦

Tout à la fois Victime & Prêtre,
D'un facrifice non fanglant,
Tous les jours il daigne renaître
Sur nos autels en s'immolant.

⬦⬧⬦

Dieu puiffant, Dieu vengeur du crime!
Défarme ta févérité;
Le fang d'une telle victime
N'a-t-il donc pas tout racheté?

⬦⬧⬦

Il nous invite, il nous engage
A ce délicieux feftin;
Son propre fang eft un breuvage,
Et fon Corps adorable, un pain.

⬦⬧⬦

Loin tout prophane, tout impie;
Audacieux n'entends-tu pas
Cette voix tonnante qui crie,
Et te menace du trépas?

⬦⬧⬦

Mais quelle crainte impardonnable,
Fidéles, quelle aveugle erreur
Vous éloigne de cette table,
Source de vie & de bonheur?

⬦⬧⬦

Quels travaux & quelle victoire,
Ne tente pas un foible humain,
Qui plein de foi, reffent la gloire
De porter fon Dieu dans fon fein!

⬦⬧⬦

Vous lui dûtes votre courage,
Vous, qui dans des temps orageux,
Des fiers tyrans braviez la rage,
Et les tourments les plus affreux.

⬦⬧⬦

Vous, qui pleins d'une fainte ivreffe,
Ne refpiriez que les combats,

Et cherchiez avec allégreſſe
Le fer, la flamme & le trépas.

❧

Allons nous-mêmes, ſur leurs traces,
Nous aſſéoir au ſacré feſtin,
Nous y remplir des dons, des graces
Et des feux de l'amour divin.

CANTIQUE CXLIX.

Le reſpeᏆ dû au ſaint Sacrifice de la Meſſe.

Sur un Air nouveau.

TREMBLEZ, Mortels, tremblez devant le
Dieu jaloux :
Cet auguſte myſtere
Annonce ſa préſence;
Il vous voit, vous entend : Prophanes à genoux
Prophanes, taiſez-vous;
Ou ſi vous rompez le ſilence
Par une humble priere
Appaiſez ſon courroux.

* CANTIQUE CL.

Priere au commencement de la Meſſe.

Sur un Air nouveau.

AUTOUR de nos ſacrés Autels,
Oſons tous prendre place,
Là, Jeſus a pour les mortels,
Le trône de ſa grace.
Allons·à ce Dieu de bonté :
Mais que la confiance,
L'ardeur, la foi, l'humilité,
L'amour nous y devance.

Pour nous ouvrir un libre accès
  Vers un fi tendre Pere,
Faifons-lui de tous nos excès
  L'aveu le plus fincere.
Que la plus vive des douleurs
  Nous gagne fa clémence ;
Et que l'amour mêle fes pleurs
  A notre pénitence.

⸻❖⸻

Exaucez-nous , divin Sauveur ,
  Adorable victime !
Et détruifez dans notre cœur
  Jufqu'à l'ombre du crime,
O bienheureux ! ô Chœurs des Saints !
Et vous, Reine des Anges !
Offrez-lui de vos pures mains ,
  L'encens de nos louanges.

CANTIQUE CLI.

A l'Offertoire.

Sur l'Air : *L'on dit que l'amour me guette* , &c.

R EGARDEZ d'un œil propice ,
  O Dieu de majefté !
Les faints apprêts du facrifice,
  Qui vous eft préfenté.
Qu'à vous feul en foit l'honneur ;
Qu'il nous comble de bonheur :
Qu'il vous rende un digne hommage ;
  Qu'il lave nos forfaits,
Et nous devienne un tendre gage
  De vos nouveaux bienfaits.

⸻❖⸻

A nos vœux venez vous rendre ,
  O Fils de l'Eternel !
Du haut des Cieux venez defcendre ,
  Pour nous fur cet Autel.

Nous ne fommes rien de nous,
Mais nous fommes tout par vous.
Pour nous épargner l'abîme,
Vous daignâtes mourir ;
Daignez-vous faire encor Victime ;
Et pour nous vous offrir.

⬥⬥⬥

Jefus vient , que tout fléchiffe ,
Devant lui, les genoux ;
Que ce faint temple rétentiffe
De nos chants les plus doux.
Elevons vers lui nos cœurs ;
Ouvrons-les à fes faveurs.
Il defcend, l'amour le preffe :
Par un jufte retour,
Offrons nous-même à fa tendreffe ,
Un cœur rempli d'amour.

---

* CANTIQUE CLII.

A l'élévation de la Sainte Hoftie, *ou à*
la bénédiction du Saint Sacrement.

Sur l'Air : *Dieu des ames ! quand tes flammes, &c.*

O VICTIME
De tout crime !
O Jefus , sauveur de tous !
Qui fans ceffe,
Par tendreffe,
Daignez être parmi nous ;
Qu'on vous aime
Dans vous-même;
Qu'à jamais, tous les mortels,
Et s'empreffent,
Et s'abaiffent
Autour de vos faints Autels.

⬥⬥⬥

Chœurs des Anges !
Nos louanges

Sont trop peu pour ſes bienfaits ;
Dans nos ames,
De vos flammes
Allumez les plus doux traits.
Que ſa gloire,
Sa mémoire,
Son amour, dans tous les tems,
D'un hommage,
Sans partage,
Reçoive en tous lieux l'encens.

CANTIQUE CLIII.

Aſpirations avant, pendant & après la
Communion.

Sur l'Air : *Un inconnu, pour vos charmes ſoupire, &c.*

Mon bien-aimé ne paroît pas encore,
Trop longue nuit dureras-tu toujours ?
Tardive aurore !
Hâte ton cours,
Rends-moi, Jeſus, ma joie, & mes amours,
Mon doux Jeſus, que ſeul j'aime & j'implore.

⋯⋯

De ton flambeau, déja les étincelles,
Aſtre du jour raniment mes deſirs,
Tu renouvelles
Tous mes ſoupirs :
Servez mes vœux°, avancez mes plaiſirs,
Anges du Ciel, portez-moi ſur vos aîles.

⋯⋯

Je t'apperçois, Aſyle redoutable,
Où l'Eternel deſcend de ſa grandeur,
Temple adorable
Du Rédempteur ;
Si dans tes murs il voile ſa ſplendeur,
Ce Dieu d'amour n'en eſt que plus aimable.

Sans nul éclat le vrai Dieu va paroître ?
De cet Autel , il vient s'unir à moi :
Est-ce mon Maître ?
Est-ce mon Roi ?
Laissez mes yeux , laissez agir ma foi ,
Un œil chrétien ne peut le méconnoître.

※

Du Roi des Rois, je suis le Tabernacle ;
Oui , de mon ame , un Dieu devient l'époux ,
Charmant spectacle,
Espoir trop doux :
Rendez , Grand Dieu ! mon cœur digne de vous ,
Votre amour seul peut faire ce miracle.

※

Je m'attendris sans trouble & sans allarmes ,
Amour divin , je ressens vos langueurs :
Heureuses larmes ,
Aimables pleurs ,
Ah ! que mon cœur y trouve de douceurs :
Tous vos plaisirs, Mondains, ont-ils ces charmes

※

Tristes penchants, funeste fruit du crime ,
C'est vous qu'il veut que j'immole à son choix
Ce Dieu m'anime ,
Suivons ses loix :
Parlez, Seigneur , j'écoute votre voix ,
Mon cœur est prêt, nommez-lui la victime.

※

Ce pain des forts soutiendra mon courage ;
Venez, démons, de mon bonheur jaloux ,
Que votre rage
Vous arme tous :
Je ne crains point vos plus terribles coups ,
De ma victoire, un Dieu devient le gage.

※

Il me remplit d'une douce espérance ,
Qui me suivra plus loin que le trépas ;
Si sa puissance
Soutient mon bras,

C'eſt peu pour lui qu'il m'aide en mes combats ;
Il veut encore être ma récompenſe.

⋅❦⋅

Pour un pécheur, que ſa tendreſſe eſt grande !
Qu'elle mérite un généreux retour ;
  Mais, quelle offrande
  Pour tant d'amour !
Prenez mon cœur, ô mon Dieu, dans ce jour,
C'eſt le ſeul don que votre cœur demande.

CANTIQUE CLIV.

Aſpirations pendant la Meſſe à laquelle
  on communie.

ſur l'Air : *Solitaire témoin* , &c.

O PRODIGE d'amour ! ô myſtere ineffable !
Jeſus du haut des Cieux, deſcend ſur nos Autels ;
  Il veut, pour nous rendre immortels,
  Nous donner ſa chair adorable :
Recherchez, pleins d'eſpoir, ce pain vivifiant,
Cœurs affligés & nourris dans les larmes !
Vous trouverez, au ſein du Sacrement,
  La paix avec tous ſes doux charmes.

⋅❦⋅

Je l'éprouve, ô mon Dieu ! loin du banquet cé-
  leſte,
Mon cœur eſt triſte, aride, inquiet, abbatu,
  Et mon impuiſſante vertu
  Languit dans un vuide funeſte :
Biens du monde à mes yeux, vous êtes ſans
  attraits ;
Vous me laiſſez dans une faim extrême :
Pour contenter mon ame & ſes ſouhaits,
  Il faut à mon cœur un Dieu même.

Il m'écoute, & déja l'excès de sa tendresse
Allume les ardeurs de son feu dans mon sein :
  Toi seul, ô breuvage divin !
  Peux calmer la soif qui me presse :
Que de biens on reçoit à ton festin sacré !
Dans les transports dont mon ame est ravie,
Tu me verras, comme un cerf altéré,
  Courir à la source de vie.

⊰⊹⊱

Aux douceurs de ce don de ton amour suprême,
Heureux, Seigneur, heureux qui se laisse char-
  mer !
  Pour toi qui daignas tant m'aimer,
  Je renonce à tout ce que j'aime :
Tu me donnes ton corps, je viens t'offrir mon
  cœur ,
Et pour ton sang, mes pleurs & mes louanges ;
Ah ! désormais, l'objet de mon ardeur,
  Grand Dieu ! c'est le seul pain des Anges.

---

* CANTIQUE CLV.

Avant la sainte Communion.

Sur l'Air : *Dans cette étable, &c.*

INVITATION AUX ENFANTS QUI DOIVENT
COMMUNIER.

T ROUPE innocente
D'enfants chéris des Cieux !
 Dieu vous présente
Son festin précieux.
Il veut, ce doux Sauveur,
Entrer dans votre cœur :
Dans cette heureuse attente ,
Soyez pleins de ferveur ,
 Troupe innocente.

ACTE DE FOI ET D'ADORATION.

Mon divin Maître !
Par quel amour , comment
 Daignez-vous être
Dans votre Sacrement ;
Vous y venez, pour moi :
Plein d'une vive foi,
J'y viens vous reconnoître
Pour mon sauveur , mon Roi ,
 Mon divin Maître.

ACTE D'HUMILITÉ

Dieu de puiſſance !
Je ne ſuis qu'un pécheur :
 Votre préſence
Me remplit de frayeur.
Mais, pour voir effacés
Tous mes péchés paſſés ,
Un ſeul trait de clémence ,
Un mot ſeul eſt aſſez ,
 Dieu de puiſſance !

ACTE DE CONTRITION.

Mon tendre Pere !
Acceptez les regrets
 D'un cœur ſincere ,
Honteux de ſes excès :
Vous m'en verrez gémir
Juſqu'au dernier ſoupir :
Avant de vous déplaire,
Puiſſé-je ici mourir ,
 Mon tendre Pere !

ACTE D'AMOUR.

Plus je vous aime ,
Plus je veux vous aimer ,
 O bien ſuprême ,
Qui ſeul peut me charmer !
Mais, ô Dieu plein d'attraits !

Quand, avec vos bienfaits,
Vous vous donnez vous-même,
Plus, en vous, je me plais,
Plus je vous aime.

ACTE DE DESIR.

Que je defire
De ne m'unir qu'à vous ?
Que je foupire
Après un bien fi doux !
O quand pourra mon cœur
Goûter tout le bonheur
D'être fous votre empire !
Hâtez-moi la faveur
Que je defire.

CANTIQUE CLVI.
Actes avant la Communion.

Sur l'Air : *Petits oifeaux, raffurez-vous, &c.*

ACTE D'ADMIRATION.

Divin Agneau, qui fur l'Autel,
Vous immolez pour un coupable,
Et qui daignez à votre table
Inviter l'indigne mortel !
Ah ! quel amour ! qu'il eft extrême !
Je n'en fçaurois exprimer la grandeur;
Votre don feul m'éleve au comble du bonheur,
Dans ce facré Banquet, vous vous donnez vous-
même.

ACTE DE FOI.

C'eft à la foi que j'ai recours,
Pour croire un fi profond myftere;
C'eft fa lumiere qui m'éclaire,
Je ne vois que par fon fecours,
Seule fa voix me fait entendre

Que

Que , fous ce voile à mes yeux préfenté ,
Vous cachez votre Corps & la Divinité :
Grand Dieu , que de bienfaits fur moi vont fe
   répandre !

ACTE D'HUMILITÉ.

Je fuis faifi d'un faint effroi ,
Le Roi du Ciel & de la terre ,
Le Dieu qui lance le tonnerre ,
Aujourd'hui daigne entrer dans moi :
Comblé des biens que vous me faites ,
Loin de m'enfler de ce fort glorieux ,
Le néant feul , dans moi , fe préfente à mes yeux ,
Voyant ce que je fuis , près de ce que vous êtes.

ACTE DE CONTRITION.

La chair d'un Dieu de majefté
Va me fervir de nourriture :
Elle eft fi fainte , elle eft fi pure ;
Et je ne fuis qu'iniquité !
Ah ! du péché , fi quelque trace
Ne pouvoit pas s'effacer par mes pleurs ,
Pour me rendre , ô mon Dieu , digne de vos faveurs ,
Purifiez , changez mon cœur par votre grace.

ACTE D'AMOUR.

Tout parle ici de votre amour ,
Tout y dépeint votre tendreffe ,
Tout nous invite , tout nous preffe
A vous rendre un jufte retour ,
Ce même amour vous facrifie ,
Il me fait voir comme il faut vous aimer :
De la plus vive ardeur c'eft peu de m'enflammer ,
Je dois encore pour vous cent fois donner ma vie.

ACTE D'ESPÉRANCE.

Si vos grandeurs me font trembler
Dans cet augufte facrifice ;
J'y trouve auffi , Sauveur propice ,
Des bontés pour me confoler ;
Quand mon efpoir vient à s'éteindre ,

I

Par votre amour, je le fens ranimer :
Je ne fuis qu'un mortel, mais vous daignez m'aimer,
J'ai plus lieu d'efpérer , que je n'ai lieu de craindre.

━━━◆◇◆━━━

Par quels honneurs, par quels encens ?
A tant de biens faut-il répondre ?
Ici tout fert à me confondre :
Mes refpects font trop impuiffants ,
Eternifez dans ma mémoire
Le fort heureux que me fait votre amour :
Achevez mon bonheur & m'accordez un jour
De régner avec vous dans le fein de la gloire.

CANTIQUE CLVII.

Afpirations au moment de la Communion.

Sur l'Air : *Jamais la nuit ne fut fi noire , &c.*

O DON parfait ! grace ineffable !
Jefus , l'époux des cœurs, au divin Sacrement
Nous a fait de fon Corps un célefte aliment,
Et le vin qu'on y boit eft fon Sang adorable.
Taifez-vous, préjugés des fens,
Tout doit céder au pouvoir de fa flamme :
Il vient à moi, que fes traits font charmants
Délicieux moments !
Délicieux moments ! vous raviffez mon ame.

* CANTIQUE CLVII.I.

Après la Sainte Communion.

Sur l'Air : *Suivons les loix , &c.*

INVITATION A REMERCIER LE SEIGNEUR.

CHANTONS, chantons
Jefus, & fa tendreffe extrême,
Chantons, chantons

Le plus aimable de ſes dons. Chantons, &c.
Ce doux Sauveur
A nous vient de s'unir lui-même;
Ce doux Sauveur
Daigne habiter dans notre cœur. Chantons.

Comment reconnoître
L'amour d'un ſi bon Maître,
Comment reconnoître
Un ſi grand excès de faveur?
Ce doux , &c. Chantons, &c.

Qu'en nous tout s'uniſſe ,
Que tout y béniſſe
Ce Maître propice ,
Ce Dieu de douceur.
Ce doux , &c. Chantons , &c.

ACTE D'ADORATION ET DE FOI.

Dieu de grandeur !
Plein de reſpect , je vous révere ,
Dieu de grandeur !
J'adore dans vous mon Seigneur. Dieu, &c.

La vive foi
Dans cet heureux inſtant m'éclaire ;
La vive foi
Vous dévoile à mes yeux dans moi. Dieu &c.

O Chœurs des ſaints Anges
Que n'ai-je vos louanges !
O Chœurs des ſaints Anges
Adorez , pour moi , votre Roi.
La vive, &c. Dieu de ,&c.

Que ſous ſon empire,
Tout ce qui reſpire
Aime à ſe réduire ,
Et garde ſa loi.
La vive , &c.   Dieu de , &c.

ACTE DE CONFIANCE.

Divin Epoux !
Mon ame à vous feul s'abandonne :
Divin Epoux !
Mon ame n'a d'efpoir qu'en vous. Divin, &c.

Vous feul, toujours,
Serez ma vie & ma couronne ;
Vous feul, toujours,
Serez ma force & mon recours. Divin , &c.

Quand on vous poffède ,
Le monde , l'enfer céde
Quand on vous poffède ,
Tout fuit devant votre fecours.
Vous feul , &c. Divin , &c.

O Dieu de clémence !
Que ma confiance
En votre puiffance ,
Rende faints mes jours
Vous feul, &c. Divin , &c.

ACTE D'AMOUR.

Aimons Jefus ,
Pour lui que notre cœur s'enflamme !
Aimons Jefus ,
De tout nous-même , encore plus. Ai. &c.

Puis-je à mon tour,
O Dieu, qui régnez dans mon ame !
Puis-je à mon tour,
Pour vous, ne point brûler d'amour ? Ai. &c.

Je l'aime, oui , je l'aime ,
Jefus plus que moi-même ;
Je l'aime , oui , je l'aime ,
Pour l'aimer jufqu'au dernier jour.
Puis-je, &c. Aimons , &c.

Ce don inéfable ,
Que fon cœur aimable ,
Me fait à fa table ,

Veut tout mon retour.

Puis-je , &c. Aimons , &c.

ACTE D'OFFRANDE.

Pour vos bienfaits ,
Que vous offrir, ô divin Maître !
Pour vos bienfaits,
Je m'offre à vous seul, pour jamais. Pour, &c.

Mes biens , mon cœur,
Mon ame, mon esprit , mon être ,
Mes biens , mon cœur,
En moi , tout est pour le Seigneur. Pour, &c.

Pour lui je veux vivre,
A lui seul je me livre,
Pour lui je veux vivre,
Et ne veux point d'autre douceur.
Mes biens , &c. Pour vos , &c.

A lui je m'engage ,
Il est mon partage ,
Il est le doux gage,
De mon vrai bonheur.
Mes biens , &c. Pour vos , &c.

ACTE DE DEMANDE.

O Dieu puissant !
Par les dons de votre présence ;
O Dieu puissant !
Conservez mon cœur innocent ! O Dieu &c.

Dieu de bonté !
Donnez-moi la foi, l'espérance ,
Dieu de bonté !
L'amour , la paix, la sainteté. O Dieu, &c.

Qu'en vous je demeure
Jusqu'à ma derniere heure ,
Qu'en vous je demeure ,
Sans cesse , & dans l'éternité.
Dieu de, &c. O Dieu , &c.

O chair vénérable
Du Verbe adorable !
Rends inébranlable
Ma fidélité. Dieu , &c. O Dieu , &c.

CANTIQUE CLIX.

Sentiments d'amour après la Communion.*

Sur un air nouveau.

JE vis , & c'est en Dieu qui vient de me nourrir ;
Mais j'attends dans le Ciel une plus belle vie ;
    Et dans l'ardeur de mon envie,
Je me meurs de regret de ne pouvoir mourir.

Dieu s'unissant à moi par le plus saint mélange ,
Fait connoître à mon cœur son amour pur & vif :
    Je suis libre, il est mon captif,
C'est lui qui sous mes loix de lui-même se range.
Quoi! mon Dieu, mon captif! Ah! puis-je le
    souffrir ?
    Dans ce renversement étrange,
Je me meurs de regret de ne pouvoir mourir.

O qu'il me reste encore une longue carriere !
O que dur est l'exil , qui m'arrête en ces lieux !
    Ce séjour, qu'il est ennuyeux,
Où mon ame gémit dans les fers prisonniere!
Attendant que la mort vienne me secourir !
    Mais ignorant ma fin dernicre ,
Je me meurs de regret de ne pouvoir mourir.

La vie est à mon goût d'une amertume extrême :
Est-ce vivre, Seigneur, que de vivre sans vous ?
    Si l'amour que je sens est doux ,

---

[*] Ce Cantique est une traduction d'une sorte de poésie
Espagnole appellée *glose* , laquelle est comme l'explication
des quatre premiers vers appellés *Texte* , & qui peuvent
servir de refrein. Cette Glose a été composée en Espagnol
par Sainte Thérese.

Le terme de l'attente , hélas! n'eſt pas de même :
Un fardeau ſi peſant m'empêche de courir ,
  Et toujours loin de ce que j'aime ,
Je me meurs de regret de ne pouvoir mourir.

    ❖

Je fonde ſur la mort toute mon eſpérance ;
L'arrêt qui limita nos moments & nos jours,
  Auſſi-tôt qu'il en rompt le cours,
D'un avenir plus doux nous donne l'aſſurance :
O toi, mort, dont le coup exempte de périr !
  Accours , vole à ma délivrance :
Je me meurs de regret de ne pouvoir mourir.

    ❖

Fol amour des mortels , trop dangereuſe vie,
Un amour , & plus noble & plus ferme que toi ,
  Armé de courage & de foi
Pour mieux me faire vivre , à mourir me convie :
Ta perte eſt le ſalut où je dois recourir ;
  Que ne m'es-tu bientôt ravie !
Je me meurs de regret de ne pouvoir mourir.

    ❖

La vie habite au Ciel ; heureux qui peut l'y ſuivre !
Faiſons pour la trouver , faiſons un vif effort :
  La vie ſans ceſſe eſt une mort ,
Dont cependant la mort à la fin nous délivre :
Viens donc, viens douce mort, qu'on ne peut
   trop chérir :
Dans l'eſpoir de mourir pour vivre ,
Je me meurs de regret de ne pouvoir mourir.

    ❖

Vie humaine, tréſor qu'à tout autre on préfére !
Si Dieu ſeul vit en moi , ſi je vis en mon Dieu,
  Puis-je fuir de te dire adieu ?
La mort à ce vil prix me ſera-t-elle amere ?
C'eſt un bien qu'elle ſeule a droit de m'acquérir :
  Pourquoi faut-il qu'elle différe ?
Je me meurs de regret de ne pouvoir mourir.

       I iv

Loin du sein de mon Dieu, je languis triste &
    sombre ;
Qu'est-ce que je puis voir, ou je ne le vois pas ?
    Ma vie est un affreux trépas,
Mon jour est une nuit, ma lumiere est une
    ombre,
Le torrent de mes maux, sans lui, ne peut tarir :
    Lassé d'en voir grossir le nombre,
Je me meurs de regret de ne pouvoir mourir.

◄►

Le poisson qui se meurt, sorti du sein de l'onde,
Trouve au moins dans sa mort la fin de son tour-
    ment :
    Mourir est un contentement,
A qui traîne une vie en supplices féconde :
Je sens trop que le tems ne fait que les aigrir ;
    Et vivante & morte en ce monde,
Je me meurs de regret de ne pouvoir mourir.

◄►

En vain pour soulager les transports de mon ame,
Je vous cherche, Seigneur, auprès de vos
    autels ;
    Invisible aux yeux des mortels,
Les feux de votre amour y raniment ma flamme,
Non, ce n'est qu'en mourant, qu'on peut vous
    découvrir :
    Viens donc, ô mort que je réclame,
Je me meurs de regret de ne pouvoir mourir.

◄►

Vous le savez, mon Dieu, lorsque je vous pos-
    séde,
Puis-je à peine en mon cœur un moment vous
    garder,
    Qu'au plaisir de vous posséder,
La crainte de vous perdre aussi-tôt ne succéde :
Il n'est que le trépas qui puisse m'en guérir :
    Mourons, c'est l'unique reméde !
Je me meurs de regret de ne pouvoir mourir.

Mettez fin, mon Sauveur, à ma longue agonie,
Sans vous je ne puis vivre, & je meurs pour
     vous voir :
    Remplissez enfin mon espoir ;
Rompez, brisez les fers d'une ame assez punie :
Il est tems qu'à mes cris le Ciel se laisse ouvrir,
    Brûlant de m'y voir réunie,
Je me meurs de regret de ne pouvoir mourir.

❊

Mais non, Seigneur, je dois, avant que je n'ex-
    pire,
D'une vivante mort prolonger les douleurs ;
    Oui, je dois, les yeux pleins de pleurs,
Laver tous mes forfaits dans un plus long mar-
    tyre :
O ! quand si vivement pourrai-je m'attendrir,
    Qu'il soit enfin vrai de vous dire,
Je me meurs de regret de ne pouvoir mourir.

CANTIQUE CLX.

Résolutions après la Sainte Communion,

Sur ces paroles de Saint Paul ; *Quis nos separabit, &c.*

Sur l'Air : *D'un beau pêcheur la pêche , &c.*

LE monde, en vain, par ses biens & ses char-
    mes,
Veut m'engager à vivre sous sa loi :
Mais pour me vaincre, il faut bien d'autres armes,
Je ne crains rien, Jesus est avec moi. *Fin.* Mais.

❊

Venez, venez Puissances de la terre,
Déchaînez-vous pour me ravir ma foi :
Quand de concert vous me feriez la guerre,
Je ne crains rien, Jesus est avec moi. Quand, &c.

❊

Monstre infernal, arme-toi de ta rage !
Que tes démons se liguent avec toi,

I v

Tu ne pourras abattre mon courage,
Je ne crains rien, Jesus est avec moi. Tu ne, &c.

⬦⬦⬦

Non, non, jamais la mort la plus cruelle
Ne me fera trahir ce divin Roi:
Jusqu'au trépas je lui serai fidéle:
Je ne crains rien, Jesus est avec moi. Jusq. &c.

⬦⬦⬦

Que les enfers, les airs, la terre & l'onde
Conspirent tous à me remplir d'effroi;
Quand je verrois crouler sur moi le monde,
Je ne crains rien, Jesus est avec moi. Quand, &c.

⬦⬦⬦

Divin Jesus, mon unique espérance !
Vous pouvez tout, Seigneur, oui, je le crois,
Mon cœur, en vous, est plein de confiance;
Je ne crains rien, vous êtes avec moi. Mon, &c.

CANTIQUE CLXI.

Triomphe de Jesus - Christ dans l'ame
qu'il a nourrie de sa chair précieuse.

Sur un Air de trompette.

JESUS paroît en vainqueur,
Sa bonté, sa douceur
Est égale à sa grandeur.
Jesus paroît en vainqueur,
Aujourd'hui,
Donnons-lui
Notre cœur:
Malgré nos forfaits,
Ses divins bienfaits,
Ses charmants attraits.
Ne nous parlent que de paix;
Pleurons nos forfaits,
Chantons ses bienfaits,
Rendons-nous à ses charmants attraits.

CANTIQUE CLXII.

Renouvellement des vœux du Baptême.

Sur l'Air : *Celui qui préside à nos Fêtes , &c.*

ALLONS à la sainte Piscine,
Où le Dieu de toute bonté
Daigna nous rendre la beauté,
Que nous ravit notre origine.
Allons, au Dieu qui seul nous fit heureux,
Renouveller l'hommage de nos vœux.　　*Fin*
Allons au Dieu, &c.

Ce fut dans ce Lieu salutaire
Que ce Dieu, dès nos jours naissants,
Nous mit au rang de ses enfants,
Pour n'être plus que notre Pere. Allons, &c.

Ce fut là que sa main propice,
En rompant nos fers odieux,
Nous ouvrit la route des Cieux,
Et nous ferma le précipice.　　Allons , &c.

Quand ce Dieu bénit notre enfance,
Nous lui promîmes d'être à lui,
Promettons-le, encore aujourd'hui,
Mais ayons bien plus de constance.
Je l'ai promis, Seigneur, & le promets,
Tout à vous seul je veux être à jamais. Je l'ai, &c.

C'est l'ombre de sa providence
Qui garantit nos premiers jours;
Si nous voyons durer leurs cours,
Nous le devons à sa clémence. Je l'ai, &c.

De ses dons, dans notre jeunesse,
Il remplit notre ame & nos cœurs;

(*) Ce Cantique peut se chanter pendant les Fêtes de
Pâques ou de Pentecôte, ou le jour de la Communion.

Il eſt mille & mille faveurs
Qui nous rappellent ſa tendreſſe. Je l'ai, &c.

⟨❧⟩

Non, non, le démon & ſa rage
Sur moi ne pourront jamais rien :
Il eſt indigne d'un Chrétien
De gémir dans ſon eſclavage.
Je l'ai promis, Seigneur, & le promets;
Je le renonce, & l'abhorre à jamais. Je l'ai, &c.

Jaloux de mon riche partage,
Cet ennemi de mon bonheur
Veut m'ôter le joug du Seigneur,
Et me ravir mon héritage.   Je l'ai, &c.

Il fut, & ne veut ceſſer d'être
Mon tourment, mon fléau mortel,
Pour ſuivre un tyran ſi cruel,
Quitterois-je mon divin Maître ? Je l'ai, &c.

⟨❧⟩

Le Monde & ſes délices vaines
M'offriroient en vain leurs douceurs ;
Jamais ſes charmes impoſteurs
Ne me retiendront dans ſes chaînes.
Je l'ai promis, Seigneur, & le promets,
Oui, je renonce au Monde pour jamais. Je l'ai, &c.

Les biens dont les mondains jouiſſent
N'ont que trop abuſé mes ſens,
Mais aujourd'hui n'eſt-il point tems
Que mes erreurs s'évanouiſſent ? Je l'ai, &c.

Hélas ! quelle fut ma miſere;
Je courois à de faux plaiſirs,
Et ne portois point mes deſirs
Au ſeul objet qui dût me plaire. Je l'ai, &c.

⟨❧⟩

Des dons que la divine Grace
Se plut à répandre ſur moi,
Mon Dieu, ſur-tout, veut que la foi,
De mon cœur, jamais, ne s'efface:
Je l'ai promis, Seigneur, & le promets;
Je me ſoumets à la foi, pour jamais. Je l'ai, &c.

Je l'ai promis; je crois au Pere,
Auteur & Créateur de tous,
Au Fils, qui s'immola pour nous,
Au Saint-Esprit, qui nous éclaire. Je l'ai, &c.

De Jesus l'Epouse fidelle
Sera mon oracle & ma loi;
Je croirai, pour régler ma foi,
Tout ce qu'il m'annonce par elle. Je l'ai, &c.

❧

Fonts sacrés, où j'eus l'innocence !
Temple heureux, divins monuments !
Soyez témoins de mes serments,
Vous le serez de ma constance.
Je l'ai promis, Seigneur, & le promets,
C'est à vous seul que je suis désormais. Je l'ai, &c.

Que si, jamais, dans ma foiblesse,
J'oublie, hélas ! mes saints projets,
Je viendrai, vers ces chers objets,
Pour y relire ma promesse.   Je l'ai, &c.

Le Dieu fort, le Dieu de puissance
Sera ma force & mon appui;
Je ne mets mon espoir qu'en lui,
Et j'attends tout de sa clémence. Je l'ai, &c.

CANTIQUE CLXIII.

Actions de graces. *Pf.* 116.

Sur l'Air : *Soyez l'arbitre de mes jours, &c.*

BENISSEZ Dieu, peuples divers:
Que pour le louer tout s'unisse;
Et que dans ce jour, l'univers,
De son Nom sacré retentisse.

❧

Il nous fait, malgré nos forfaits,
Sentir le fruit de ses tendresses;
Et nous montre par ses bienfaits,
Qu'il est fidéle en ses promesses.

* CANTIQUE CLXIV. (*)

Sur le Jubilé.

Sur l'Air : *O jour dont le bonheur , &c.*

Sortez, Peuples heureux, de la nuit déplorable,
Qui vous tenoit plongés dans un fatal sommeil :
Des plus beaux jours renaît la clarté favorable ;
Le salut s'offre à nous ; hâtez votre réveil. (**)

Du Pere des Chrétiens la voix sainte & touchante
Déja s'est fait entendre, au loin , dans l'Univers ;
Et l'Eglise, envers nous, Mere tendre & puissante,
Ouvre, par lui, le sein de ses trésors divers.

Dieu n'use point toujours des droits de sa ven-
geance ,
Ce n'est qu'avec regret qu'il se montre irrité,
Et tous les tems, pour lui, sont des tems de clé-
mence ,
Quand un pécheur contrit recourt à sa bonté.

C'est en ces jours, sur-tout, de grace & de lumiere,
Que sa miséricorde étale tous ses traits ,
Que son cœur paternel remplit la terre entiere
De ses plus riches dons, de ses plus grands bienfaits.

Son Sang divin versé pour la rançon du Monde,
N'a point perdu son prix, sa force, sa valeur,
Et pour nous coule encor cette source féconde ,
Qui de tous les forfaits efface la noirceur.

O vous, que du péché la chaîne criminelle
Captive sous le joug du monde & des enfers !

(*) Les Cantiques qui suivent , ou n'étoient pas encore
faits , ou ont été omis , & n'ont pu être mis à leur place.
(**) *Rom.* 13 , v. 11.

Courez entre ses bras , sa bonté vous appelle,
Pour guérir tous vos maux, & rompre tous vos
    fers.

✦

L'aveu de ses excès humble & simple & sincere ,
Le vœu d'aimer son Dieu, l'espoir en son saint Nom,
Une douleur de cœur, vive, profonde, amere,
Au plus grand des pécheurs assure le pardon.

✦

Qu'il est doux , qu'il est bon le Dieu qui nous par-
    donne !
Il change, en passagers d'éternels châtiments ;
Il fait plus , dans ces jours, il nous offre, il nous
    donne
Le moyen d'échapper, même aux peines du tems.

✦

Jeûnons, ouvrons nos mains aux maux de l'indi-
    gence ,
Prions, selon les vœux du Prince des Pasteurs ,
Portons au saint Banquet l'amour & l'innocence,
Et nous serons exempts des dettes des pécheurs.

✦

Aux graces du Seigneur ne soyons point rebelles ;
Allons, volons à lui, puisqu'il nous tend les bras ,
Peut-être , hélas ! un jour, trop long-tems infi-
    déles ,
Pourrions-nous le chercher & ne le trouver pas.

✦

O doux Sauveur , ô Dieu de clémence éternelle !
O vous , qui seul tenez tous les cœurs dans vos
    mains !
Touchez , changez le nôtre, & rendez-le fidéle
A recueillir les fruits de vos bienfaits divins.

✦

Daignez encor, Seigneur , de notre sainte Mere
Etendre, maintenir le triomphe , à jamais ,
Détruire toute erreur à ses dogmes contraire,
Et des Princes , ses Fils , éterniser la paix.

✦

CANTIQUE CLXV.

Réflexions sur la Mort.

Sur un air ancien , ou Sur l'air : Béniſſez le Seigneur ſuprême , &c.

Nous paſſons comme une ombre vaine ,
Nous ne naiſſons que pour mourir ;
Quand la mort doit-elle venir ?
    L'heure en eſt incertaine.

La mort à tout âge eſt à craindre,
Chaque pas conduit au tombeau :
Tous nos jours ne font qu'un flambeau
    Qu'un ſouffle peut éteindre.

On voit un torrent en furie
Diſparoître après un moment :
Hélas ! auſſi rapidement
    S'écoule notre vie.

Dans nos jardins la fleur nouvelle
Ne dure ſouvent qu'un matin ;
Tel eſt, Mortels , votre deſtin,
    Vous paſſerez comme elle.

La mort doit tout réduire en poudre ;
Vous mourrez, ſuperbes Guerriers ;
N'eſpérez pas que vos lauriers
    Vous ſauvent de la foudre.

Vous , qu'on adore ſur la terre,
Vous périrez, vaine Beauté :
Vous avez la fragilité ,
    Comme l'éclat du verre.

Pourquoi donc cette attache extrême
Aux biens , aux honneurs, aux plaiſirs ?

Hélas! tout ce qui doit finir ,
   Mérite-t-il qu'on l'aime.

⬥❌⬥

Que la mort souvent est funeste !
Que ce passage est important !
C'est ce seul & fatal instant
   Qui décide du reste.

⬥❌⬥

Puisqu'alors tout nous abandonne,
Anges ne m'abandonnez pas ,
C'est du dernier de ces combats
   Que dépend ma couronne.

⬥❌⬥

Et vous , ô Vierge débonnaire ,
Vous ranimerez mon ardeur ;
Je suis un perfide , un pécheur,
   Mais vous êtes ma mere.

⬥❌⬥

Si je mérite tes vengeances,
Ah! grand Dieu , regardes ton fils !
Il t'offrira pour moi le prix
   De toutes ses souffrances.

⬥❌⬥

Lui seul bannira mes allarmes
Dans ce redoutable moment :
Quand on peut mourir en l'aimant ,
   Que la mort a de charmes.

CANTIQUE CLXVI.

L'ame autrefois esclave de la volupté,
   qui soupire après la vertu.

Sur l'Air : *Paresseuse aurore , &c.*

VOLUPTÉ perfide !
Poison, amorce homicide !
Je ne fus que trop avide
De tes frivoles douceurs.
Tes funestes charmes

Ont ouvert mes larmes ;
Et c'eſt à toi que je dois mes malheurs.
Fuis, fuis.
La lumiere ſalutaire,
Qui m'éclaire,
Me découvre à jamais
Tes faux attraits.
La vertu m'appelle,
Je cours après elle ;
Sa beauté fut immortelle ;
Tout eſt ſaint dans ſes appas.
Vertu charmante !
Beauté touchante !
Viens, viens, viens,
Ne me dédaigne pas.
Reçois mon hommage;
Deviens mon partage ;
De mes beaux jours
Renouvelle le cours.
Viens, viens,
Ton empire
Seul m'attire :
Je n'aſpire
Qu'à revoir toujours, dans moi,
Regner ta Loi.

CANTIQUE CLXVII.

L'exiſtence de Dieu.

Sur l'Air : *A l'ombre de ce vert boccage*, &c.

LES êtres ont tous leur langage,
Pour louer un Dieu créateur :
Il n'eſt rien qui ne rende hommage
Dans l'univers à ſon Auteur:
L'aſtre brillant de la lumiere,
Par ſon éclat majeſtueux,
Dans tout le cours de ſa carriere
L'annonce, en parle à tous les yeux.

Il est sa rayonnante image ;
Mais Dieu peut-il se concevoir ?
Notre œil qui de loin l'envisage,
De trop près n'ose point le voir.
Je connois un Dieu, je l'adore ;
De ses bienfaits mon cœur jouit ;
Quel est-il en soi ? je l'ignore ;
Et son trop d'éclat m'éblouit.

L'insecte, qui dans la nature
Est le plus vil, le plus petit,
Prêche à nos yeux par sa structure
La main puissante qui le fit :
O quel spectacle magnifique
Que les organes de son corps !
Quelle admirable méchanique
Que ses invisibles ressorts.

Ce que je sens en moi, qui pense,
Ne prouve-t-il pas clairement,
Qu'il est une autre intelligence
Qui doit penser parfaitement ?
L'homme pourroit parler en sage
Et des moyens & de la fin,
Et l'Auteur d'un si bel ouvrage
Seroit un aveugle destin.

Non, le systême de l'impie
N'est tout au plus que dans son cœur ;
Et c'est plutôt une folie,
Qu'un sentiment ou qu'une erreur :
Si jamais sa raison sommeille,
Et goûte un calme séducteur,
Le cri de l'univers l'éveille,
Et lui rappelle un Créateur.

CANTIQUE CLXVIII.
La puiſſance de Dieu.
Sur un air nouveau.

La voix de l'Eternel enfanta l'univers :
A ſon ſouffle bientôt l'homme dut ſa naiſſance ;
Dieu dit : que l'ordre régne & ſa toute puiſſance
Régla dès cet inſtant les mouvements divers
Des aſtres, des ſaiſons, des vents, de l'air, des mers,
La foudre eſt dans ſes mains, les éclairs l'envi-
  ronnent ,
 A ſon aſpect les Cieux ſont étonnés ;
Des coupables humains les cœurs ſont conſternés ;
De crainte, De crainte les enfers friſſonnent ,
  Et l'on voit à ſes pieds,
Et l'on voit à ſes pieds les démons enchaînés.
D'un ſeul de ſes regards, il ébranle la terre,
Sur les aîles des vents il traverſe les airs ,
  Le feu rapide des éclairs
  Annonce, Annonce au genre humain
  Le bruit, Le bruit de ſon tonnerre.
Lui ſeul, Lui ſeul, peut limiter l'immenſité des mers,
  Lui ſeul peut mettre un frein
  Aux fureurs de la guerre :
Son pouvoir ne dépend que de ſa volonté ;
  Il paroît , l'enfer tremble ,
Il paroît, l'enfer tremble & l'homme eſt racheté.

* CANTIQUE CLXIX.
Sentiments de confiance en la divine Providence.

Sur l'Air : *Dans notre heureux aſyle , &c.*

Aimable providence ?
Dans toi je mets
Ma confiance.

J'adore tes décrets:
    Mais de ta clémence
    J'admire les traits ;
Je bénis tes arrêts.
J'aime , J'aime tes bienfaits   *Fin.*
    Aimable , &c.

    De nos deſtins
Seule arbitre ſuprême ,
L'amour pour les humains
    Guide tes deſſeins ,
    Guide tes deſſeins ,
Et leur offre, dans leur maux même ,
    Tes dons divins.   Aimable , &c.

   Le lys , ſous ſa parure ,   (*)
    Croît ſans culture ,
    Dans les champs.
   Par toi, la nature
   Donne la pâture
Aux eſſaims des oiſeaux naiſſants.   (**)
Dans nos beſoins conſtants,
   Ta main maternelle
   N'oubliroit-elle
Que nous tes enfants ? Aimable , &c

CANTIQUE CLXX.

Que Dieu ſeul eſt aimable , & qu'on
ne trouve l'adouciſſement de ſes peines que dans ſon amour.

Sur l'Air : *Plaiſirs , doux vainqueurs , &c.*

   Dɪᴇᴜ ſeul, ſeul Auteur
Des beautés de tout être
   Peut charmer un cœur,
   Dieu ſeul , mon Auteur ,

(*) *Conſiderate lilia agri quomodo creſcunt , non laborant ,
neque nent.* Math. Ch. 6. Luc. 16.
(**) *Qui dat eſcam pullis corvorum.* Pſ. 146.

Mon Sauveur & mon Maître
Doit régner dans mon cœur. **Fin**

Rappellons ſes bienfaits ,
Aimons-le , à ſes attraits
Rendons gloire à jamais. Dieu ſeul , &c.

Dans ce triſte ſéjour
Plein de maux & d'allarmes ,
On ne ſéche ſes larmes
Que dans ſon amour. Dieu ſeul , &c.

* CANTIQUE CLXXI.

Renoncement aux plaiſirs & à la gloire du Monde.

Sur l'Air : *Quels tranſports charmants , &c.*

Plaisirs enchanteurs !
Séduiſants honneurs !
En vous tout eſt vuide ,
Tout eſt faux , perfide ;
Je renonce à vos douceurs !
En vous tout eſt vuide ,
Tout eſt faux , perfide ,
Je renonce à vos douceurs.
Plaiſirs enchanteurs !
Séduiſants honneurs!
En vous tout eſt vuide ,
Tout eſt faux , perfide ,
Je renonce à vos douceurs.
En vous tout eſt vuide,
Tout eſt faux , perfide,
Je renonce à vos douceurs.

CANTIQUE CLXXII.

Qu'il faut servir le Seigneur avec joie & dans la paix. (*)

Sur l'Air : *Si jamais je prends un époux , &c.*

Sous l'aimable loi du Seigneur
N'ayons ni langueur , ni langueur , ni triftesse ;
Servons-le avec une ferveur
Pleine d'amour & d'alégresse ,
Pleine d'amour & d'alégresse.   *Fin.*

Son joug nous offre des douceurs,
Qui fuivent, Qui fuivent fans cesse nos traces,
Et jufqu'au sein de nos difgraces,
Il nous prodigue des faveurs !
Sous l'aimable , &c.
Il dédaigne dans nous les vœux
D'un cœur troublé , chagrin , fervile :
Il aime le don généreux   (**)
D'un cœur filial , filial , gai , tranquille.
Sous l'aimable , &c.

CANTIQUE CLXXIII.

Defir de voir régner le divin amour.

Sur l'Air : *Regnez amour, ne craignez point , &c.*

Regnez , régnez , Efprit divin , régnez fur
tous les cœurs,
Régnez , régnez fur tous les cœurs,
Que leur amour s'enflamme au feu de vos ar-
deurs !
Qu'à votre gloire tout confpire,
Régnez fur tous les cœurs,

(*) *Servite Domino in lætitiâ.* Pf. 99.
(**) *Hilarem enim datorem diligit Deus.* 2 Cor. C. 9.

Régnez fur tous les cœurs :
Que leur amour s'enflamme au feu de vos ardeur
Qu'à votre gloire tout confpire,
Régnez, régnez, régnez fur tous les cœurs,
Régnez fur tous les cœurs :
Que l'univers entier n'aime que votre empire,
Que l'univers entier n'aime que votre empire,
Régnez fur tous les cœurs :
Que leur amour s'enflamme au feu de vos ar-
deurs !
Qu'à votre gloire tout confpire !
Régnez, régnez, régnez fur tous les cœurs.

*CANTIQUE CLXXIV.

Le bonheur d'une ame religieufe qui
aime fa folitude.

Sur l'Air : *Forêts paifibles, &c.*

CELESTE afyle !
Célefte afyle !
Séjour qui nous dérobe aux piéges du mondain !
Abri tranquille!
Abri tranquille !
Qu'heureux font les Elûs que Dieu cache en ton
fein ! *Fin.*

Lieu folitaire !
Lieu folitaire !
Quand un cœur innocent fe livre à ta douceur,
Non, non, non, rien n'altere
Son innocence & fon bonheur. Célefte, &c.

Ciel ! tes divines délices
Lui font goûter leurs prémices :
Pour lui terre des Saints!
Tu n'as que des jours ferains. Célefte, &c.

Fin de la premiere partie.

CANTIQUES

CANTIQUES
SPIRITUELS.

SECONDE PARTIE.

Sur les *Mysteres & les Fêtes de notre Seigneur Jesus-Christ , de la sainte Vierge & des Saints.*

CANTIQUE I.
La Fête de tous les Saints.

Sur l'Air : *Tu croyois, en aimant Colette , &c.*

QUELS accords ! quels concerts auguftes !
Quelle pompe éblouit mes yeux !
Fais filence à l'afpeét des Juftes,
O terre ! entends le chant des Cieux.

☙❦❧

O divine , ô tendre harmonie !
Les Saints dans des tranfports d'amour
Chantent la grandeur infinie
Du Dieu dont ils forment la Cour.

K

Quel spectacle ! un Dieu sans nuage
Se montre aux yeux des Bienheureux :
Ils contemplent de son visage
Les traits sereins & lumineux.

Le Seigneur transporte leur ame
Par les plus saints ravissements ;
La sainte ardeur qui les enflamme,
Les nourrit de feux renaissants.

Je vois à l'ombre de ses aîles
Ces Saints dont l'éloquente voix
Confondit les esprits rebelles,
Et donna des leçons aux Rois.

De la nouvelle Babylone
Les martyrs, ces brillants vainqueurs,
Sont assis au pied de son trône,
Le front ceint d'immortelles fleurs.

Les Vierges, ces tendres victimes
Du chaste amour pour leur Epoux,
Demandent grace pour nos crimes,
Et nous dérobent à ses coups.

Que nos voix ici-bas s'unissent
A leurs concerts mélodieux :
Servons le Maître qu'ils bénissent
En suivant leurs pas glorieux.

Seigneur, arrête la furie
De l'enfer armé contre nous ?
Si tu perdis pour tous la vie,
Tu fis aussi le Ciel pour tous.

Daigne nous rendre l'héritage
Que tu promis à notre foi :
Ah ! c'est languir dans l'esclavage
Que de vivre éloigné de toi.

Au trône du Dieu de clémence
Vous tous, Saints , portez notre encens ;
Veillez fur notre foible enfance ,
Confervez nos jours innocents.

CANTIQUE II.

A l'honneur de tous les Saints.

Tiré des Hymnes de l'Office de ce jour.

Sur l'Air : *On ne voit ici-bas que douceurs, &c.*

O VOUS que dans les Cieux unit la même
   gloire,
Le même honneur rendu vous unit ici-bas;
L'Eglife en ce faint jour célébre la victoire ,
   Dont Dieu couronne vos combats.

Pleins du célefte amour, au fein de la fageffe,
Vous goûtez à longs traits les plus chaftes plai-
   firs :
Votre ame s'y repaît dans une fainte ivreffe,
   Du feul objet de vos defirs.

Elevé fur un trône où l'entourent des flammes ,
L'immenfe fe complaît dans fes propres gran-
   deurs :
Prodigue envers fes Saints, il s'unit à leurs ames ,
   Et les remplit de fes faveurs.

Sur l'Autel où Dieu brille armé de fon tonnerre ,
L'agneau paroît couvert de fon fang précieux ;
La victime une fois offerte fur la terre,
   S'offre fans ceffe dans les Cieux.

Inveftis des rayons de fa gloire fuprême ,
Devant Dieu les vieillards font toujours profternés,

K ij

Et mettent à ſes pieds l'auguſte Diadème
Dont ſa main les a couronnés.

⋅◦⋗✕⋖◦⋅

De l'Epoux éternel, la Vierge Epouſe & Mere ;
Brille au-deſſus des Saints au céleſte ſéjour ;
Et de Dieu courroucé déſarme la colere
Par le Fils qu'elle met au jour.

⋅◦⋗✕⋖◦⋅

Vous, Apôtres ! vos voix, comme autant de trom-
pettes,
Avoient à l'univers annoncé ſon ſauveur,
Et vous les uniſſez aux concerts des Prophêtes,
Pour rendre hommage à ſa grandeur.

⋅◦⋗✕⋖◦⋅

Vierges , & vous, Martyrs, teints du ſang ado-
rable ,
Les palmes à la main , vous mêlez tous vos voix,
Et chantez à l'envi ce Cantique admirable :
Trois fois Saint , eſt le Roi des Rois.

⋅◦⋗✕⋖◦⋅

Saints Pontifes de Dieu! qui goûtez les doux
charmes,
Vos ſoins ſur vos troupeaux ont ceſſé pour ja-
mais ,
Vous voyez, Pénitents, ſuccéder à vos larmes
La joie & l'éternelle paix.

⋅◦⋗✕⋖◦⋅

Là , Sion retentit d'une ſainte harmonie,
Ici , dans notre exil, nous pouſſons des ſoupirs,
Nos inſtruments , nos voix, hors de notre patrie,
Tout ſe refuſe à nos deſirs.

⋅◦⋗✕⋖◦⋅

Grand Dieu! quand finira notre triſte carriere,
Pour nous unir aux Saints pendant l'éternité ?
Et quand jouirons-nous de ta vive lumiere,
Sans voile & ſans obſcurité ?

⋅◦⋗✕⋖◦⋅

Nous ne te verrons plus ſous d'obſcures images,
Quand nous ſerons reçus au ſein de tes grandeurs;

Ah ! c'eſt alors , Seigneur, que nos yeux ſans
        nuages ,
    Verront les traits de tes ſplendeurs.

⋆⊰⊱⋆

Citoyens de Sion, purs eſprits, chœurs des
        Anges ,
Vous qui régnez au ſein de l'immortalité ;
Daignez offrir nos vœux, nos chants & nos
        ſouanges
    Aux pieds de la Divinité.

⋆⊰⊱⋆

O Saints ! qui nous voyez expoſés au naufrage,
Sauvez-nous du péril , aſſurez notre ſort,
Conduiſez-nous , enfin , à l'heureux héritage,
    Où conduit une ſainte mort.

CANTIQUE III.

Les vertus de tous les Saints.

Sur l'Air : *La nuit fut de tout tems , &c.*

CÉLESTES Habitants de la ſainte Cité,
Qui ſur l'autel ſublime offrez vos ſacrifices ,
Vous puiſez dans le ſein de la Divinité
    D'ineffables délices.

⋆⊰⊱⋆

Quel ſpectacle brillant offrit à nos ayeux ,
De votre pureté la ſplendeur immortelle !
C'eſt alors que ſurpris on vit de nouveaux Cieux,
    Une terre nouvelle.

⋆⊰⊱⋆

Comme dans l'univers il n'eſt point de climats ,
Que de ſes feux conſtants l'aſtre du jour n'éclaire,
Votre zele rapide embraſſoit ici-bas
    L'un & l'autre hémiſphere.

K iij

Membres d'un divin Chef , & dignes de son
    choix,
Vous fçûtes partager fes langueurs, fes triftefles
Jaloux d'être les vrais héritiers de la croix,
    Ainfi que des promefles.

❦

Tantôt , dans les tourments, confeffant Jefus-
    Chrift ,
Vous laffiez des bourreaux la rage inexorable;
De votre fang verfé , le monde entier apprit
    Le culte véritable.

❦

De la grace , en tous lieux vous fûtes les ca-
    naux ;
Votre foi triomphoit au milieu des fupplices ;
On voyoit les témoins, les auteurs de vos maux
    Devenir vos complices.

❦

Tantôt, dans les déferts, renfermant vos deftins,
Et des dons éternels l'ame toute occupée,
Vous faifiez luire en vous, des brûlants Séraphins,
    La vie anticipée.

❦

Mais qu'il fait beau vous voir dans un autre féjour,
Dépouillés de vos biens par les mains de l'au-
    mône ,
Humbles dans les grandeurs, finceres à la Cour
    Pénitents fur le trône.

❦

Sans redouter jamais la flamme , ni le fer ;
Et fuivant de la Foi la lumiere féconde,
Votre doctrine fut, que pour vaincre l'enfer,
    Il faut vaincre le monde.

❦

Revêtu , tout-à-coup , de grace &'de ferveur ,
Un fexc délicat renonce à la mollefle :
On y voit fuccéder le courage à la peur,
    La force à la foiblefle.

Qui pourroit exprimer par quels combats divers
Vous avez triomphé de l'humaine nature !
Pour louer vos vertus eft-il dans l'univers
  Une voix affez pure ?

⋆⊃✕⊂⋆

Nous formons, comme vous, de céleftes deffeins,
Mais pour la terre, encor notre amour eft ex-
  trême;
Hé! qui peut dignement glorifier les Saints ,
  Sans être Saint lui-même !

⋆⊃✕⊂⋆

Cependant, aujourd'hui , daignez-nous éclairer
Du feu facré qu'en vous l'Efprit faint fait éclore ;
Qui, comme jufte , hélas ! ne peut vous célébrer ,
  En pécheur vous implore.

CANTIQUE IV.

Priere pour les ames du Purgatoire,
Pour le jour de la commémoraifon des morts.

Sur l'Air de la mufette de Defmarais.

Au Seigneur , Dieu des vengeances ,
Offrons nos lugubres chants.   *Fin.*
Implorons fon indulgence ,
Pour nos freres gémiffants,
Qu'encore un refte d'offenfe
Tient captive dans les tourments.
Au Seigneur , &c.

⋆⊃✕⊂⋆

Peut-on être inexorable
Aux foupirs de leurs douleurs ?
Du fonds d'un gouffre effroyable,
Du fein des feux & des pleurs ,
Leurs cris, leur voix lamentable
Nous annoncent leurs malheurs.
Peut-on être , &c.

K iv

Pour eux, avec confiance,
Recourons à leur Sauveur.
S'il eft le Dieu de vengeance,
Qui punit dans fa fureur,
Il eft le Dieu de clémence
Qui pardonne le Pécheur.
Pour eux , avec , &c.

⋅✦⊃✕⊂✦⋅

A l'Autel du facrifice
Courbons nos humbles genoux.
Là, toujours, de fa juftice
Il appaife le courroux,
Et toujours, fon fang propice
Coule pour eux , & pour nous.
A l'Autel , &c.

⋅✦⊃✕⊂✦⋅

O Jefus ! fainte Victime,
Vois-les d'un œil de douceur.
Lave, efface de leur crime
Jufqu'à la moindre noirceur;
Et conduis-les, de l'abîme,
Dans le fein du vrai bonheur.
O Jefus ! &c.

⋅✦⊃✕⊂✦⋅

Qu'il eft doux ! qu'il eft utile
D'être leurs Anges de paix !
Bientôt, dans le fûr afyle,
Où fe portent leurs fouhaits,
Leur zele à nos vœux facile,
Nous rendra tous nos bienfaits.
Qu'il eft doux ! &c.

⋅✦⊃✕⊂✦⋅

De la célefte colere
Craignons les juftes arrêts.
L'ombre , hélas ! la plus légere,
Des moins criminels excès,
Dans l'éternelle lumiere
Ne pénétrera jamais.
De la célefte, &c.

CANTIQUE V.

Paraphrase de la Profe *Dies iræ*, *&c.*

Pour le même jour.

Sur l'Air : *Arrachez de mon cœur*, *&c.*

O JOUR plein de colere ! ô jour plein de
vengeances !
Jour où le Dieu qui donne ou la vie ou la mort,
Pesant tous nos péchés dans la juste balance,
Pour une éternité réglera notre sort.

⸱⸱⸱⸱

Qui pourra soutenir dans ce jour effroyable,
Les terribles regards de ce Juge vengeur !
Quand sa main s'armera, pour frapper le cou-
pable,
Des foudres éternels de sa juste fureur.

⸱⸱⸱⸱

Le livre où sont écrits tous les péchés du monde
Sera pour lors produit aux yeux de l'univers,
Et les crimes cachés dans une nuit profonde,
Seront malgré nous pleinement découverts.

⸱⸱⸱⸱

Le pécheur obligé de s'accuser lui-même,
Faisant, tout haut, l'aveu de ses honteux forfaits,
Publiera son arrêt, avant l'arrêt suprême,
Dont il ressent déja les funestes effets.

⸱⸱⸱⸱

L'innocent est lui-même à peine en assurance
Devant celui qui lit dans les replis du cœur,
Qui, malgré sa douceur, sa bonté, sa clémence,
Découvre qu'à ses yeux, le plus juste est pécheur.

⸱⸱⸱⸱

O Seigneur, ô mon Juge, oppose à ta justice
L'amour d'un Rédempteur qui s'immola pour
nous ;

K v

Fais que le souvenir de son sanglant supplice,
Puisse arrêter ton bras, & calmer ton courroux.

❈

Souviens-toi, doux Sauveur, de ce jour salu-
taire
Où tu souffris en Croix pour m'attirer à toi,
Et fais que de ta mort la peine volontaire
Ne soit point désormais inutile pour moi.

❈

Si nous ne pouvons pas éteindre dans nos larmes
Les taches des péchés que nous avons commis,
Seigneur, daigne employer de plus puissantes
armes,
Ce sang dont la vertu sauva tes ennemis.

❈

La rougeur se répand, hélas ! sur mon visage ;
Le crime sur mon front imprime son horreur ;
Mais je suis tourmenté mille fois davantage
Par les cruels remords qu'il excite en mon cœur.

❈

Si tu ne quittes point la qualité de Juge,
Par quel moyen, Seigneur, pourrai-je te fléchir ?
Sois de tes chers enfants, l'asyle & le refuge,
Et, selon son amour, envers nous daigne agir.

❈

Toi qui fus le Sauveur d'une femme coupable,
D'une ame trop sensible aux criminels appas,
Toi qui fis d'un brigand un Martyr admirable ;
Tout pécheur que je suis, ne me délaisses pas.

❈

Séparé des maudits qu'attendent les supplices,
Mets-moi, tendre Pasteur, au rang de tes
agneaux ;
Que ton cœur, & m'épargne & m'appelle aux
délices,
Dont s'enivrent tes Saints au séjour du repos.

❈

O jour triste, ô jour plein d'une amertume extrême !

ô jour fombre & funefte , ô jour d'un Dieu ven-
        geur !
Où celui qui châtie eft le Juge lui-même !
Où le pécheur lui-même eft fon accufateur.

⊷⊷

Si ta main nous punit, ta grace nous pardonne ;
Souvent au châtiment fuccéde ta faveur :
Maintenant, ô Jefus, venge-toi, frappe, tonne ;
Mais alors contre moi, n'ufe point de rigueur.

⊷⊷

Doux fauveur, dont le nom n'a rien qui nous
        menace,
Déploie en ma faveur tes infinis tréfors ;
Aux fidéles vivants, donne ici-bas ta grace,
Et dans un lieu de paix , fais revivre les morts.

CANTIQUE VI.

Paraphrafe du *Libera*.

pour le même jour.

Sur un Air ancien.

Delivre-moi, Seigneur, de la mort éter-
        nelle ,
Et regarde en pitié mon ame criminelle ,
Languiffante, étonnée, & tremblante d'effroi :
Cache-la fous ton aîle au jour épouvantable ,
Quand la terre & les Cieux s'enfuiront devant toi,
En te voyant fi grand, fi faint fi redoutable.

⊷⊷

Tu paroîtras alors en ta majefte fainte,
Pour juger ce grand tout, qui frémira de crainte,
En le renouvellant par tes feux allumés :
Jour cruel, jour de deuil, de troubles, de mi-
        feres
De clameurs, de fanglots, de foupirs enflammés,
De grincement de dents, & de larmes ameres !

K vj

Hélas ! ce sombre jour s'offrant à ma pensée,
D'épouvante & d'effroi rend mon ame glacée,
Toute ma force éteinte , & mon sang tout brûlé ;
Je frissonne d'horreur , & tombe de foiblesse ,
Mon esprit de frayeur est si fort désolé,
Que je ne puis crier au fort de ma tristesse.

❖❖❖

Dans ce dernier des jours, si ta colere extrême
Vient répandre l'effroi, jusques dans l'Ange
        même :
Hélas ! que deviendront ceux qui sont réprouvés ?
Où fuiront, les pécheurs, ta vengeance impla-
        cable ?
Et si même le juste est à peine sauvé,
Où paroîtrai-je alors, moi qui suis si coupable ?

❖❖❖

Que dirai-je, grand Dieu ! que me faudra-t-il
        faire ?
Rien ne sera pour moi, tout me sera contraire ;
Je verrai mon péché s'élever contre moi :
Mon Juge est juste & saint, je suis plein d'in-
        justices :
Moi, rebelle sujet vis-à-vis de mon Roi,
Mon Roi brillant de gloire, & moi noirci de vices.

❖❖❖

Une voix éclatante & par-tout entendue
De la terre & des Cieux embrasse l'étendue ;
O vous morts ! levez-vous, nourriture des vers ,
Laissez vos monuments , reprenez la lumiere ,
L'Eternel vient des Cieux pour juger l'univers ;
Sortez pour écouter sa volonté derniere.

❖❖❖

Seigneur, qui créas tout, & qui peux tout dé-
        truire,
Qui m'as formé de terre, & qui dois m'y ré-
        duire ,
Souviens-toi que ton sang m'a sauvé de la mort :
Au grand jour, où mon corps, malgré sa pour-
        riture,

Sortira du tombeau, prens pitié de mon fort;
Et n'armes point ton bras contre ta créature.

***

Exauce, exauce, ô Dieu! mon ardente priere,
Détourne, loin de moi, le poids de ta colere;
Que je puiffe, en ce jour, implorer ta faveur,
Ouvre-moi d'Abraham le fein fi defirable,
Sois alors, & mon Pere, & mon tendre Sau‑
  veur,
Et prononce un arrêt qui me foit favorable.

===

CANTIQUE VII.

Priere à la très-Sainte Vierge pour les ames du Purgatoire,

Imitée de la Profe Languentibus, *&c.*

Sur un Air nouveau.

DES saints la troupe gémiffante,
Que purifie un feu vengeur,
Mere tendre du Dieu Sauveur!
Vous tend une main fuppliante:
Soyez fenfible à leur douleur,
Reine auffi bonne que puiffante:
O Marie, efpoir des mourants!
Ouvrez le Ciel à vos enfants.   *Fin.*

***

O fource des eaux les plus pures,
Dont une goutte en un inftant,
Des péchés d'un cœur pénitent
Peut guérir toutes les bleffures!
Etouffe leur feu dévorant,
Et lave-les de leur fouillures. O Marie, &c.

Ce feu qu'allume un Dieu févere
Eft moins ardent que leur amour ;
Ils s'élancent vers le féjour
Où Jefus regne avec fa Mere :
Quand viendra leur bienheureux jour!
Ô que l'attente en eft amere! O Marie, &c.

Des plus beaux cœurs parfait modele,
Douce lumiere des efprits ,
Vous dont le culte eft toujours pris
Pour la marque du vrai fidele ,
Auprès de votre divin Fils
Déployez pour eux votre zele. O Marie, &c.

Si l'ame la plus criminelle ,
Que couvrent les plus noirs forfaits ,
En vain ne recourent jamais
A votre bonté maternelle ;
Priveriez-vous de vos bienfaits
Un peuple faint, cher & fidéle ? O Marie, &c.

Si vous m'aimez , aimable Mere!
Ne laiffez point fouffrir les miens ;
J'ai, peut-être, dans ces liens ,
Et pere & mere , & fœur & frere :
Ah! s'ils n'ont point part à vos biens,
N'en ai-je point à leur mifere? O Marie, &c.

C'eft votre main, Vierge propice,
Qui tient la clef de leur prifon ;
Vous pouvez payer la rançon
Que veut la divine juftice ;
Qu'ils doivent leur entier pardon
A vous, tendre libératrice ! O Marie, &c.

Non, non , ce cœur fi débonnaire
Ne fera point fourd à mes vœux ;
Il plaide pour les malheureux
Mieux que ma voix ne fçauroit faire ;

Comptons fur fes foins généreux ;
On obtient tout dès qu'on efpere. O Marie.

❖❖❖

Dans votre abîme de trifteffe ,
Confolez-vous, juftes fouffrants !
Jefus , abrége vos tourments ,
Sa Mere à vos maux s'intéreffe ;
Changez vos lugubres accents
En chants d'éternelle allégreffe. O Marie,&c.

CANTIQUE VIII.

A l'honneur des Saintes Reliques,

pour le jour de la Fête, tiré des Hymnes de l'Office.

Sur l'Air : *On ne voit ici-bas que douceurs, &c.*

O CHRETIENS, dont la foi fait la plus pure
gloire,
Sous vos yeux, des Elus, les tombeaux font ou-
verts :
Ils ont vaincu la mort , célébrez leur victoire ,
Par les accords de vos concerts.

❖❖❖

Dieu leur dévoile aux Cieux, fes fplendeurs
éternelles,
Et veut , même ici-bas, couronner leurs travaux ,
Et que leurs offements, ces dépouilles mortelles,
Immortalifent leurs tombeaux.

❖❖❖

Seul auteur de la gloire, & victime fuprême ,
Il leur fait décerner des honneurs immortels,
Il s'immole avec eux, & fur leur cendre même ,
Il fe confacre des Autels.

❖❖❖

Vous dont nous honorons les vertus précieufes ,
Grands Saints, fecourez-nous au fein de nos
malheurs,

Et que par vous le Ciel fur tant d'ames pieufes,
Daigne répandre fes faveurs.

❖

Faites que dépouillés d'une chair corruptible,
Et pour jamais unis aux efprits bienheureux,
La fainte Trinité, toujours indivifible,
Couronne & remplifle nos vœux.

CANTIQUE IX. (*)

Le myftere de l'Annonciation.

Sur l'Air : *Tu croyois, en aimant Colette, &c.*

LE Dieu que nos foupirs appellent
Hélas! ne viendra-t-il jamais !
Les fiécles qui fe renouvellent
Accompliront-ils fes décrets ?

❖

Le verrons-nous bientôt éclore
Ce jour promis à notre foi ?
Viens diffiper, brillante Auror
Les ombres de l'antique Loi.

❖

C'en eft fait, le moment s'avance,
Un Dieu vient effuyer nos pleurs,
Il va combler notre efpérance,
Et mettre fin à nos malheurs.

❖

Fille des Rois, ô Vierge aimable,
Parois, fors de l'obfcurité :

(*) On chante les Cantiques qui fuivent pendant le tems de
l'Avent, & pendant l'Octave de la Nativité de N. S. J. C.
Le premier Dimanche de l'Avent, on pourra chanter le Cantique fur le Jugement dernier, ci-deffus, page 79, & celui-
ci pourra fe chanter encore le jour de l'Annonciation de la
fainte Vierge.

Reçois le prix ineſtimable
Que tes vertus ont mérité.

·❈·

Des promeſſes d'un Dieu fidéle,
Le gage en tes mains eſt remis!
Quel bonheur pour une mortelle !
Un Dieu va devenir ton fils.

·❈·

Dans ta demeure ſolitaire
Je vois un Ange deſcendu :
O prodige! ô grace! ô myſtere !
Dieu parle, & le Verbe eſt conçu.

·❈·

Mortels, d'une tige coupable
Rejettons en naiſſant flétris,
Dieu briſe le joug déplorable ,
Où vivoient nos ayeux proſcrits.

·❈·

Son amour nous rend tout facile ,
Ne combattons plus ſes deſſeins,
Parmi nous lui-même il s'exile
Pour finir l'exil des humains.

·❈·

Il répand des graces nouvelles,
Conſomme ſes engagements ;
A ſes loix ſoyons tous fidéles
Comme il le fut à ſes ſerments.

CANTIQUE X.

Le myſtere de l'Incarnation.

Sur l'Air : *A peine un amant , dit Climene , &c.*

ENFIN s'accomplit le myſtere
Prédit de loin à nos ayeux :
Ici-bas une Vierge mere
Porte en ſon ſein le Roi des Cieux.

• Fut-il jamais dans la nature
Un prodige auſſi raviſſant !
Le ſalut de la créature,
Eſt le bienfait d'un Dieu naiſſant.

Qui pourroit chanter tes louanges,
Vierge, qui conçois le Sauveur !
Purs eſprits, & vous, chœurs des Anges,
Pouvez louer, ſeuls, ſa grandeur.

Eve avoit fait périr ſa race,
Vierge, tu changes notre ſort ;
Ton Fils nous obtient notre grace,
Et nous rend vainqueurs de la mort.

Unis à Dieu par la naiſſance
Du Fils fait homme dans tes flancs ;
Tu nous rends, par cette alliance,
Ses freres comme ſes enfants.

Reine du céleſte héritage,
Daigne du haut de ce ſéjour ;
Délivrer de leur eſclavage
Ceux qui réclament ton amour.

Que tout s'empreſſe & ſe raſſemble
Pour célébrer cette faveur ;
Mortels, proſternez-vous enſemble
Devant la Mere du Sauveur.

CANTIQUE XI.

Suite du même sujet.

Sur l'Air : *Les cœurs se donnent troc pour troc, &c.*

QUE de miracles à la fois !
Et que sublime est ce mystere !
Un Dieu naît pour mourir en croix,
Une humble Vierge en est la mere.

⋅⋙⋘⋅

Par un effet surnaturel,
Au tems prédit, elle est féconde;
C'est son Auteur, seul éternel,
Que cette Vierge met au monde.

⋙⋘

Contre Dieu l'homme avoit péché;
Sans qu'il pût expier son crime,
Le Fils de Dieu d'amour touché,
S'offre lui-même pour victime.

⋅⋙⋘⋅

Il daigne devenir mortel
Pour racheter l'humain coupable !
Et pour sauver le criminel,
Il prend un corps au sien semblable.

⋙⋘

Grand Dieu ! quelle est la profondeur
De tes décrets impénétrables !
Fais-moi croire, & grave en mon cœur
Ces vérités inconcevables.

⋅⋙⋘⋅

Et toi, de qui l'humilité
Du Tout-Puissant te fit la Mere ;
Au Dieu que tes flancs ont porté,
Vierge Sainte offre ma priere.

CANTIQUE XII.

Defirs de la venue de Jefus-Chrift.

Sur l'Air : *De tous les Capucins du monde , &c.*

Du Ciel les ordres s'accompliffent,
Peuples vos maux s'évanouiffent,
Le Très-Haut comble vos defirs :
Levez , levez au loin vos têtes :
Sur vous luiront ces jours de Fêtes
Qu'ont acheté tant de foupirs.

❦

D'un pere rebelle & coupable
Les enfants, race miférable ,
Eprouvoient le plus trifte fort :
La nature étoit pervertie,
Et languiffoit enfevelie
Dans les ténébres de la mort.

❦

Mais quelle mort bien plus funefte !
Pour tous la juftice Célefte
Allume mille feux vengeurs;
Ils craignent un Juge inflexible ;
Et dans cette attente terrible ,
Rien ne foulage leurs douleurs.

❦

Hélas ! quand tout leur fait la guerre,
Fut-il quelqu'un , qui fur la terre,
Eût réparé leurs maux divers ?
Quelle main favorable & sûre,
Pourroit guérir une bleffure,
Dont eft frappé tout l'univers ?

❦

O Chrift, ô fageffe éternelle ;
Defcendant pour l'homme infidéle
Du tróne de ta majefté ,

Tu peux réparer ton ouvrage,
Et rendre seul à ton image
Toute sa forme & sa beauté.

❧◆❧

Cieux, envoyez votre rosée,
La terre, stérile, épuisée
Attend de vous cette faveur ;
Sa voix plaintive vous appelle ;
Le juste descendra sur elle ,
D'elle va naître son Sauveur.

CANTIQUE XIII.

Le même sujet.

Sur un Air nouveau.

To u t va pour nous changer de face :
Le Tout-puissant qui nous fait grace,
nous regarde plus comme ses ennemis :
, versez la rosée , & vous féconde nue ,
L'heure bienheureuse est venue,
vez enfin le Juste à l'univers promis. *Fin.*
L'heure bienheureuse , &c.

❧◆❧

Déja le souffle de la guerre
N'agite plus au loin la terre ,
aisse le champ libre au retour de la paix :
re, ouvrez votre sein, & hâtez-vous d'éclore
Le Dieu que la nature adore,
qui vient pour sauver les hommes qu'il a faits.
Le Dieu, &c.

❧◆❧

Une origine criminelle
Infecta la race mortelle,
le péché d'un seul nous fit tous malheureux :
ainsi que l'on voit un fleuve dans sa course :

Trouble de limon dès sa source
Il court, au sein des mers, porter ses flots bour-
beux. Trouble de limon, &c.

❖

Que peut un amour extrême !
Il peut tout, il peut d'un Dieu même
Faire un homme, sujet aux douleurs, à la mort ;
Le Verbe se revêt de l'humaine misere,
Lui qui régne égal à son Pere,
Et qui voit sous ses pieds la nature & le sort.
Lui qui régne, &c.

❖

Du haut de la voûte azurée
Les Messagers de l'empirée,
L'annoncent aux bergers, en rendant gloire à Dieu,
L'air retentit par-tout du concert angélique,
Tandis que la troupe rustique
Pour voir le nouveau-né, s'approche du saint
lieu. Tandis que, &c.

❖

C'est-là qu'enveloppé de langes,
Le Roi des hommes & des Anges,
Sous les traits d'un enfant, commence à voir le
jour :
Devant lui prosternée, une Vierge féconde,
Sur le Dieu qu'elle a mis au monde,
Arrête des regards de respect & d'amour.
Sur le Dieu, &c.

❖

Toi, dont l'Auteur de la nature
A voulu prendre la figure,
Vois, trop heureux mortel, ce qu'il fait aujour-
d'hui ;
Songe que pour se rendre à toi-même semblable,
Il prend les dehors d'un coupable,
Et qu'il s'abaisse à toi pour t'élever à lui.
Il prend les, &c.

❖

Honteux de tes erreurs passées,
Ne conçois plus que des pensées

Dignes de la grandeur & du nom de Chrétien :
Et vous, rendez hommage au Roi qui vient de
     naître,
     O Rois, venez tous reconnoître
Que devant cet enfant votre pouvoir n'eſt rien.
     O Rois, venez, &c.

CANTIQUE XIV.

Les effets que va produire la naiſſance
     de Jeſus-Chriſt.

Sur l'Air : *Où s'en vont ces gais Bergers, &c.*

OUBLIONS nos maux paſſés,
     Ne verſons plus de larmes,
Tous nos vœux ſont exaucés,
     Nous n'avons plus d'allarmes ;
Dieu naît, les démons ſont terraſſés :
     Quel ſort eut plus de charmes ?

L'univers étoit perdu
     Par un funeſte crime,
Du Ciel un Dieu deſcendu,
     Le ſauve de l'abîme :
L'enfer nous étoit juſtement dû,
     Dieu nous ſert de victime.

Ce Dieu qui vient s'incarner
     Finit notre diſgrace ;
La juſtice alloit tonner,
     Mais l'amour prend la place :
Le Pere eſt prêt à nous condamner,
     Le Fils demande grace.

Nous échappons aux Enfers,
     Nous ſortons d'eſclavage,
Les Cieux vont nous être ouverts,
     Quel plus heureux partage ?

Le falut s'offre à tout l'univers,
Amour, c'eſt ton ouvrage.

❖❖❖

Pouvons-nous trop eſtimer
Un ſort ſi déſirable ?
Peut-il ne pas nous charmer,
Ce Dieu ſi favorable ?
Pouvons-nous jamais aſſez l'aimer ?
Qu'eſt-il de plus aimable ?

❖❖❖

Sous la forme d'un mortel,
C'eſt un Dieu qui ſe cache ;
Du ſein du Pere éternel
Son tendre amour l'arrache ;
Pour nous il vient s'offrir à l'Autel,
Comme un agneau ſans tache.

❖❖❖

Qu'il nous aime tendrement !
Il ſe livre lui-même ;
Aimons ſouverainement,
Cette bonté ſuprême,
Aimons , aimons ce divin Enfant,
Aimons-le comme il aime.

CANTIQUE XV.

Le moment de la naiſſance de N. S. J. C

Sur l'Air : *Dans un hermitage , &c.*

O DIEU de clémence,
Viens par ta préſence
Combler nos deſirs,

Appaiſer nos ſoupirs.
Sauveur ſecourable
Parois à nos yeux,
A l'homme coupable,
Viens ouvrir les Cieux.

Céleſ

Céleste victime
Ferme-lui l'abîme.   O Dieu de , &c.

❧

Sagesse éternelle,
Lumiere immortelle,
Viens du haut des Cieux,
Viens éclairer nos yeux.   *Fin.*

Justice adorable
Parois à jamais,
O toujours aimable,
Viens céleste paix.

Qu'ils seront durables,
Tes biens ineffables !   Sagesse, &c.

❧

Peuple inconsolable,
Le Ciel favorable
Sensible à tes pleurs
Met fin à tes malheurs.   *Fin.*

Le Dieu de justice
Remplit tes desirs,
Il sera propice
Aux humbles soupirs :

Ils vont jusqu'au trône
Du Dieu qui pardonne.   Peuple, &c.

❧

O jour d'alégresse !
Le Ciel s'intéresse
A tous nos malheurs,
Il calme nos frayeurs.   *Fin.*

Un Dieu va paroître,
Dans l'abbaissement,
Un Dieu vient de naître
Dans le dénuement :

Il est dans l'étable
Pauvre & misérable.   O jour, &c.

L

Un dur efclavage
Fut notre partage :
Il brife nos fers
Et fauve l'univers.   *Fin:* ʍ

Loin de fa préfence
Le crime s'enfuit,
Et par fa puiffance
L'enfer eft réduit :

A tous fa naiffance
Rendra l'innocence.   Un dur, &c.   !

Chantons tous fa gloire,
Chantons fa victoire,
Chantons fes bienfaits,
Chantons-les à jamais.   *Fin.*

Tous les Cieux s'abaiffent
Saifis de refpect,
Nos maux difparoiffent
A fon feul afpect.

Tout à fa naiffance
Céde à fa puiffance.   Chantons, &c.

Gloire à fon enfance,
Gloire à fa clémence
Au plus haut des Cieux,
Gloire, amour en tous lieux.   *Fin.*

Que les chœurs des Anges,
Que les immortels
Chantent fes louanges
Avec les mortels :

Qu'à l'envi réponde
Et la terre & l'onde.   Gloire à, &c.

CANTIQUE XVI.

Le même sujet.

Sur l'Air : *Vas, vas, perfide & volage, &c.*

QUEL jour va pour nous éclorre !
　　Déja luit l'aurore
　　Du Dieu que j'adore . . .
　　　　Il est né !
O nuit ! fuis avec tes ombres ;
　　Tombez, voiles sombres,
Un Sauveur nous est donné.　　　　　*Fin.*

　　Mais une crêche est son trône,
　　De froid il frissonne ;
　　En lui tout étonne
　　　　Mes yeux :
Il est, merveille admirable !
　　Enfant dans l'étable,
Et Monarque dans les Cieux.　　Quel, &c.

Il souffre, il répand des larmes !
　　Ce sont là ses armes :
　　Cédons à leurs charmes
　　　　Vainqueurs.
Hélas ! c'est de notre crime
　　La tendre victime
Qui sollicite nos cœurs.　　　　　*Fin.*

Aimons-le, en lui tout l'inspire :
　　Si son cœur soupire,
　　C'est qu'il ne respire
　　　　Qu'amour.
Pour lui soyons tout de flamme :
　　Faut-il à notre ame
Plus de motifs de retour.　　Il souffre, &c.

Fuis, fuis, Volupté chérie,
Du Ciel ennemie,
Sois de moi bannie
A jamais.
Fuyez, & vous, Beautés vaines,
Je crains peu vos chaînes :
Jesus a brisé vos traits.   *Fin.*

Egal à Dieu que tu venges,
Souverain des Anges,
Tu nais dans les langes
Pour moi.
Et moi, mon Prince & mon Maître,
Je veux, & renaître
Et vivre & mourir pour toi.   Fuis, &c.

CANTIQUE XVII.

Invitation à chanter la naissance de
N. S. J. C.

Sur l'Air : *O le bon tems que la moisson, &c.*

CHANTEZ, Mortels, votre bonheur,
Chantez, vous avez un Sauveur.   *Fin.*

Le Ciel enfin tarit vos larmes ;
Il est sensible à vos malheurs :
Il va terminer vos allarmes,
Et rendre la vie aux pécheurs. Chantez, &c.

Chantez, mortels, &c.
Pour être d'un accès facile
Il cache sa Divinité,
Pour trône il choisit un asyle
Dans le sein de la pauvreté.   Chantez, &c.

Chantez, mortels, &c.
Allez à ce Sauveur aimable,

Cherchez-le d'efprit & de cœur ,
Il n'eft point de bien véritable
Pour qui s'éloigne du Seigneur. Chantez.

⋙⋘

Chantez, mortels , &c.
Mais en célébrant fa naiffance ,
Pour plaire à ce Dieu de bonté ,
Des bergers ayez l'innocence ,
Leur zele & leur fimplicité.   Chantez , &c.

* CANTIQUE XVIII.

Les amabilités de Jefus naiffant.

Sur l'Air : *Mon cœur volage , &c.*

Qu'IL naît aimable ,
Dans une étable
Jefus enfant !
Qu'il eft beau ! qu'il eft raviffant !
Plus je l'admire ,
Plus il m'infpire
La vive ardeur
Dont pour lui doit brûler tout cœur. *Fin.*

Non , rien n'égale
Ce qu'il étale
De gracieux ,
Et fur fon front & dans fes yeux.
Dans fa grandeur ,
Tout eft attraits , charmes , douceur :
Tout eft ferein ,
Riant , humain ,
Divin, divin.   Qu'il naît , &c.

A fon afpect
Naît le refpect ,
La confiance ,
L'amour , la paix ,
Tous les bienfaits de l'innocence. Qu'il, &c.

Si ſa puiſſance,
Si ſa clémence,
Dans ſa naiſſance,
Dans ſon enfance,
Font luire à nos yeux tant d'appas,
Peut-on, hélas! hélas! hélas!
Ne l'aimer pas?
Peut-on, hélas!
Ne l'aimer pas?
Tendre ſauveur, mon divin Roi!
Qu'il eſt doux d'être ſous ta loi!
Reçois ma foi:
De ton feu ſaint embraſe-moi. Qu'il, &c.

CANTIQUE XIX.

Sentiments d'un jeune berger à la vue
de Jeſus naiſſant.

Sur l'Air : *L'avez-vous vu, mon bien-aimé, &c.*

Divin Sauveur,
Enfant paſteur !
Que ta beauté m'enchante !
En te voyant,
Mon cœur ſe rend
A ta douceur charmante. *Fin.*

Non, ſelon moi,
Un fils de Roi
Ne fut jamais beau comme toi :
Non, les couleurs
Des vives fleurs,
De nos prés, de nos rives,
Ne valent pas
Les ſaints appas
De tes graces naïves.

Nous ne pouvons t'offrir des dons ;

Mais du moins nous t'adorerons,
Nous te louerons,
Te fervirons,
Nous t'aimerons;
Déja je t'aime
Plus tendrement que moi-même. Divin.

Que n'avons-nous dans le hameau,
De quoi porter à ton berceau !
Dans le troupeau
J'ai mon agneau
Qui devient beau;
Je te le donne,
Avec mon cœur, ma perfonne. Divin, &c.

CANTIQUE XX.

Les bergers invités à chanter la naiffance
du Sauveur du Monde.

Sur l'Air : *Eh ! quoi tout fommeille , &c.*

VOTRE divin Maître,
Bergers, vient de naître ;
Raffemblez-vous,
Volez à fes genoux :
Aux Hymnes des Anges ,
Mêlez vos louanges;
De vos concerts
Rempliffez l'univers.   *Fin.*

Le Chœur. Notre divin Maître,
Pour nous vient de naître ;
Raffemblons-nous,
Volons à fes genoux :
Aux Hymnes des Anges,
Mêlons nos louanges ;
De nos concerts
Rempliffons l'univers.   *Fin.*

Tendre victime,
Sauveur magnanime,
Il vient de tout crime
Laver les pécheurs :
  Mais les prémices
De ses dons propices,
  Et de ses faveurs,
  Sont pour les Pasteurs.   Notre, &c.

  O qu'il est puissant,
Auguste, adorable !
Mais qu'il est affable,
Humain, doux, aimable,
  Ce Dieu fait enfant !
Qu'il est beau ! qu'il est grand !
  Qu'il est bienfaisant !
  Qu'il est charmant !   Notre, &c.

A ce Dieu qui vous aime
  Venez sans frayeur ;
  Vos agneaux même
  N'ont point sa douceur.
La timide innocence,
  La simple candeur,
  L'humble indigence
Plaisent à son cœur.
Pour être à vous semblable,
Il naît dans une étable,
Il habite un hameau,
Une crêche fait son berceau !
A vous que tout s'unisse ;
  Que, dans ce saint jour,
  Tout retentisse
  De vos chants d'amour !
Pour lui, Musette tendre,
  Hautbois, Chalumeaux !
  Faites entendre
  Vos sons les plus beaux. Notre, &c.

CANTIQUE XXI.

Le même sujet.

Sur l'Air : *Allons danfer fous ces ormeaux , &c.*

H EUREUX Bergers de ces hameaux ,
Voici des Fêtes la plus belle ,
Heureux Bergers de ces hameaux ,
Chantez vos airs les plus nouveaux.　　*Fin.*

A fes promeffes Dieu fidéle ,
Defcend en ce mortel féjour ,
Pour célébrer fon tendre amour ,
Ah ! peut-on avoir trop de zele ? Heureux.

Loin de ces lieux les foupirs , les regrets ,
Tous nos malheurs font finis pour jamais :
　　　　Nos ennemis
　　　　Nous font foumis ,
　　　　Nos biens perdus
　　　　Nous font rendus ,
Nous régnerons dans la gloire éternelle.
Heureux , &c.

CANTIQUE XXII.

Reconnoiffance que nous devons avoir pour Jefus naiffant.

Sur l'Air : *Tous les Bourgeois de Chatres , &c.*

L E Fils du Roi de gloire
Eft defcendu des Cieux :
Que nos chants de victoire
Réfonnent dans ces lieux ;
Il dompte les enfers ,
Il calme nos allarmes
Il tire l'Univers

Des fers ,
Et pour jamais
Lui rend la paix ,
Ne verfons plus de larmes.

❧⊰✦⊱❧

L'amour feul l'a fait naître ,
Pour le falut de tous :
Il fait par là connoître
Ce qu'il attend de nous :
Un cœur brûlant d'amour
Eft le plus bel hommage ;
Faifons-lui tour-à-tour
La cour :
Dès aujourd'hui
N'aimons que lui :
Qu'il foit mon feul partage.

❧⊰✦⊱❧

Vains honneurs de la terre,
Je veux vous oublier ;
Le maître du tonnerre
Vient de s'humilier :
De vos trompeurs appas
Je fçaurai me défendre :
Allez, n'arrêtez pas
Mes pas,
Monde flatteur,
Monde enchanteur,
Je ne veux plus t'entendre.

❧⊰✦⊱❧

Regnez feul en mon ame,
O mon divin Epoux !
N'y fouffrez point de flamme
Qui ne s'adreffe à vous :
Que voit-on dans ces lieux
Que mifere & baffeffe ?
Ne portons plus nos yeux
Qu'aux Cieux :
A votre loi,
Célefte Roi,
J'obéirai fans ceffe.

CANTIQUE XXIII.

Invitation à chanter la naiſſance de N. S. J. C.

Sur l'Air : *Des favoris de la gloire , &c.*

CHANTONS l'heureuſe naiſſance
Que l'on célébre en ce jour :
Un Dieu malgré ſa puiſſance,
Eſt vaincu par ſon amour :
En tous lieux de ſes louanges
Faiſons retentir les airs ,
Aux divins concerts des Anges
Joignons nos humbles concerts.

Mortels , l'auriez-vous pu croire
Qu'une étable fût un lieu
Qui dût renfermer la gloire
Et la majeſté d'un Dieu ?
L'Eternel a pris naiſſance,
L'impaſſible eſt tourmenté,
Le Verbe eſt dans le ſilence,
Le ſoleil eſt ſans clarté.

Les divines prophéties
S'expliquent dans ce moment,
Et ſont bientôt éclaircies
Par cet adorable enfant ,
Une mere Vierge & pure ,
En bannit l'obſcurité :
Les ombres & la figure
Font place à la vérité.

Bergers , dont le ſoin fidele ,
Vous tient l'œil ſur vos troupeaux ,
Au bruit de cette nouvelle

L vj

Accordez vos chalumeaux ;
Faites retentir vos rives
Du nom de ce Rédempteur,
Qui, des brebis fugitives,
Est le souverain Pasteur.

Pour briser toutes nos chaînes
Il s'est mis dans les liens,
Et s'est chargé de nos peines
Pour nous combler de ses biens :
Celui devant qui les Anges
Tremblent éternellement,
Est enveloppé de langes
Sous la forme d'un enfant.

Ne tardez point, allez Mages,
De vos trésors précieux
Porter les justes hommages
A cet Enfant glorieux :
Suivez l'astre favorable
Qui luit pour vous éclairer,
Vous verrez dans une Etable
Le Dieu qu'il faut adorer.

Adam, déchu par son crime,
Avoit changé notre sort,
Le monde étoit la victime
Du démon & de la mort :
Mais, ô faute salutaire !
Qui rend les hommes heureux,
Qui leur donne un Dieu pour frere,
Et pour partage les Cieux.

CANTIQUE XXIV.

Les avantages de la naiſſance de N. S. J. C.

Sur un air ancien.

DANS cette étable
Que Jeſus eſt charmant !
Qu'il eſt aimable
Dans ſon abaiſſement !
Que d'attraits à la fois !
Tous les palais des Rois
N'ont rien de comparable
Aux beautés que je vois
Dans cette Etable.

❦

Que ſa puiſſance
Paroît bien en ce jour,
Malgré l'enfance
Où le réduit l'amour !
L'eſclave racheté,
Et tout l'enfer dompté,
Font voir qu'à ſa naiſſance
Rien n'eſt ſi redouté
Que ſa puiſſance.

❦

Heureux myſtere !
Jeſus ſouffrant pour nous
D'un Dieu ſévere
Appaiſe le courroux.
Pour ſauver le pécheur
Il naît dans la douleur,
Et ſa bonté de pere
Eclipſe ſa grandeur :
Heureux myſtere !

❦

S'il eſt ſenſible,
C'eſt plus à nos malheurs,

Qu'au froid horrible
Qui fait couler ſes pleurs :
Après tant de bienfaits,
Que notre cœur aux traits
D'un amour ſi viſible,
Se rende déſormais,
    S'il eſt ſenſible.

❖

Que je vous aime :
Peut-on voir vos appas,
    Beauté ſuprême,
Et ne vous aimer pas ?
Puiſſant maître des Cieux,
Brûlez-moi de ces feux,
Dont vous brûlez vous-même
Ce ſont-là tous mes vœux :
    Que je vous aime !

CANTIQUE XXV.

Les fruits de la naiſſance de N. S. J. C.

Sur l'Air : *Laiſſez paître vos bêtes, &c.*

Amour, honneur, louanges,
Au Dieu Sauveur dans ſon berceau,
    Chantons avec les Anges
    Un Cantique nouveau.   *Fin.*
Si cet Enfant verſe des pleurs,
C'eſt pour attendrir les pécheurs,
Et mettre fin à nos malheurs :
    Chargé de notre offenſe,
Il calme le courroux des Cieux,
    La paix, par ſa naiſſance,
    Va régner en tous lieux.   Amour, &c.

❖

Si notre cœur eſt dans l'ennui,
Nous ne devons chercher qu'en lui

Et notre force & notre appui ;
   Loin de nous les allarmes ,
Le trouble & les ſoucis fâcheux ,
   Un jour ſi plein de charmes
     Doit combler tous nos vœux. Amour, &c.

⬥⫶⬥

Quand il nous voit prêts à périr ,
Pour nous lui-même il veut s'offrir ,
Et par ſa mort vient nous guérir ;
   A l'ardeur qui le preſſe ,
Joignons nos généreux efforts ,
   Et que de ſa tendreſſe
     Tout ſuive les tranſports. Amour , &c.

⬥⫶⬥

Ne craignons plus le noir ſéjour ,
Ce Dieu qui naît pour notre amour ,
Nous ouvre la céleſte Cour :
   Le démon plein de rage
A beau frémir dans les enfers ,
   De ſon dur eſclavage ,
     Nous briſerons les fers.   Amour, &c.

⬥⫶⬥

Sortons des ombres de la nuit ,
Suivons cet aſtre qui nous luit ,
Au vrai bonheur il nous conduit ;
   Entrant dans la carriere ,
Par-tout il porte ſes ardeurs ,
   Sa brillante lumiere
     Enchante tous les cœurs.   Amour, &c.

⬥⫶⬥

Par ſon immenſe charité ,
Il rend à l'homme racheté
Le droit à l'immortalité :
   Sous ſon heureux empire ,
Les biens ſeront toujours parfaits ,
   Heureux qui ne ſoupire
     Qu'après ſes doux attraits ! Amour, &c.

CANTIQUE XXVI.

Le même sujet.

Sur l'Air : *C'est la fille à la Simonette, &c.*

CÉLÉBRONS le Roi de gloire
Par l'accord de nos concerts :
Et des chants de sa victoire
Faisons retentir les airs :
Qu'à bénir Dieu tout s'empresse
Dans ce jour si fortuné,
Livrons-nous à l'alégresse :
Un Rédempteur nous est né.

L'homme devenu rebelle
Avoit mérité la mort :
D'une misere éternelle
Il devoit subir le sort :
Le démon, sous sa puissance,
Retenoit tout l'univers,
Si cette heureuse naissance
N'avoit dû briser nos fers.

Du Ciel la juste colere
Va se calmer désormais ;
Le Fils unique du Pere
Vient nous apporter la paix :
Pour remettre notre offense,
Quittant son Trône éternel,
Ce Dieu vient sous l'apparence
D'un homme foible & mortel.

Quelle merveille ineffable !
L'Eternel, le Tout-puissant
Est couché dans une Etable
Sous la forme d'un enfant :

Mais si cet auguste Maître
Nous cache sa majesté ;
Ah ! qu'il nous fait bien paroître
Son immense charité.

❖

Il nous éleve, & lui-même
Il daigne s'anéantir :
Par son indigence extrême,
Il cherche à nous enrichir ;
Les souffrances qu'il endure
Mettront fin à nos malheurs,
Pour laver notre ame impure ,
Ses yeux répandent des pleurs.

❖

Trop souvent, pour nous, le crime
Avoit été plein d'appas ;
Un amour plus légitime
Va conduire tous nos pas :
Revenez, belle innocence,
Descendez encore des Cieux ;
Qu'à votre aimable puissance
Le péché céde en tous lieux.

❖

Accourons tous à la crêche,
Portons nos yeux sur Jesus ;
Déja sans parler il prêche
La pratique des vertus :
Bienheureux l'œil qui contemple
L'état de ce Dieu naissant ;
O , pour nous , que son exemple
Est un exemple pressant !

❖

Le Dieu, Verbe dans l'enfance
De l'orgueil doit nous guérir :
Le Dieu saint , dans la souffrance
Doit nous apprendre à souffrir ;
En voyant dans une Etable
Naître notre Rédempteur,

Que de tout bien périſſable
L'homme détache ſon cœur.

❧

Saint enfant, divin Meſſie,
Verbe fait homme pour nous,
Vous nous apportez la vie;
Ah! que ferons-nous pour vous?
A vous ſeul, Maître adorable,
Nous nous donnons en ce jour :
Vous ferez, Sauveur aimable,
Tout l'objet de notre amour.

CANTIQUE XXVII.

La Circonciſion de N. S. J. C.

Sur l'Air : *Fatal amour ! cruel vainqueur, &c.*

Divin Jeſus, mon Dieu, mon Roi !
Où t'a réduit l'excès de ton amour pour moi ?
Divin Jeſus, mon Dieu, mon Roi !
Où t'a réduit l'excès de ton amour pour moi !

Fin.

Tu ne fais encore que naître ;
Tes pleurs ſur moi verſés, ont mouillé ton ber-
ceau ;
Et tu viens, pour moi, tendre agneau,
T'offrir au glaive du Grand-Prêtre.
Divin Jeſus, &c.

Tu nais dans les douleurs, & de ton ſang pro-
pice,
O Dieu ſaint ! je te vois ſceller tes jours naiſſants
Et moi, dont les forfaits ont devancé les ans
Je n'ai fait rien encor pour calmer ta juſtice.
Divin Jeſus, &c.

❧

Dieu Tout-puiſſant, tendre Sauveur,
Sous ton aimable loi, viens captiver mon cœur.
Dieu tout-puiſſant, &c.

Sois toujours mon guide fidele,
Eteins dans moi l'orgueil & l'amour du plaisir :
Ne me laisse d'autre desir,
Que de te prendre pour modele.
Dieu tout-puissant, &c.

Que j'apprenne à souffrir, moi qui fus seul cou-
pable,
Que je sçache expier mes crimes à mon tour ;
Et que mon repentir animé par l'amour
De pleurs, mêle un torrent à ton Sang adorable.
Dieu tout-puissant, &c.

CANTIQUE XXVIII.

Les amabilités du saint Nom de Jesus.

Sur l'Air : *Le chemin que nous devons, &c.*

QUE les conquérants de la terre,
Avides de titres pompeux,
Prennent les surnoms fastueux
Des peuples que leur bras a soumis dans la guerre :
Vous seul divin Jesus, vainqueur de l'univers,
Vous ne nous soumettez que pour briser nos fers.

Quel nom à JESUS fut semblable ?
C'est le Nom le plus saint des noms :
Par lui, lorsque nous l'invoquons,
Le Ciel, dans tous nos maux, nous devient fa-
vorable :
Il met la mort en fuite, & toujours tout-
puissant,
D'une éternelle vie il nous est le garant.

Les malheurs en vain nous menacent ;
Toujours n'est-il point écouté,
Ce saint Nom si cher acheté,
Ce grand Nom devant qui tous les autres s'ef-
facent ?

Ce Nom, qu'un Dieu Sauveur, venant s'humilier,
A cru de tout son sang ne pouvoir trop payer?

※◁◈▷※

C'est dans cet objet adorable
Qu'il faut chercher notre soutien :
Au cœur & fidéle & chrétien ,
Qu'il est doux de souffrir pour ce Nom vénérable!
Pour lui les maux , les pleurs se changent en plaisirs ,
La mort même est l'objet de ses plus vifs desirs.

※◁◈▷※

O vous, notre unique espérance,
JESUS, victime des mortels ,
A l'entour de vos saints Autels ,
Voyez des serviteurs remplis de confiance ;
Nous chantons votre nom, & sûrs de son appui,
Nous ne mettrons jamais tout notre espoir
qu'en lui.

CANTIQUE XXIX.

A l'honneur du saint Nom de Jesus.

Sur l'Air : *L'amour est à craindre , &c.*

JESUS adorable !
Jesus seul aimable !
Votre Nom remplit mon cœur
De joie & de douceur.
Jesus adorable !
Jesus seul aimable !
Votre Nom sera toujours
Ma force & mon recours.

Fin.

Que dans chaque instant,
Par-tout on l'annonce ;
Plus on le prononce ,
Plus il est charmant.
Jesus adorable ! &c.

Que tout cœur l'honore ;
L'adore ,
L'implore ,
Et goûte ses tendres bienfaits.
Que sa gloire ,
Sa mémoire ,
Comme ses attraits ,
Regnent à jamais.
Jesus adorable ! &c.

CANTIQUE XXX.

L'Epiphanie.

Sur l'Air : *Que chacun de nous se livre , &c.*

Suivons les Rois dans l'étable
Où l'étoile les conduit ;
Que vois-je ? un enfant aimable ,
De sa crêche les instruit :
O Ciel ! quels traits de lumiere
Frappent mes yeux & mon cœur *!*
Dans le sein de la misere ,
Que d'éclat & de grandeur !

Oui, c'est le Dieu du tonnerre ;
Venez fléchir les genoux ;
Adorez, Rois de la terre ,
Un Roi plus puissant que vous :
Suivez l'exemple des Mages :
D'un cœur pur , les sentiments
Sont de plus dignes hommages
Que l'or, la myrrhe & l'encens.

Il ne doit point leur hommage
A l'éclat d'un vain dehors ;
L'indigence est son partage ,
Ses vertus sont ses trésors ;

Sa splendeur, ni sa couronne,
Pour les yeux n'ont point d'attraits ;
Une crêche fait son trône,
Une étable est son palais.

✦

O réduit, pauvre & champêtre !
Dans ton paisible séjour,
L'univers offre à son Maître
Le tribut de son amour :
Enfin l'heureux jour s'avance
Qu'à nos peres Dieu promit :
A Béthléem il commence,
Sur la croix il s'accomplit.

✦

Quand la grace nous appelle,
Gardons-nous de résister ;
Suivons ce guide fidéle :
Quittons tout sans hésiter :
Craignons de perdre de vue
L'astre qui pendant la nuit,
Comme du haut de la nue,
Nous éclaire & nous conduit.

CANTIQUE XXXI.

La sainte Enfance de Jesus.

Sur l'Air : *Ah ! vous dirai-je, Maman, &c.*

O vous dont les tendres ans,
Croissent encore innocents !
Pour sauver à votre enfance,
Le trésor de l'innocence ;
Contemplez l'Enfant Jesus,
Et prenez-en les vertus.

✦

Il est votre créateur,
Votre Dieu, votre Sauveur :
Mais il est votre modele :
Heureux qui lui fut fidele,

Il eut part à la faveur,
A ses dons, à son bonheur.

·❧·

Que touchant est le tableau
Que nous offre son berceau !
O que de leçons utiles
Y trouvent les cœurs dociles !
Accourez, vous tous, Enfants
Y former vos jours naissants.

·❧·

D'un mot seul, de l'univers
Il fit les êtres divers :
Quel palais à sa naissance
Eût pu bâtir sa puissance !
Mais, pour nous instruire tous,
Il naît plus pauvre que nous.

·❧·

Une étable est le séjour
Où Jesus reçoit le jour :
Sous ses langes, de sa crêche
Sa divine voix nous prêche,
Que l'indigence, à ses yeux,
Est un riche don des Cieux.

·❧·

Au fond de l'obscurité,
Il cache sa majesté :
Mais, sous l'ombre qui la couvre,
L'œil de la foi nous découvre,
Qu'un Disciple du Sauveur
Ne peut trop fuir la grandeur.

·❧·

Pourquoi ce froid, ces douleurs,
Ces yeux, qui s'ouvrent aux pleurs,
Ce sang qu'il daigne répandre ?
N'est-ce point pour nous apprendre,
Qu'il faut haïr le plaisir,
Et pour lui vivre & souffrir ?

Qui court après les honneurs ,
Les richeſſes , les douceurs ,
Et qui nourrit ſa jeuneſſe
Dans une oiſive molleſſe ,
De Jeſus n'a point les traits ,
Et ne les aura jamais.

Ce Dieu , ſeul Prêtre immortel ,
Du berceau paſſe à l'autel ,
Et Légiſlateur , & Maître ,
A la loi va ſe ſoumettre :
Prêt à s'immoler un jour ,
Pour ſon pere , & notre amour.

A lui, ſeul , cœurs innocents !
Donnez vos premiers inſtants ,
Et vouez à ſa loi ſainte
Une filiale crainte :
Rien ne plaît plus au Seigneur
Que le don d'un jeune cœur.

Son domaine tout-puiſſant
Sur le monde entier s'étend ,
Et lui , ſous l'obéiſſance
Pliant ſon indépendance ,
Subit, Monarque éternel ,
Le joug d'un Prince mortel.

Il naît à peine , & naiſſant ,
Il veut fuir obéiſſant :
Trente ans , dans un vil aſyle ,
L'ont vu fidéle , docile ,
Exact , obéir toujours
Aux ſaints gardiens de ſes jours.

Si , par un départ ſecret ,
Il leur laiſſe un vif regret ,
Ils le reverront au temple ,

Nou

Nous montrer , par son exemple ,
Qu'on doit, pour Dieu, tout quitter :
Qui de nous sçut l'imiter ?

⁂

Esprits vains , Cœurs indomptés !
Captivez vos volontés :
Quand on voit Jesus, lui-même ,
Jesus, la Grandeur suprême,
S'abaisser , s'anéantir ,
Peut-on ne pas obéir ?

⁂

Et vous , que l'éclat séduit ,
Vous , que le monde éblouit :
Qu'un Dieu, dans une masure ,
Coulant une vie obscure,
Vous apprend bien qu'un Chrétien
Doit se plaire à n'être rien !

⁂

Qu'il est beau de voir ces mains ,
Qui formerent les humains,
Se prêter aux œuvres viles ,
Aux travaux les plus serviles ,
Et rendre à jamais pour nous
Tout travail louable & doux.

⁂

Tout m'instruit dans l'Enfant Dieu ,
Son respect pour le saint lieu,
Son air modeste, humble, affable ,
Sa douceur inaltérable ,
Son zele , sa charité,
Sa clémence, sa bonté.

⁂

Jesus croît , & plus ses ans
Hâtent leurs accroissements ,
Plus l'adorable sagesse ,
Qui réside en lui sans cesse,
Dévoile aux yeux des humains ,
L'éclat de ses traits divins.

M

Combien en est-il, hélas!
Qui, loin de suivre ses pas,
Vont croissant de vice en vice,
Aboutir au précipice?
Heureux, seul heureux, qui prend
Pour guide, Jesus Enfant.

* CANTIQUE XXXII.

Sentiments d'amour pour l'Enfant Jesus.

Sur un Air nouveau.

Doux Sauveur !
Daigne être
Mon Maître;
Doux sauveur !
Regne seul, Regne seul dans mon cœur.

Anathême,
A qui n'aime
L'enfant Jesus
Mille fois plus,
Mille fois plus
Que soi-même !
Anathême, &c.

Fin

Enfant Dieu !
Enflamme
Toute ame;
Enfant Dieu !
Regne seul, Regne seul en tout lieu.

Qu'on t'honore,
Qu'on t'adore
A tous instants,
Dans tous les tems,
Dans tous les tems,
Plus encore !
Qu'on t'honore, &c.

Fin

CANTIQUE XXXIII.

La Préfentation de N. S. J. C. au Temple
& la Purification de la très-fainte
Vierge.

Sur l'Air : *On ne voit ici-bas que douceurs, &c.*

O PRODIGE ! ô merveille ! un Dieu fe fa-
crifie ;
A la loi fe foumet un Dieu légiflateur ;
Une Mere eft fans tache, elle fe purifie ;
On rachete un Dieu Rédempteur.

❖❖❖

L'inftant où Jefus vient & victime & Prêtre,
On, ouvre ton temple à la Divinité ;
Qu'aux ombres de la loi que tu vois difparoître,
Succéde enfin la vérité.

❖❖❖

Le fang des animaux offert en facrifice,
Ne doit plus fe verfer dans tes jours folemnels :
Aux yeux du Tout-puiffant ; pour calmer fa
juftice,
Un Dieu paroît fur fes autels.

❖❖❖

Marie enfante & fuit, toujours humble, l'exemple
Des meres qu'on profcrit pour un tems du faint
lieu ;
Mais, pourquoi t'effraycr en entrant dans le
temple ?
O fanctuaire du vrai Dieu !

❖❖❖

Connoiffant de fon Fils les grandeurs éternelles ;
La Vierge, entre fes bras, tient l'adorable Enfant,
Et pour le racheter, deux jeunes tourterelles,
Forment fon modefte préfent.

M ij

Une triple victime à Dieu se sacrifie,
De sa virginité la Mere offre l'honneur,
L'Enfant offre son corps , & le Vieillard sa vie ;
    Victime & Sacrificateur.

⬦⬦⬦

Tout s'empresse , à l'envi, d'honorer la naissance,
De ce divin Messie, objet de nos soupirs ;
Depuis quatre mille ans il fit notre espérance ,
    Il comble enfin tous nos desirs.

⬦⬦⬦

Parmi tant de témoins de l'auguste Mystere ,
Où la Vierge , en secret, adoroit tes grandeurs
O Verbe ! alors muet, qu'à ta divine Mere,
    Tu dévoilois de profondeurs !

⬦⬦⬦

Que de traits , ô Marie , entrerent dans ton ame
Quel glaive de douleur ! que de frémissements
Cet Agneau, dont l'amour te saisit & t'enflâme ,
    Doit expirer dans les tourments.

⬦⬦⬦

A peine il voit le jour, que s'étant fait victime
De son cruel supplice il se fixe le choix :
Il croît ; mais tout son sang pour expier le crime,
    Sera versé sur une croix.

⬦⬦⬦

La vapeur de l'encens se répand dans le temple,
Jesus soumis s'avance, entrons dans le saint lieu
Au pied du même autel , Chrétiens , à son
    exemple ,
    Courons nous immoler à Dieu.

CANTIQUE XXXIV.

Paraphrafe du Cantique de Simeon.

Pour le même jour.

Sur l'Air : *Dans ma cabane obfcure , &c.*

La mort peut, de fon ombre ,
Me couvrir déformais ,
Grand Dieu! dans la nuit fombre
Mes jours iront en paix :
Mon ame eft trop contente :
Je vois, dans ce faint lieu ,
L'objet de mon attente ,
Mon sauveur & mon Dieu.

A l'éclat ineffable
Qui fort de fes attraits ,
De ton Verbe adorable
Je connois tous les traits :
C'eft lui, c'eft le Meffie ,
Qui nous étoit promis ;
Ta parole eft remplie ,
Nous poffédons ton Fils.

Tu la mis en fpectacle
Sous les yeux des Humains ,
Pour être un jour l'oracle ,
Et l'amour de tes Saints :
Quel beau jour nous éclaire !
Dieu donne en même-tems
Aux peuples la lumiere ,
La gloire à fes enfants.

M iij

CANTIQUE XXXV.

A l'honneur des saints Patriarches.

Pour les Dimanches depuis la Septuagéfime jufqu'au Carème.

Sur l'Air : *Dans ces bas lieux, un Dieu, &c.*

O VOUS, Enfants chéris du Maître du tonnerre,
Premiers auteurs de ceux d'où nous tenons fes biens :
Le Chriftpromis, encor n'étoit point fur la terre,
    Et vous étiez Chrétiens.

✦✦

Qui peut de votre foi connoître l'excellence,
Et rendre de vos cœurs tous les defirs pieux,
Où peindre dignement votre ferme efpérance,
    Ses foupirs & fes vœux ?

✦✦

Le tems de votre éxil étoit un tems de grace,
L'efprit feul vous guidoit, & non un œil charnel,
Du monde dédaignant le vain éclat qui paffe,
    Vous ne fongiez qu'au Ciel.

✦✦

C'eft là que fe bornoient vos foins & votre envie;
Dieu feul vous occupoit, vous ne cherchiez que lui :
Grand Dieu ! fais que nos cœurs vers la fainte patrie,
    Soupirent aujourd'hui.

✦✦

Que du Pere Eternel la fuprême fageffe,
Que du Verbe divin, le Nom foit exalté :
Efprit faint dans le tems foyez béni fans ceffe.
    Et dans l'éternité.

CANTIQUE XXXVI.

Réflexions fur ces Paroles :
Memento homo, &c.

Pour le Mercredi des cendres.

Sur l'Air : *Jeunes cœurs pour faire*, &c.

Ou prens-tu ta fiere arrogance ?
O mortel! d'ou vient ton orgueil ?
Cendre & pouffiere en ta naiffance,
Cendre & pouffiere en ton cercueil.

⋅⋙✠⋘⋅

Ah ! ne perds jamais la mémoire
De ce jour où tu dois finir !
On foule aux pieds la fauffe gloire,
En rappellant ce fouvenir.

⋅⋙✠⋘⋅

Laiffes-là le foin des richeffes,
Qui te vient fans ceffe agiter;
En vain pour elles tu t'empreffes,
Il les faudra bientôt quitter.

⋅⋙✠⋘⋅

Les plaifirs flattent ton envie,
Leur douceur féduit aifément;
Mais fouviens-toi qu'avec la vie
Ils pafferont dans un moment.

⋅⋙✠⋘⋅

Où font-ils ces foudres de guerre,
Qui faifoient trembler l'univers ?
Ce n'eft au plus qu'un peu de terre;
Reftes qu'ont épargnés les vers.

⋅⋙✠⋘⋅

Va porter, mondaine parure
Tes atours aux foibles efprits,
Ce corps, qui n'eft que pourriture,
Ne doit s'attendre qu'au mépris.

M iv

Puifqu'au monde il n'eft rien de ftable,
Que tout paffe & fuit à nos yeux,
Si nous voulons un bien durable,
Ne le cherchons que dans les Cieux.

CANTIQUE XXXVII.

Sentiments de pénitence pour le tems de
Carême. (*)

Sur un Air nouveau.

CONSIDERE, Seigneur, d'un œil de complai-
sance
Les gémiffements & les cris,
Qui pendant ces jours d'abftinence,
A nos jeûnes font réunis.   *Fin.*
Qui pendant, &c.

❧

Scrutateur de tout cœur, tu fçais notre mifere,
Pardonne à des cœurs pleins de foi :
Tes enfants recherchent leur Pere ;
Que n'obtiendront-ils pas de toi ?

❧

Nous avons offenfé ta majefté fuprême,
Mais nous réclamons ton pardon :
Sauve-nous, non point pour nous-même,
Mais pour la gloire de ton nom.

❧

Ah ! tandis que nos corps privés de nourriture
Sont aux faux plaifirs arrachés,
Fais fur-tout que l'ame s'épure,
De la fouillure des péchés.

(*) On pourra chanter auffi pendant ce tems les cantiques
ci-deffus, depuis la page 96 jufqu'à la page 126, & on chantera ceux qui fuivent pendant la femaine fainte.

Trinité , feul vrai Dieu , nous vous offrons
  l'hommage
De nos jeûnes & de nos vœux :
 Couronnez en nous votre ouvrage ,
 Daignez les rendre fructueux.

CANTIQUE XXXVIII.

Les souffrances de N. S. J. C.

Sur l'Air : *Arrachez de mon cœur , &c.*

POUR chanter tes douleurs, ô Victime ineffable !
Que de profonds fanglots fe mêlent à nos voix !
Tes douleurs, ô Jefus , commencent dans l'é-
  table ,
Durent jufqu'à ta mort , ont pour terme la Croix.

Renfermé dans le fein de la plus chafte Mere ,
Tu te formois un corps capable de fouffrir ;
Immortel comme lui, Fils éternel du Pere ,
Tu te rendis mortel pour apprendre à mourir.

Tu nais, ô feul auteur de toute la nature !
Et pour toi la nature épargne fes bienfaits ;
Une crêche, un hameau , la plus vile mafure
Deviennent ton berceau , ton féjour, ton palais.

Innocent, tu te mets dans le rang du coupable,
Tu fouffres , par amour, de fanglantes rigueurs:
Et feul légiftateur, feul Monarque adorable ,
Tu veux bien te foumettre à la loi des pécheurs.

Ce fang qu'on apperçoit de ta chair encor ten-
  dre ,
Couler avec lenteur fous le tranchant du fer ,
De ton corps à grands flots doit un jour fe répan-
  dre ,
Tes membres innocents en feront tout couverts.

Des bourreaux animés par Hérode en furie,
Ont mis fur des enfants leur homicide main :
Le poignard meurtrier qui termine leur vie,
Pafteur compatiffant, paffe auffi dans ton fein.

※※※

C'eft en vain, jufqu'à toi, qu'il veut porter fa rage
En Egypte tu fuis pendant l'obfcurité ;
Et les Dieux du menfonge ont vu fur ton paffage
Le véritable Dieu, le Dieu de vérité.

※※※

C'eft par toi, fous les Cieux, que gronde le
        tonnerre,
Les Anges à ta voix, font prêts à te fervir ;
Monarque univerfel, Roi de toute la terre,
Aux ordres d'un mortel tu veux bien obéir.

※※※

Cette main qui foutient les voûtes éternelles,
Sous le plus pauvre toit exerce un vil métier :
Et le Dieu qui forma des ames immortelles
N'eft aux yeux des mortels, qu'un obfcur ou-
        vrier.

※※※

Ce Sauveur, pour prouver fa puiffance infinie,
Ouvroit l'oreille aux fourds, aux aveugles les
        yeux :
Sa voix toute-puiffante aux morts rendoit la vie,
La parole aux muets, redreffoit les boiteux.

※※※

Mais le Juif orgueilleux, indomptable, inflexi-
        ble,
Préfére à fes difcours, la voix de fon erreur ;
Il fuit aveuglement la lumiere fenfible
Qui vient s'offrir à lui pour entrer dans fon
        cœur.

※※※

Frémiffez, ô Pécheurs ! voyez l'Etre fuprême ;
Ainfi qu'un criminel, il tremble fur fon fort ;
Et le fang qu'il répand dans fa douleur extrême,
Prévient déja le tems de fa cruelle mort.

O Ciel, quel attentat ! plus le Maître eſt aimable,
Plus un perfide cœur ſe plaît à le haïr !
Après s'être nourri de ſa chair adorable,
Par un baiſer trompeur il oſa le trahir.

᭒᭒᭒

Ce Jeſus, qui briſa nos fers par ſa puiſſance,
De chaînes eſt chargé par un peuple inhumain,
Un barbare ſoldat porte avec inſolence,
Sur cet auguſte front, & ſa rage & ſa main.

᭒᭒᭒

Un mortel trop timide, ordonne le ſupplice
Du Juſte que le Ciel adore pour ſon Roi :
Le Pontife éternel meurt par votre artifice,
Prêtres ambitieux de la ſévére loi.

᭒᭒᭒

Ah ! Bourreaux épargnez la plus pure innocence,
Pourquoi, contre Jeſus, unir tous vos efforts ?
En lui, d'un homme à peine on voit la reſſem-
          blance
Sous les coups qu'a reçu ſon adorable corps.

᭒᭒᭒

Mais non, un nouveau trait vient à leur rage
          extrême !
D'épines, par leurs mains, ſon chef eſt couronné :
Sion, eſt-ce donc là le ſacré diadême,
Par ta reconnoiſſance, à ton Roi deſtiné ?

᭒᭒᭒

D'un roſeau vil, ſa main pour ſceptre eſt décorée,
Pour trône eſt une pierre offerte au Roi des cieux,
On revêt, par mépris, d'une robe empourprée,
Ce corps toujours couvert d'un éclat radieux.

᭒᭒᭒

Au lieu d'un ſcélérat, au ſupplice on dévoue
Un innocent, un Dieu ; quel échange ! quel
          choix !
Comme un roi de théatre, impunément on joue.
Le ſouverain Seigneur par qui regnent les Rois,

                              M vj

Comment, lui, qui d'un Dieu portoit la vive
    image,
Comment a-t-il perdu ses charmes, ses attraits ?
Les ruisseaux de son sang qui teignent son visage,
De sa beauté divine ont terni tous les traits.

⬦⟩✕⟨⬦

On lui voile ces yeux, dont la clarté brillante
Efface les rayons des astres lumineux ;
Par de sales crachats, une troupe insolente,
Souille d'un Homme-Dieu le front majestueux.

⬦⟩✕⟨⬦

Sous le faix de la Croix, qu'il traîne à la mon-
    tagne,
Il tombe à chaque pas, victime des douleurs ;
De ses Saints, dans les Cieux, la foule l'accom-
    pagne :
Mais, ici-bas ce sont deux infâmes voleurs.

⬦⟩✕⟨⬦

Sur ce bois douloureux, ô quel supplice hor-
    rible !
J'y vois ses mains, ses pieds que percent de
    gros cloux,
Mais un nœud bien plus fort, c'est la chaîne
    invisible,
C'est le lien d'amour qui l'y fixe pour nous.

⬦⟩✕⟨⬦

Les oracles divins de sa bouche sacrée,
Ouvrirent aux pécheurs le vrai chemin du Ciel,
Et dans un fiel amer sera désaltérée,
La langue d'où couloit la sagesse & le miel.

⬦⟩✕⟨⬦

Il tiroit des rochers une onde jaillissante,
Et d'une soif brûlante il se sent altéré ;
Mais le monde à sauver est cette soif ardente
Dont son cœur tout de flamme est pour nous
    dévoré.

⬦⟩✕⟨⬦

O sacré Vêtement, ô Robe salutaire !
Toi dont l'attouchement faisoit fuir tous les maux

On te livre au hafard , tu deviens le falaire
De l'avide fureur des foldats , des bourreaux.

⋯⊰⊱⋯

De ton Fils , Vierge fainte , éloigne ta préfence,
Son cœur eft trop fenfible à tes vives douleurs ;
Il eft prêt d'expirer , & ta jufte fouffrance
D'un Fils plein de tendreffe aigrira les langueurs.

⋯⊰⊱⋯

Tandis que par fes cris il invoque fon Pere ,
Son Pere l'abandonne à lui feul , à la mort :
Il voit fon agonie & fa douleur amere ,
Il eft fourd à fa voix , infenfible à fon fort.

⋯⊰⊱⋯

Mais ce qui met l'excès au comble de fes peines,
Et qui livre fon ame aux maux les plus affreux,
C'eft qu'il craint que le fang qui coule de fes
veines ,
Pour les mortels ingrats ne foit point fructueux.

⋯⊰⊱⋯

O Jefus ! fur la croix , de ton cruel fupplice,
Fais connoître à nos cœurs le mérite & le prix ,
Et ne fois pas contraint au jour de ta juftice
D'en venger contre nous le coupable mépris.

CANTIQUE XXXIX.

La Paffion de N. S. J. C.

Sur l'Air : *Que ne fuis-je la fougere , &c.*

Au fang qu'un Dieu va répandre ,
Ah ! mêlez du moins vos pleurs,
Chrétiens, qui venez entendre
Le récit de fes douleurs ;
Puifque c'eft pour vos offenfes
Que ce Dieu fouffre aujourd'hui,
Animés par fes fouffrances
Vivez & mourez pour lui,

Dans un jardin folitaire,
Il fent de rudes combats;
Il prie, il craint, il efpere;
Son cœur veut & ne veut pas:
Tantôt la crainte eft plus forte,
Et tantôt l'amour plus fort;
Mais enfin l'amour l'emporte,
Et lui fait choifir la mort.

⋅❊⋅

Judas que la fureur guide,
L'aborde d'un air foumis,
Il l'embraffe, & ce perfide
Le livre à fes ennemis:
Judas, un pécheur t'imite,
Quand il feint de l'appaifer;
Souvent fa bouche hypocrite
Le trahit par un baifer.

⋅❊⋅

On l'abandonne à la rage
De cent tigres inhumains;
Sur fon aimable vifage
Les foldats portent leurs mains:
Vous deviez, Anges fidéles,
Témoins de ces attentats,
Ou le mettre fous vos aîles,
Ou frapper tous ces ingrats.

⋅❊⋅

Ils le traînent au Grand-Prêtre,
Qui feconde leur fureur,
Et ne veut le reconnoître
Que pour un blafphémateur:
Quand il jugera la terre,
Ce Sauveur aura fon tour;
Aux éclats de fon tonnerre
Tu le connoîtras un jour.

⋅❊⋅

Tandis qu'il fe facrifie,
Tout confpire à l'outrager;
Pierre lui-même l'oublie,

Et le traite d'étranger :
Mais Jefus perce fon ame
D'un regard tendre & vainqueur,
Et met, d'un feul trait de flamme,
Le repentir dans fon cœur.

⋅❦⋅

Chez Pilate on le compare
Au dernier des fcélérats :
Qu'entends-je ! ô Peuple barbare,
Tes cris font pour Barrabas !
Quelle indigne préférence !
Le jufte eft abandonné ;
On condamne l'innocence,
Et le crime eft pardonné.

⋅❦⋅

On le dépouille, on l'attache,
Chacun arme fon courroux :
Je vois cet agneau fans tache,
Tombant prefque fous les coups :
C'eft à nous d'être victimes,
Arrêtez, cruels bourreaux !
C'eft pour effacer vos crimes,
Que fon fang coule à grands flots.

⋅❦⋅

Une couronne cruelle
Perce fon augufte front :
A ce chef, à ce modele,
Mondains, vous faites affront,
Il languit dans les fupplices,
C'eft un homme de douleurs :
Vous vivez dans les délices,
Vous vous couronnez de fleurs.

⋅❦⋅

Il marche, il monte au Calvaire,
Chargé d'un infâme bois ;
De-là, comme d'une chaire,
Il fait entendre fa voix :
Ciel dérobe à la vengeance
Ceux qui m'ofent outrager :

C'eſt ainſi quand on l'offenſe,
Qu'un Chrétien doit ſe venger.

❖❖❖

Une troupe mutinée
L'inſulte & crie à l'envi,
S'il changeoit ſa deſtinée,
Nous croirions tous en lui :
Il peut la changer ſans peine,
Malgré vos nœuds & vos cloux ;
Mais, le nœud qui ſeul l'enchaîne,
C'eſt l'amour qu'il a pour nous.

❖❖❖

Ah ! de ce lit de ſouffrance,
Seigneur, ne deſcendez pas ;
Suſpendez votre puiſſance,
Reſtez-y juſqu'au trépas :
Mais tenez votre promeſſe,
Attirez-nous après vous,
Pour prix de votre tendreſſe,
Puiſſions-nous y mourir tous !

❖❖❖

Il expire, & la nature
Dans lui pleure ſon auteur ;
Il n'eſt point de créature
Qui ne marque ſa douleur :
Un ſpectacle ſi terrible
Ne pourra-t-il me toucher ?
Et ſerois-je moins ſenſible
Que n'eſt le plus dur rocher ?

CANTIQUE XL.

Les myſteres de la Paſſion de N. S. J. C.

Sur l'Air : *Arrachez de mon cœur* , &c.

JESUS AU JARDIN.

EST-ce vous que je vois, ô mon Maître ado-
  rable,
Pâle, abattu, ſanglant, victime des douleurs ?
Falloit-il à ce prix racheter un coupable ,
Qui même à votre ſang ne mêla point ſes pleurs?

JESUS TRAHI.

Judas vous livre aux Juifs dans ſa fureur ex-
  trême ,
Peut-il à cet excès , le traître , vous haïr !
Comme lui, mille fois, je dis que je vous aime,
Et je ne rougis point, ingrat de vous trahir.

JESUS PRIS.

On vous charge de fers, innocente victime,
Peuple , & Prêtres, & Roi, tous s'arment con-
  tre vous :
Si le Ciel eſt ſi lent à venger un tel crime,
C'eſt votre amour, Jeſus, qui ſuſpend ſon cour-
  roux.

JESUS MOQUÉ.

On vous couvre d'affronts, on vous raille, on
  vous frappe ;
Mépris, ſoufflets, crachats, rien ne peut vous
  aigrir :
Nul murmure ſecret, nul mot ne vous échappe ,
Et moi, ſans éclater , je ne puis rien ſouffrir.

JESUS FLAGELLÉ.

O barbare fureur ! dans fon fang, un Dieu nage ;
Sur lui mille bourreaux s'acharnent tour-à-tour,
Ils rédoublent leurs coups, ils épuifent leur rage,
Mais rien ne peut jamais affoiblir fon amour.

JESUS COURONNÉ D'EPINES.

Quand je vois mon Sauveur, mon Chef & mon
modele,
Ceint d'un bandeau fanglant d'épines de dou-
leurs ;
Combien dois-je rougir, lâche, infâme, infidéle,
D'aimer à me plonger dans le fein des douceurs?

JESUS CRUCIFIÉ.

Quel fpectacle effrayant! ô Ciel, quelle juftice !
Jefus, quoiqu'innocent, en croix meurt attaché ;
Un Dieu jufte, un Dieu bon ordonne ce fupplice,
Jugez de-là, mortels, quel mal eft le péché !

JESUS ÉLEVÉ EN CROIX.

Votre Fils expirant, entre vous & la terre,
Eft comme un mur, grand Dieu ! qui pare à tous
vos coups,
S'il vous plaît de nous perdre, il faut que le ton-
nerre
Frappe ce Fils chéri pour venir jufqu'à nous.

REFLEXION.

Tu le vois mort, pécheur, ce Dieu qui t'a fait
naître !
Sa mort eft ton ouvrage, elle eft, & ton appui :
A ce trait de bonté tu dois au moins connoître,
Que s'il eft mort pour toi, tu dois vivre pour lui.

CONCLUSION.

O Victime d'amour ! O noble Sacrifice !
O fanglante Agonie ! O cruelles Rigueurs !
O Trépas bienheureux ! falutaire Supplice,
Vous ferez à jamais l'entretien de nos cœurs.

CANTIQUE XLI.

Divers Sentiments de piété fur la Paffion de N. S. J. C.

SENTIMENTS DE CONTRITION A LA VUE DE J. C. DANS LE JARDIN DES OLIVES.

Sur l'Air : *Paifibles bois , vergers délicieux , &c.*

O MON Jefus , mon Pere & mon Sauveur ,
De quels flots d'amertume avez-vous l'ame at-
 teinte !
 Ah ! faites paffer dans mon cœur
 Votre trifteffe & votre crainte.   *Fin.*

Vous êtes l'immortel, & le Dieu de grandeur :
Du Ciel vous faites feul l'éclat, l'amour, les
 charmes ;
 Eft-ce à vous que fied la douleur ?
 C'eft à mes yeux à répandre des larmes ,
Au fatal fouvenir du cours de mes forfaits :
Et, pour vous en venger, je devrois, à jamais ,
Et fuer votre fang, & fentir vos allarmes.
O mon Jefus , &c.

SENTIMENTS DE CRAINTE A LA VUE DE JESUS COURONNÉ D'ÉPINES.

Sur l'Air : *Rivages du Jourdain , &c.*

COURONNE de Jefus ! douloureux diadême !
 Combien de trouble & de frayeur ,
 Répand ton afpect dans mon cœur !   *Fin.*
Si tu fus le tourment de l'innocence même ,
 Que n'a point à craindre un pécheur !
Couronne, &c.

SENTIMENTS D'ADORATION A LA VUE DE JESUS PRÉSENTÉ AU PEUPLE APRÈS SA FLAGELLATION.

Sur l'Air : *Beaux lieux qui tant de fois , &c*

O DIEU de majefté! non, non, tous les outrages,
Dont de perfides mains ont ofé vous couvrir ,
Ne peuvent de mon cœur altérer les hommages.
Plus profonds que jamais , je vous les viens
   offrir.   *Fin.*

A votre afpect, je reconnois mon Maître,
Mon Roi, mon Dieu, le Roi, le Dieu des Dieux,
Le Saint des Saints , & le feul qui doit être
Craint, adoré de la terre & des cieux.
Plus vous cachez votre gloire fuprême,
Sous les dehors de l'homme de douleurs,
Plus je vous crains, vous adore & vous aime.
Puiflé-je, avec le mien , vous porter tous les
   cœurs !
O Dieu de majefté , &c.

SENTIMENTS DE CONFIANCE A LA VUE DE JESUS SUR LA CROIX.

Sur l'Air : *Mes yeux éteignez dans , &c.*

O DIEU mon unique efpérance ,
Jefus! ô que ta Croix m'eft un objet bien doux !
O Dieu, mon unique efpérance ,
Jefus ! ô que ta Croix m'eft un objet bien doux !
        Fin.

Je fçais que ta jufte vengeance,
A fur moi pu porter fes coups :
Mais tout efpoir m'eft dû quand je vois ta clé-
  mence,
Dans les flots de ton fang étouffer ton courroux.
O Dieu de majefté , &c.

SENTIMENTS D'AMOUR A LA VUE DE JESUS MOURANT.

Sur un Air nouveau.

O JESUS, victime adorable !
Qu'envers nous votre amour eſt fort !
Vous daignez pour l'homme coupable,
Vous aſſujettir à la mort.   *Fin.*

Pere tendre ! bonté ſuprême !
Quand vous aimerai-je à mon tour ?
Quand pourrai-je, pour vous, moi-même,
M'immoler, expirer d'amour ?
O Jeſus, &c.

INVITATION AU CŒUR DU PÉCHEUR DE SE RENDRE A JESUS EXPIRANT.

Sur un Air nouveau.

CŒUR rebelle !
Dieu t'appelle
Entre les bras de ſa croix.
Dieu t'appelle,
Sois fidéle
Au dernier cri de ſa voix.   *Fin.*

Son cœur tendre
Doit t'apprendre
Qu'il pardonne le pécheur.
Sa clémence
Ne s'offenſe
Que de ſon trop de lenteur.
A ſes charmes
Rend les armes,
Attends tout de ſa douceur.
S'il ſoupire,
S'il expire,
C'eſt pour être ton Sauveur.
Cœur, &c.

CANTIQUE XLII.

Le pécheur au pied de la Croix.

Sur l'Air : *Solitaire témoin , &c.*

Bois sacré ! doux espoir d'une ame convertie,
O Croix, gage éternel de l'amour de mon Dieu !
Je viens déplorer en ce lieu,
Les égarements de ma vie :
Pour laver la noirceur de mon iniquité,
Où recourir , hélas! dans ma misere ?
D'un Dieu puissant par mon crime irrité,
O Croix , appaise la colere ,
O Croix , ô Croix , appaise la colere.

* CANTIQUE XLIII.

Hommage & Priere à la sainte Croix.

Sur l'Air : *Amour fidelle , &c.*

O Croix, cher gage
D'un Dieu mort pour nous !
Je viens vous rendre hommage,
J'ai recours à vous. *Fin.* O Croix, &c.

Vous êtes la source
  Des vrais biens,
L'espoir , la ressource
  Des Chrétiens.   O Croix, &c.

En vous est l'asyle
  Du pécheur,
Et l'accès facile
  Du Sauveur.   O Croix, &c.

Je vous embrasse,
O Bois précieux,

Où l'auteur de la Grace
Nous ouvrit les Cieux! *Fin.* Je vous,&c.
O mon espérance !
Mon secours !
Soyez ma défense
Pour toujours.   Je vous , &c.
Faïtes , ô Croix sainte !
Qu'en vos bras
J'affronte , sans crainte ,
Le trépas,   Je vous, &c.

CANTIQUE XLIV.
La Résurrection de N. S. J. C.

Sur l'Air : *Un Dieu vient se faire entendre , &c.*

CESSE tes concerts funebres ,
Le jour qu'attendoit ta foi ;
Du sombre sein des ténébres ,
O Sion paroît pour toi :
Ton Dieu , maître des miracles ,
Par un prodige nouveau ,
Pour accomplir ses oracles ,
Sort vainqueur de son tombeau.

Allez , Apôtres timides ,
De Jesus ressuscité ,
Devant ses juges perfides
Prêcher la Divinité :
Parlez ... qu'aujourd'hui les traîtres
Apprennent en frémissant
Que le Dieu de leurs ancêtres
Est le seul Dieu Tout-puissant.

Sa gloire étoit moins brillante ,
Et jettoit bien moins d'effroi
Sur la montagne brûlante

Où fa main grava fa loi:
La victoire le couronne,
La Croix devance fes pas,
D'un bras vengeur, à fon trône
Il enchaîne le trépas.

⟨❧⟩

Eft-ce une force étrangere
Senfible à notre douleur,
Qui rend le Fils à fon pere
A la terre fon Sauveur ?
Non de fes mains invincibles,
Lui-même & fans nul effort,
Brife les portes terribles
De l'enfer & de la mort.

⟨❧⟩

En vain, peuple déicide,
Tu fais fceller fon tombeau !
De ta préfence ftupide
Il rit, & brife ton fceau ;
Etendu fur la poufliere,
Ton fatellite cruel,
Attend qu'un coup de tonnerre
L'écrafe & venge le Ciel.

⟨❧⟩

Rentrez enfin, dans vous mêmes,
Cœurs barbares & jaloux,
Craignez les rigueurs extrêmes
D'un Juge armé contre vous,
Changez... tout pécheur qui change
Sans retour n'eft pas profcrit :
Ce Dieu jufte qui fe venge,
Eft un Dieu qui s'attendrit.

⟨❧⟩

Loin de confommer ton crime
Par l'horreur du défefpóir,
Gémis ... ingrate Solyme ...
Un foupir peut l'émouvoir :
Bien plus doux qu'il n'eft à craindre
Pécheurs, s'il tonne fur vous,

Une

Une larme peut éteindre
Tous les feux de fon courroux.

⋅◈⋅

Doutez-vous de fa tendreffe ?
Il vous a donné fon cœur ;
Il vous invite, il vous preffe
D'avoir part à fon bonheur :
Volez, hâtez-vous de fuivre
Votre guide, votre appui :
Mais fçachez qu'il faut revivre
Pour triompher avec lui.

CANTIQUE XLV.

Le même fujet.

Sur l'Air précédent.

O MORT, quelle eft ta victoire !
Jefus-Chrift fort du tombeau,
Sa divinité, fa gloire
Brillent d'un éclat nouveau :
En vain d'une énorme pierre
Eft couvert le monument,
Il franchit toute barriere,
Il fort glorieufement.

⋅◈⋅

Votre vaine politique,
Contre tout enlevement,
Ne rend que plus authentique
Un fi grand événement :
O Juifs ! de vos fentinelles
L'exacte févérité,
En fait des témoins fidéles
Du Sauveur reffufcité.

⋅◈⋅

Quelle merveille inouie !
Quel inconcevable accord !

N

Un Dieu perd pour nous la vie,
Et l'homme a vaincu la mort :
Dieu qui prend notre nature
Sujette à l'infirmité ,
Fait part à la créature
De son immortalité.

O combat trop admirable
De la vie & de la mort !
O naufrage secourable
Qui nous jette dans le port !
Dieu livra son Fils pour gage
De notre Rédemption ,
Il couronne son ouvrage
Par sa résurrection.

Dans une double nature ,
Homme & Dieu tout à la fois,
Créateur & créature ,
De l'homme il subit les loix :
La mort du corps qu'il habite ,
Prouve son humanité,
L'effort qui le ressuscite,
Prouve sa Divinité.

CANTIQUE XLVI.

Invitation à célébrer la Résurrection de
N. S. J. C.

Sur un air nouveau.

PEUT-IL être un plus heureux sort ?
Mortels ! le Ciel sera votre héritage ,
Jesus est vainqueur de la mort,
Brisez, brisez vos fers, & sortez d'esclavage :
Déja tout céde à son pouvoir ,
Son bras qui nous défend, couronne notre espoir.

25

Publiez ses grandeurs, célébrez sa victoire :
Chantez sans vous lasser, chantez ce Roi de
    gloire,
Chantez sans vous lasser, chantez ce Roi de
    gloire.

CANTIQUE XLVII.

Le même sujet.

Sur un Air nouveau.

CHANTEZ, Habitants du mortel séjour ;
  Le Dieu qui vous donne la victoire ;
De la mort Jesus triomphe en ce jour,
Et pour jamais vous assure de sa Cour
     La gloire.   *Fin.*

    Pour expier vos crimes,
  Vous n'aviez point de victimes ;
    Pour vous il vient s'offrir,
    S'immoler & mourir.   Chantez, &c.

      De la grace,
     Les dons parfaits
Préviennent, aident nos souhaits :
Par la douceur de ses traits,
Il n'est rien que l'on ne fasse. Chantez, &c.

CANTIQUE XLVIII.

Les effets de la Résurrection de N. S. J. C.

Pour les Dimanches après Pâques.

Sur l'Air : *Tendre fruit des pleurs de l'aurore, &c.*

VAINQUEUR de l'enfer & du monde ;
Pour nous Jesus sort du tombeau ;
Aux horreurs d'une nuit profonde,
Succéde le jour le plus beau.

           N ij

En proie aux plus vives allarmes,
Nous gémissions sous nos malheurs :
Nos yeux s'ouvroient sans cesse aux larmes ;
Nous mangions un pain de douleurs.

La joie a fait fuir la tristesse ;
Peuple heureux, Peuple racheté!
Qu'aujourd'hui ta sainte alégresse
Chante Jesus ressuscité.

O que renferme ce mystere !
De dons, de graces, de bienfaits ;
Tout nous y peint le caractere
De la victoire & de la paix.

Femmes, que votre cœur timide
Ne céde point à son effroi!
Approchez, votre amour vous guide;
Votre amour vit par votre foi.

Vous, sur-tout, voyez, Ame sainte,
Le sépulchre où Jesus fut mis ;
L'amour vous l'ouvre, mais la crainte
En a chassé ses ennemis.

Jesus récompense lui-même
Votre courage & votre amour :
Vous prouvera-t-il qu'il vous aime
Plus qu'il le fait en ce grand jour ?

Il vit : ne cherchez plus la vie
Dans les ténébres de la mort ;
Votre ame surprise & ravie,
Va bénir son bienheureux sort.

Allez à la troupe fidéle
De ses disciples consternés,
Leur faire part de la nouvelle
Dont vos esprits sont étonnés.

O Jefus ! toi dont la tendreffe
Egale en tout tems le pouvoir,
Remplis envers nous ta promeffe,
Et mets le comble à notre efpoir.

·⊰⊱·

Et de la mort & de l'abîme,
Toi qui tiens les clefs dans tes mains;
Daigne nous préferver du crime,
Qui feul y plonge les humains.

·⊰⊱·

Par l'opprobre & par la fouffrance,
Tu nous rachetes, Dieu Sauveur !
Fais nous marcher avec conftance
Dans le chemin du vrai bonheur.

·⊰⊱·

Qu'un jour ayant part à ta gloire,
Nos voix célébrent à jamais
Et ton triomphe & ta victoire,
Dans le Royaume de la paix.

CANTIQUE XLIX.

Le même fujet.

Pour les Dimanches après Pâques.

Sur un air nouveau.

CONDUITS par le bras du Seigneur
Qui rendoit fous nos pas la mer rouge immo-
bile,
Nous avons d'un monftre oppreffeur
Rendu la fureur inutile.

·⊰⊱·

Après un triomphe fi beau,
Hâtons-nous, & vêtus d'une robe éclatante,
Du feftin du divin Agneau,
Goûtons la manne raviffante.

N iij

Brûlons d'un vif amour pour lui,
A l'aspect de son Corps & de son Sang auguste ;
Cette nourriture est l'appui,
La vie & la force du juste.

❖❖❖

La Pâque est notre doux Sauveur,
Son banquet est pour nous la plus belle des Fêtes,
Et de l'Ange exterminateur,
Suspend le glaive sur nos têtes.

❖❖❖

Victime qu'adore le Ciel !
En mourant, des démons tu domptes les cohortes,
Et de ton Royaume éternel,
Ta main vient nous ouvrir les portes.

❖❖❖

Sorti des ombres de la nuit,
Jesus-Christ de la mort ne craint plus la puis-
sance :
L'ennemi commun est détruit :
L'enfer gémit dans le silence.

❖❖❖

Seigneur ! qu'avec toi nous mourions,
Qu'avec toi, reprenant une nouvelle vie,
Loin du monde, nous n'aspirions
Qu'après la céleste patrie.

CANTIQUE L.

L'Ascension de N. S. J. C.

Sur l'Air : *Eh ! quoi tout sommeille, &c.*

* **P**ORTES éternelles !   * *Pf. 23.*
Voûtes immortelles !
Dans ce grand jour,
Ouvrez votre séjour.
Le Dieu de puissance,
D'amour, de clémence,
Dans sa splendeur,
Vient rentrer en vainqueur.   *Fin.*

Le noir abîme,
La mort, sa victime,
Le monde, le crime
Domptés par ses mains ;
   La guerre éteinte,
   La demeure sainte,
Ouverte aux humains,
Sont ses faits divins.   Portes, &c.

Déja sous les yeux
D'un peuple fidéle,
S'asseyant sur l'aîle
Des vents qu'il appelle,
Ce Roi glorieux
Vole victorieux
   Aux sublimes lieux...
      Triomphez Cieux ! Portes, &c.

*

Célebre sa victoire,
   Céleste Cité !
   Chante sa gloire,
   Qui fait ta beauté.
A lui seul, Chœurs des Anges
Offrez, à jamais,
   Et vos louanges,
   Et vos chants de paix.

Et vous que son absence
   Tient dans la souffrance,
Mortels, consolez-vous,
Son bonheur peut-être pour tous.
Son Esprit saint, sa grace,
   Ses douces faveurs
   Tiendront sa place,
   Rempliront vos cœurs,
Si vous brûlez des flammes
   De son feu divin,
   Un jour vos ames
   Iront dans son sein. Portes, &c.

CANTIQUE LI.

Le même sujet.

Sur un air nouveau.

OUVREZ-vous Palais du célefte empire,
Jefus, triomphant, glorieux,
S'élève par fa puiffance au plus haut des Cieux:
Après lui fon amour nous attire;
N'afpirons en ce mortel féjour,
N'afpirons en ce mortel féjour.
Qu'aux charmes,
Qu'aux charmes de fa cour:
Qu'aux charmes,
Qu'aux charmes de fa cour.

CANTIQUE LII.

Invitation à célébrer l'Afcenfion de N. S. J. C.

Sur un air nouveau.

CHANTONS, célébrons la victoire,
Célébrons la victoire
D'un Dieu Sauveur montant aux Cieux;
Ce Dieu du fommet de fa gloire
Va nous combler de fes biens précieux. *Fin*

Il nous offre fous fon empire,
Un éternel contentement;
Heureux qui fans ceffe foupire
Pour un bien fi doux, fi charmant.
Chantons, célébrons, &c.

CANTIQUE LIII.

Les effets de l'Afcenfion de N. S. J. C.

Sur l'Air : *Sans ceffe les zéphirs, &c.*

Sur les aîles des vents, il échappe à mes yeux,
Il pénétre, il s'éleve aux voûtes éternelles,
Jéfus s'affied enfin fur l'empire des Cieux,
Frayons-nous jufqu'à lui des routes immortelles,
    Aimez, volez mon cœur,
    Suivez ce Dieu vainqueur,
    L'amour donne des aîles.

⬥✠⬥

Il a trouvé la mort fous les traits des pécheurs :
Mais le jour qui le vit fur une croix infâme,
Vit couler à la fois & fon fang & mes pleurs :
Du péché, par fa mort, il a rompu la trame ;
    Elle a brifé mes fers,
    Et les Cieux font ouverts
    Aux tranfports de mon ame.

⬥✠⬥

Avec lui je fouffrois, je mourois par fa mort :
Il triomphe, & mon cœur partage fa victoire ;
En entrant dans les Cieux, il me montre le port :
Si mon œil ne voit pas, ma foi du moins fçait
    croire ;
    Je l'aime en l'adorant ;
    Je vis en efpérant
    D'avoir part à fa gloire.

⬥✠⬥

Faites gronder la foudre, allumez les éclairs,
Enfers, Démons affreux, faites trembler la terre :
Semez votre fureur dans les plaines des airs :
Je méprife l'éclat de votre vain tonnerre ;
    Jefus eft mon efpoir :
    Armé de fon pouvoir,
    Je crains peu votre guerre.

N v

CANTIQUE LIV.

Le même sujet.

Sur un air nouveau.

O JOUR ! dont le bonheur remplit notre ef-
pérance,
Jefus d'entre les morts étoit reffufcité :
Encor teint de fon fang, par fa propre puiffance,
Il s'éleve au féjour de fon Eternité.

❧

Nous tous pouvons cueillir les fruits de fa vic-
toire,
Si nous fuivons les pas de ce chef glorieux ;
Mais pour être avec lui raffemblés dans la gloire,
Il faut qu'un même efprit nous anime en ces
lieux.

❧

Il quitte fes enfants & leur rend fa préfence,
Sur fon myftique corps il verfe fon efprit,
Il veille à nos befoins; &, malgré fon abfence,
Sa main guide nos pas, & fa voix nous inftruit.

❧

Il régne dans les Cieux, où fa bonté propice
Prépare à fes enfants un glorieux féjour,
Que fa grace ici-bas avec lui les uniffe
Par les tendres liens de fon divin amour.

❧

Exempts alors des foins qu'entraîne cette vie,
Il aime à les placer au faîte des grandeurs ;
Et fait goûter, fans trouble, à leur ame ravie,
D'un repos éternel, les céleftes douceurs.

❧

Ses faints trouvent en lui la riche récompenfe,
Qu'il deftina pour prix à leur fidélité ;

Pour des maux d'un moment, quelle heureuse
　　　abondance,
Qui n'aura d'autre fin que son éternité !

※

Mêlés dans son empire avec les chœurs des
　　　Anges,
Nous y contemplerons sa suprême splendeur;
Et sans cesse occupés à chanter ses louanges,
Il triomphera seul au fond de notre cœur.

※

O toi, qui du salut nous ouvres la carriere,
Dieu puissant ! soutiens-nous contre nos ennemis;
Fais descendre en nos cœurs, sous des traits de
　　　lumiere,
L'Esprit consolateur que tu nous as promis.

CANTIQUE LV.

La descente du Saint-Esprit sur les Apôtres.

Pour le jour de la Pentecôte.

Sur un air nouveau.

Sur les Apôtres assemblés,
Lorsque l'Esprit Saint vint descendre,
Les éléments furent troublés,
Un vent soudain se fit entendre :
Devant Dieu marche la terreur,
Quand il veut instruire la terre,
Et pour signal de sa grandeur,
Il a le bruit de son tonnerre.

※

Tendre troupeau rassurez-vous,
N'appréhendez' rien de ces flammes,
Ce feu, qui n'a rien que de doux,
Ne doit embraser que vos ames :

Souvenez-vous que Jefus-Chrift,
Dans fes adieux pleins de tendreffe,
Vous promit fon divin Efprit :
Il tient aujourd'hui fa promeffe.

⬦⬥⬦

Déja je vous vois tous remplis
Des tranfports d'une fainte ivreffe ;
Dans l'inftant vous êtes inftruits
Des myfteres de la fageffe ;
Déja vos cœurs font animés
De zele, d'amour, de courage,
Et déja vous vous exprimez
En toute forte de langage.

⬦⬥⬦

Courez, allez porter vos pas
Dans tous les lieux où l'on refpire ;
Affrontez les feux, le trépas,
Prêchez ce Dieu qui vous infpire :
Mille lauriers vous font offerts,
Vous devez en ceindre vos têtes :
Jufques au bout de l'univers
Allez étendre vos conquêtes.

⬦⬥⬦

Efprit faint, Efprit Créateur,
Qui feul peux convertir nos ames,
Viens fur ma bouche & dans mon cœur,
Viens les pénétrer de tes flammes :
Donne de la force à mes chants,
Pour annoncer ce qu'il faut croire :
Infpire-moi de doux accents,
Dignes de célébrer ta gloire.

CANTIQUE LVI.

Les effets de la descente du Saint-Esprit.

Pour le Lundi de la Pentecôte.

Sur l'Air : *J'avois promis à ma , &c.*

JE vois une terre nouvelle,
De nouveaux Cieux s'offrent à moi ;
Disparois ancienne Loi,
Trop imparfaite & trop charnelle,
Tous tes Prophêtes ont prédit
Le régne heureux du Saint-Esprit.

Dieu ne veut plus ton sacrifice ;
Epargne, Israel, tes taureaux :
Le sang de ces vils animaux
Ne désarma point sa justice :
C'est l'amour seul qui le fléchit
Sous le régne du Saint-Esprit.

Rendons hommage au grand miracle
Qui va se produire à nos yeux ;
J'entends un vent impétueux
Prêt à détruire le cénacle ;
Une sainte horreur me saisit,
En m'annonçant le Saint-Esprit.

Des langues de feu se reposent
Sur les Apôtres renfermés,
Dans l'instant, même transformés ;
Ces nouveaux hommes se proposent
D'annoncer par-tout Jesus-Christ,
Et le régne du Saint-Esprit.

La synanogue fut surprise
De compter les premiers Chrétiens ;

Pierre parle : en deux entretiens
Il forme une nombreuse Eglise ;
Huit mille Juifs qu'il convertit,
Se soumettent au Saint-Esprit.

⋅❖⋅

Remplis d'ardeur & de courage,
Ils se partagent l'univers :
Prêchant à cent peuples divers,
Tous entendirent leur langage ;
Des langues ce don gratuit,
Ils le dûrent au Saint-Esprit.

⋅❖⋅

Déja tout a changé de face :
Le monde a banni les faux Dieux ;
Jesus-Christ seul régne en tous lieux ;
On court après la loi de Grace :
Un changement aussi subit
Est l'ouvrage du Saint-Esprit.

⋅❖⋅

Satan chassé de son empire,
Arme ses indignes suppôts ;
Que peuvent-ils sur des Héros ?
Ils leur ménagent le martyre,
Et rendent gloire, avec dépit,
A la force du Saint-Esprit.

⋅❖⋅

J'apperçois plus d'un Solitaire
Blanchir dans des déserts affreux ;
Les pleurs qui coulent de leurs yeux
Sont leur nourriture ordinaire ;
Et voilà, dans un cœur contrit,
Ce qu'opéra le Saint-Esprit.

⋅❖⋅

Malheur à ceux que l'Hérésie
Sépare du Chef des Pasteurs !
Dans leur systême plein d'erreurs,
Ils n'ont rien qui les sanctifie :
Ce sont eux dont il est écrit,
Qu'ils résistent au Saint-Esprit.

Heureux les vrais Fils de l'Eglise !
Oracle de la vérité,
C'est son infaillibilité
Qui tiendra mon ame soumise :
Je sçais, quand elle définit,
Que son guide est le Saint-Esprit.

CANTIQUE LVII.

Priere au Saint-Esprit.

Pour le Mardi de la Pentecôte, tiré de ces paroles : *Veni, Sancte Spiritus*, &c. Venez, Esprit Saint, &c.

Sur l'Air : *Reviens ma voix t'appelle*, &c.

DESCENDS, Descends, Esprit de flamme !
Descends, Descends, Esprit de flamme ;
Descends, Répands tes dons divers.
Tout t'invoque, & tout te réclame ;
Embrase & tout cœur & toute ame.
Descends, Descends dans l'univers ;
Descends, Descends, Tout te réclame,
Tout te réclame,
Tout t'invoque & Tout te réclame,
Embrase & tout cœur & toute ame,
Descends, Descends dans l'univers.
Descends, Descends, Tout te réclame.

CANTIQUE LVIII.

Le myftere de la Sainte Trinité.

Pour le jour de laFête.

Sur l'Air : *O mon Dieu, que votre loi fainte, &c.*

O TOI , qu'un voile épais nous cache ,
Indivifible Trinité !
Lumiere éternelle & fans taché,
Nous adorons ta Majefté.

❖

En Dieu , feul Saint, feul adorable ;
O que de gloire & de grandeur !
O quel abîme impénétrable
Et de richeffe & de fplendeur !

❖

Confondez-vous, Raifon humaine,
Sur cet objet fermez les yeux :
La beauté de Dieu, fouveraine ,
Ne peut fe voir que dans les Cieux.

❖

Le Pere admirant fa fageffe,
Engendre un Fils qui le chérit :
De leur mutuelle tendreffe
L'Efprit faint eft l'augufte fruit.

❖

Le Pere en nous donnant la vie ,
Nous la conferve à chaque inftant ,
Le Saint-Efprit nous fanctifie
Par les feux qu'en nous il répand.

❖

Egal en tout à Dieu fon Pere,
Dieu le Fils, le Verbe éternel,
Pour foulager notre mifere,
A daigné fe faire mortel.

Enfants foumis, rendons hommage
A la divine Trinité ;
Son nom faint eft pour nous le gage
De l'heureufe immortalité.

CANTIQUE LIX.

Les grandeurs de la Sainte Euchariftie.

Pour le jour de la Fête-Dieu.

Sur l'Air : *Dans nos hameaux la paix , &c.*

O FILS de Dieu, vrai Dieu, comme lui-
même,
Dieu Rédempteur, Dieu fait homme pour nous,
Médiateur, Prêtre & Juge fuprême,
O doux Jéfus, tu t'immolas pour tous !
Mais le pécheur s'obftine à méconnoître
Un Dieu caché, fous un voile emprunté,
Par mille excès il outrage fon Maître,
Son Roi, le Dieu de toute majefté.

Quoi donc, Seigneur, au pied du fanctuaire
Un cœur impur va s'offrir hardiment,
Et ne craint point d'approcher du myftere,
Où l'Ange même affifte en fuppliant :
La mort, par toi, vit rompre fa barriere,
Mais tes enfants te font encor mourir :
Pour les fauver tu mourus au calvaire,
Et tu renais encor pour les nourrir.

Tu les choifis pour ton cher héritage ;
Toujours fur eux tu veilles tendrement ;
Ton Corps, ton Sang, font leur pain, leur
breuvage,
Leur ame y trouve un folide aliment ;
De ton amour, ô pieux artifice !

Pour eux tu vis, comme mort, fur l'Autel ;
Ah ! fe peut-il qu'au divin facrifice,
Pour l'homme ainfi s'abbaiffe l'Immortel.

◄►◄►◄►

Tu n'y fais point redouter ta puiffance,
Comme autrefois quand tu dictas la loi :
Que de douceur, que de traits de clémence !
Que de mérite offert à notre foi !
Ô que de biens coulent de cette fource !
Quel cœur tiendroit contre tant de faveurs ?
Des exilés ta chair eft la reffource,
Et dans ton fang tu laves les pécheurs.

◄►◄►◄►

Un voile épais te cache à notre vue,
Et de ton front tempére la fplendeur ;
Si tu montrois ta face toute nue,
L'homme ébloui feroit plein de frayeur :
Que notre foi pénétre ce nuage,
Qui tient Jefus à nos regards voilé ;
A l'Agneau pur offrons un pur hommage,
Immolons-nous au Sauveur immolé.

CANTIQUE LX.

Invitation à célébrer les grandeurs de la Sainte Euchariftie.

Pour le même jour, tiré de la profe *Lauda Sion, &c.*

Sur l'Air : *O douce amie, ô ma tant belle, &c.*

PAR les chants les plus magnifiques,
Sion célébre ton fauveur :
Exalte dans tes faints Cantiques
Ton Dieu, ton Chef & ton Pafteur ;
Unis, redouble, pour lui plaire
Tes tranfports, tes foins empreffés :

Tu n'en pourras jamais trop faire,
Pour lui peut-on en faire affez ?

·❖·

A fon feftin, quand il t'appelle,
Chante, fur-tout, dans ce grand jour,
Ce pain de la vie éternelle,
Gage inoui de fon amour :
Cet aliment inaltérable,
De ton falut germe immortel,
Des plaifirs purs, fource adorable,
S'offre à ta foi fur cet Autel.

·❖·

Ouvre ton cœur à l'alégreffe,
A tout le feu de tes tranfports,
Lorfque fon immenfe largeffe
T'ouvre elle-même fes tréfors :
Prêt de quitter fon héritage,
Il confacra fon dernier jour
A te laiffer ce tendre gage,
Qui mit le comble à fon amour.

·❖·

Offert fur la table myftique,
L'Agneau de la nouvelle loi
Termine enfin la Pâque antique,
Qui figuroit le nouveau Roi :
La vérité fuccéde à l'ombre,
La loi de crainte fe détruit ;
La clarté chaffe la nuit fombre,
La loi de grace s'établit.

·❖·

Jefus de fon amour extrême
Eternifa les derniers traits ;
Ce que d'abord il fit lui-même
Eft pour le Prêtre un ordre exprès :
Mais, ô miracle inconcevable !
Il transforme … admirez-le, ô Cieux !
Le pain en fon Corps adorable :
Le vin, en fon fang précieux.

A la voix d'un homme il s'immole :
O quel excès d'abaissement !
Il est déja sous ce symbole
Où l'on ne voit qu'un aliment :
L'œil se méprend, l'esprit chancelle,
Nos sens nous font illusion :
Mais toujours ferme, un vrai fidéle
Soumet ses sens & sa raison.

⬧⬥⬧

En vain de la nature entiere,
Ici tout l'ordre est contredit :
La foi nous montre en ce mystere
Ce que jamais l'œil ne comprit ;
Sa chair est le soutien du sage,
Elle est du Ciel un avant-goût ;
Son sang, pour nous, est un breuvage ,
Et chaque espece contient tout.

⬧⬥⬧

Dans sa substance indestructible ,
Vivant, & tel qu'il fut formé ,
Son Corps demeure indivisible,
Mangé sans être consumé :
Loin de toi le trouble & la crainte ,
Que peut souffrir ce Corps sacré !
Le signe seul souffre l'atteinte,
Jamais l'objet n'est altéré.

⬧⬥⬧

La forme se divise-t-elle ?
Rien au sujet ne se dissout :
La moitié, la moindre parcelle
Nous offre autant qu'offre le tout ?
Un seul reçoit autant que mille :
Tous ont part au même bonheur ;
Pour un bien si grand, si facile,
Hélas ! quelle est notre tiédeur !

⬧⬥⬧

On voit le juste & le coupable
Aller au mystere divin,
Se ranger à la même table,

Se nourrir du même festin ;
Chacun reçoit la même Hostie :
Mais qu'ils different dans leur sort !
Pour l'un d'eux, c'est un fruit de vie,
Pour l'autre, c'est un fruit de mort.

Ce Fils, sous la main paternelle,
Prêt de se voir percer le flanc ;
Cette victime solemnelle
Dont l'Hébreu vit couler le sang ;
La manne au goût délicieuse,
Qui si long-tems tomba des Cieux,
Sont la figure précieuse
Du prodige offert à nos yeux.

Je te salue, ô Pain de l'Ange,
Aujourd'hui Pain du voyageur,
Toi que j'adore & que je mange,
Remplis-moi d'une vive ardeur :
Loin de toi tout homme profane,
Pain réservé pour les enfants,
Aliment saint, divine Manne,
Objet seul digne de nos chants.

Au secours de notre misere,
Jesus se livre entiérement ;
Dans la crêche il est notre frere,
Et sur l'Autel notre aliment ;
Quand il mourut sur le Calvaire,
Il fut rançon pour le pécheur ;
Triomphant dans son sanctuaire,
Il est du juste le bonheur.

Quels bienfaits, quel amour extrême !
Par un attrait doux & vainqueur,
Tendre Pasteur, Bonté suprême !
Dans cet amour fixe mon cœur ;

O pain des forts , par ta puiſſance,
Soulage mon infirmité :
Fais , qu'engraiſſé de ta ſubſtance ,
Je régne dans l'éternité.

---

* ## CANTIQUE LXI.

Pour la proceſſion du Saint Sacrement.

Sur l'Air des pélerins de S. Jacques.

CHANTONS le myſtere adorable
    De ce grand jour :
Chantons le don ineſtimable
    Du Dieu d'amour.
A ſeconder nos ſaints accords ,
    Que tout s'empreſſe :
Qu'au loin tout éclate en tranſports
    D'une vive alégreſſe.

◦◦◦

Que l'éclat , la magnificence
    Ornent ces lieux ;
Que tout adore la préſence
    Du Roi des Cieux.
Que pour répondre à ſes faveurs,
    Sur ſon paſſage,
Nos voix , nos ames & nos cœurs ,
    Lui rendent leur hommage.

◦◦◦

Ce Dieu , toujours plein de tendreſſe
    Pour les mortels,
S'immole, en leur faveur, ſans ceſſe,
    Sur nos autels.
Peu content d'un bienfait ſi doux,
    L'amour l'engage
A ſe donner lui-même à nous
    Souvent & ſans partage.

Honneur, amour, louange & gloire
　　Au Dieu sauveur !
Qu'à jamais vive ſa mémoire
　　Dans notre cœur !
Aimons-le ſans fin, ſans retour,
　　Plus que nous-même ;
Et payons ſon excès d'amour
　　Par un amour extrême.

⁕⁕⁕

Conſacrez-lui vos voix naiſſantes,
　　Tendres enfants !
Et de vos ames innocentes ,
　　Le doux encens.
On doit l'aimer dans tous les temps,
　　Dans tous les âges :
Mais ſur-tout, des jours innocents,
　　Il aime les hommages.

⁕⁕⁕

Divin Jeſus , beauté ſuprême !
　　Comblez nos vœux ;
Venez dans nous, venez vous-même
　　Nous rendre heureux.
Daignez, grand Dieu ! de vos bienfaits
　　Remplir nos ames ;
Qu'elles ne brûlent déſormais
　　Que de vos ſaintes flammes !

CANTIQUE LXII.

A l'honneur du ſacré Cœur de Jeſus.

Sur l'Air : *Dans nos hameaux la paix , &c.*

CŒUR de Jeſus, Cœur à jamais aimable !
Cœur digne d'être à jamais adoré !
Ouvre à mon cœur un accès favorable ;
Bénis ce chant que je t'ai conſacré,
Aide ma voix à louer ta puiſſance,

Ta vive ardeur, tes charmes, tes attraits,
Tes faints foupirs, tes tranfports, ta clémence
Ton tendre amour , l'excès de tes bienfaits.

※

O divin Cœur ! ô fource intariffable
De tout vrai bien, de douceur , de bonté !
Tu réunis , dans ton centre adorable,
Tous les tréfors de la Divinité.
Maître des dons de fa magnificence ,
Arbitre feul des céleftes faveurs !
Cœur plein d'amour ! tu mets ta complaifance
A les répandre, à les voir dans nos cœurs.

※

Jefus naiffant déja fait fes délices
De fe livrer, & de fouffrir pour nous;
Déja fon cœur nous donne les prémices
Des flots de fang qu'il vient verfer pour tous.
Ce cœur toujours fenfible à nos difgraces,
Sur nos befoins s'ouvrit de jour en jour,
Et du Sauveur marqua toutes les traces,
Par tous les traits d'un généreux amour.

※

Quand Jefus fuit la brebis infidelle,
Son cœur conduit, & fait hâter fes pas;
Quand il reçoit un fils ingrat, rebelle,
Son cœur étend & refferre fes bras :
Quand, à fes pieds, la femme pénitente
Vient dépofer fes pleurs & fes regrets,
Son cœur en fait une fidelle amante,
Qu'il enrichit de fes plus doux bienfaits.

※

C'eft dans ce cœur, de tous les cœurs l'afyle
Que l'ame tiéde excite fa langueur ,
Que le pécheur a fon pardon facile,
Que le fervent enflamme fon ardeur.
Le cœur plongé dans le fein des difgraces,
Trouve, dans lui, l'oubli de fa douleur,
Et le cœur foible, une fource de graces,
Qui le remplit de force & de vigueur.

Jardin

ardin facré ! vous , ô montagne fainte !
riftes témoins de Jefus affligé !
Apprenez-nous dans quels excès de crainte ,
Dans quels ennuis fon cœur étoit plongé ?
Quand de la mort fentant la vive atte inte ,
Et tout le poids du célefte courroux ,
Ce Dieu d'amour voyoit la terre teinte
Des flots de fang qu'il répandoit pour nous.

Ce fut fon cœur , qui d'un amer calice ,
Lui fit , pour nous , accepter les rigueurs ,
Et qui , pour nous , l'offrit à la malice ,
A tous les traits de fes perfécuteurs.
Si fur la Croix Jefus daigne s'étendre ,
Son Cœur l'y fixe ; & s'il daigne y mourir ,
Oui , c'eft fon Cœur , ce Cœur , pour nous , fi
       tendre ,
Qui nous fait don de fon dernier foupir.

Mais c'eft encor trop peu pour fa tendreffe :
Ce même Cœur , fixé fur nos autels ,
Se reproduit , fe ranime fans ceffe ,
Pour s'y prêter au bonheur des mortels.
C'eft là , toujours , que placé fur un trône
D'amour , de paix , de grace & de douceur ,
Pour eux il s'offre , il s'immole , il fe donne ;
Pour tout retour , n'exigeant que leur cœur.

Cœurs trop long-tems endurcis , infenfibles !
A fes defirs vous refuferiez-vous ?
Par quels bienfaits , par quels traits plus vifibles
Peut-il montrer fes tendres foins pour nous ?
Ce riche don de fon amour extrême
Ne pourra-t-il vous vaincre , vous charmer ?
Ah ! mille fois , mille fois anathême
Au cœur ingrat qui ne veut point l'aimer.

Bienheureux ceux que l'innocence pure
Conduit fouvent à fon facré Feftin ,
             O

Et dont l'amour puise sa nourriture
Dans sa substance & dans son sang divin !
C'est là sur-tout qu'il s'unit à leur ame,
Par le plus fort & le plus doux lien,
Et que leur cœur & s'embrase & s'enflamme
Des mêmes feux dont est brûlé le sien.

Par quels excès, hélas ! d'irrévérence,
De sacrilége & de témérité !
Par quel oubli, par quelle indifférence
N'ose-t-on point outrager sa bonté ?
Cœurs innocents, & vous, Ames ferventes,
Vengez, vengez & sa gloire & ses dons ;
Rendez, pour lui, vos flammes plus ardentes,
Vos vœux plus purs, vos respects plus profonds.

Que sur la terre, à jamais, d'âge en âge,
Ce Cœur sacré, caché dans nos lieux saints,
Ait & les vœux, & l'amour, & l'hommage,
Et le tribut de l'encens des humains !
Que dans les Cieux les Puissances l'honorent,
Qu'il regne après les siécles éternels ;
Que tous les cœurs & l'aiment, & l'adorent ;
Que tous les cœurs soient pour lui des autels.

Cœur de Jesus, sois, à jamais, ma gloire ;
Sois mon amour, mes charmes, ma douceur ;
Sois mon soutien, ma force, ma victoire,
Ma paix, mon bien, ma vie & mon bonheur.
Sois, à jamais, toute mon espérance ;
Sois mon secours, mon guide, mon sauveur
Sois mon trésor, ma fin, ma récompense,
Mon seul partage & le tout de mon cœur.

CANTIQUE LXIII.

Les bienfaits du Sacré Cœur de Jesus.

Sur l'Air : *Dans nos champs , &c.*

SACRÉ Cœur
Du Sauveur !
A vous gloire ,
Amour , victoire.
Sacré Cœur
Du sauveur !
A vous gloire , amour , honneur.

C'est de vous , source féconde
Des biens , des trésors divins ,
Que découle sur le monde
Tout le bonheur des humains.
Ces dons
Que nous goûtons ,
A vous seul nous les devons.
Sacré Cœur , &c.

De votre puissance
Tout sent le secours ;
Dans votre clémence
Tout trouve un recours.
Heureux qui toujours
Mit en vous sa confiance :
Sacré Cœur , &c.

Tout l'univers
Reçoit vos bienfaits divers.
Dans vous un accès facile
S'ouvre aux larmes du pécheur ;
Dans vous , le juste docile
Renouvelle sa ferveur.
C'est par vous que s'éternise
L'amour pur des Séraphins ;

O ij

C'est en vous que le Ciel puise
La splendeur de tous ses saints.
    Sacré Cœur, &c.

Un cœur plein de vos faveurs,
Que vous aimez, & qui vous aime,
Ne veut point d'autres douceurs
Que de brûler de vos ardeurs.

Dans vous est son bien suprême,
A vous seul vont tous ses vœux,
Et plus il ressent vos feux,
Plus vous le rendez heureux.
Un cœur plein, &c.
    Sacré Cœur, &c.

CANTIQUE LXIV.

Le même sujet.

Sur un Air nouveau.

JE gémissois dans l'esclavage,
Rougissant de ma lâcheté,
Et je n'avois pas le courage
De me remettre en liberté :
Je craignois de Dieu la justice ;
Mais malgré toute ma frayeur,
Loin de me le rendre propice,
Je me livrois avec fureur
A toutes les horreurs du vice.

Mille remords troubloient sans cesse
La paix dont je voulois jouir,
Une noire & sombre tristesse
Succédoit toujours au plaisir :
Maudissant sans cesse les charmes
Des vains objets de mon amour ;
J'arrosois mon lit de mes larmes,

Et je ne revoyois le jour
Qu'avec de nouvelles allarmes.

⁕

C'eſt par cette aimable pourſuite ,
Par cette apparente rigueur ,
Qu'enfin mon ame fut conduite
A vos pieds , mon divin ſauveur ;
O prodige de votre grace !
Dès que je ſuis auprès de vous ,
Loin de me cacher votre face ,
Vous m'ouvrez un accueil ſi doux ,
Qu'un juſte eût envié ma place.

⁕

J'admirois le tréſor immenſe ,
Qu'a Jeſus dans ſon ſacré Cœur;
Ce tréſor , fruit de ſa ſouffrance,
Qu'il offrit au plus grand pécheur ;
S'il y puiſe , s'il en profite,
S'il conſent à s'en enrichir,
De ſes crimes il le tient quitte ,
Et s'engage à le garantir
Du noir abîme qu'il mérite.

⁕

Plongé dans une ſainte ivreſſe ,
Je me tranſporte aux divers lieux
Où ce Cœur montre ſa tendreſſe
Dans les tourments les plus affreux;
Arrivé ſur le mont Calvaire ,
Je ne puis ſans friſſonnement ,
Voir la Croix , où pour ſatisfaire
Pour des péchés d'un ſeul moment ,
Là mort d'un Dieu fût néceſſaire.

⁕

En eſt-ce aſſez , Pécheur indigne !
N'es-tu pas encore ſatisfait ?
Qu'a-t-il pu faire pour ſa vigne
Au-delà de ce qu'il a fait ?
Ton ingratitude l'offenſe ,
Elle arme ſon juſte courroux ;

O iij

Tes forfaits demandent vengeance,
Et s'il a fufpendu fes coups,
C'eft que fon cœur prend ta défenfe.

⋅❊⋅

O divin Cœur, fournaife ardente
De l'amour le plus généreux,
Qui, de ce pain qu'on vous préfente
Nous faites un corps glorieux !
De votre indigne créature,
Dans l'adorable facrement,
Vous même êtes la nourriture ;
Et pour ce célefte préfent
Vous n'exigez qu'une ame pure.

⋅❊⋅

Par un facrilege exécrable
Hélas ! ce bienfait eft payé :
Le Pécheur, à la fainte Table,
Se place & n'eft point effrayé :
O bonté vraiment paternelle,
Dont tous les êtres font furpris !
Jefus loge chez un rebelle,
Et fe livre à fes ennemis,
Pour s'unir à l'ame fidelle.

⋅❊⋅

J'entends la fanglante Héréfie
Ordonner à fes fectateurs,
De profaner la fainte Hoftie,
Et d'égorger fes défenfeurs :
Vous fouffrez, Jefus, en filence,
Tous ces outrages éclatants,
Pour pouvoir, par votre clémence,
Combler vos fidéles enfants
Des doux fruits de votre préfence.

⋅❊⋅

Faifons une amende honorable,
Profternés devant Jefus-Chrift :
Pleurons fur un monde coupable
Qui ne connoît pas fon efprit :

(319)

Célébrons avec alégreſſe
La Fête de ſon ſacré Cœur :
Que chacun s'anime & s'empreſſe
A lui prouver par ſa ferveur
Qu'à ſon honneur il s'intéreſſe.

CANTIQUE LXV.

Priere au ſacré Cœur de Jeſus.

Sur l'Air précédent.

O DOUX Cœur
Du ſauveur !
Dans nos ames,
De vos flammes,
O doux Cœur
Du ſauveur,
Nourriſſez la ſainte ardeur.

Qu'en nous votre amour conſume
Tous ces terreſtres deſirs,
Que l'amour profane allume
Sous le charme des plaiſirs.
Qu'à nous
Il ne ſoit doux,
Que d'être embraſés par vous.
O doux Cœur, &c.

Qu'en nous tout n'inſpire
Que vos ſentiments ;
Que tout y reſpire
Par vos mouvements.
Que nos cœurs, nos ſens,
Tout à vous aimer conſpire.
O doux Cœur, &c.

De jour, en jour,
Qu'en nous croiſſe votre amour ;
Qu'il s'étende, ſans meſure,

Qu'il marque tous nos inftants ;
Que de l'ardeur la plus pure
Naiffent nos tranfports conftants.
Que ni l'efpoir, ni la crainte,
Ni le monde, & fes appas,
Ni la mort, à nos yeux peinte,
Ne le rallentiffent pas.
   O doux Cœur, &c.

Qu'à vous, près de nous unir ,
Notre dernier fouffle de vie,
Et notre dernier defir,
Du pur amour foit un foupir.

Et que dans notre patrie,
Enflammé par vos doux traits,
Notre cœur foit à jamais
Enivré de vos attraits.

Qu'à vous, près de nous unir,
Notre dernier fouffle de vie,
Et notre dernier defir
Du pur amour foit un foupir.
   O doux Cœur, &c.

CANTIQUE LXVI.

Defirs de la vie éternelle.

Pour les Dimanches après la Pentecôte.

Sur l'Air : *Jefus dont la divine flamme , &c.*

O DIEU fuprême, Dieu terrible,
Qu'une lumiere inacceffible
Cache aux yeux des foibles humains !
Toi, dont l'adorable préfence,
Dans le refpect & le filence,
Contient les Anges & les faints.

Au milieu des nuits les plus fombres,
Enveloppés d'épaifles ombres,
Nous errons dans l'obfcurité,
Jufqu'au tems où dans ton empire,
Sur nous tu dois faire reluire
Le beau jour de l'Eternité.

❖❖❖

Quel jour ! ce jour eft ton ouvrage,
Et c'eft le brillant héritage
Réfervé pour tes favoris :
A fon afpect, ombre grofliere,
L'aftre qui donne la lumiere,
Perd fon éclat & tout fon prix.

❖❖❖

Digne objet de notre efpérance,
Grand jour ! que par ta longue abfence
Tu différas notre bonheur !
Quoi ! faut-il qu'à jamais durable,
Le poids du corps qui nous accable,
A nos yeux voile ta fplendeur ?

❖❖❖

Libres de leurs chaînes cruelles,
Quand pourront nos ames fidelles
Voler, Seigneur, jufqu'à ta Cour,
Avoir place parmi tes Anges,
Te voir, entendre tes louanges,
Et s'abîmer dans ton amour ?

❖❖❖

O Trinité, fource féconde,
Des biens répandus dans le monde,
Rempliffez nos cœurs de vos dons !
Et qu'une lumiere éternelle
Succéde à la clarté mortelle
Dont ici-bas nous jouiffons.

O v

CANTIQUE LXVII.

Le même fujet.

Sur un Air nouvéau.

ODIEU, qui dans les feux des fplendeurs
  éternelles,
Régnez fur ce féjour, où les efprits heureux
Dans un faint tremblement font couverts de leurs
  aîles,
Voyant, de votre front, l'éclat majeftueux.

Dans ce fatal exil, un voile épais & fombre
Enveloppe nos pas ; la Foi feule nous luit:
Mais, votre jour, Seigneur, devant qui fuit
  toute ombre,
Fera, loin de nos yeux, difparoître la nuit.

Ce jour fi lumineux que figurent nos Fêtes,
Vous nous le préparez, Dieu de toute bonté !
Le grand aftre qui brille en fon plein fur nos têtes
N'eft qu'un foible rayon de fa vive clarté.

Que vous tardez long-tems, pour une ame fidéle,
O jour après lequel nous devons foupirer !
Mais pour jouir de vous, ô lumiere éternelle,
Du poids de notre corps, il nous faut délivrer.

O quand de fes liens, notre ame dégagée,
Grand Dieu, dans votre fein, portera fon effor !
Dans vos divins torrents, dans vous-même,
  plongée,
Vous voir, & vous aimer, fera fon heureux fort.

Suprême Trinité ! faites, par votre grace,
Que fur ce bien promis nos vœux foient arrêtés;
Et qu'un jour éternel fuccéde au court efpace
Des jours qu'en notre exil, vous nous aviez comptés.

CANTIQUE LXVIII.

Contre les irrévérences dans les Eglises.

Pour le jour de la Dédicace.

Sur l'Air : *Comme une hirondelle , &c.*

QUE font ces coupables mortels ?
Viennent-ils au pied des autels
Infulter au feigneur lui-même ?
   Quand tout tremble fous fa main,
Oferont-ils de ce Roi fouverain
   Braver le pouvoir fuprême ?

Sans quitter la gloire des Cieux,
Son amour l'a fait en ces lieux
Parmi nous fe choifir un temple ;
   Il y cache fa grandeur :
Mais pour juger un jour dans fa fureur,
   Son œil toujours nous contemple.

Fut-il jamais, peuple Chrétien,
Un bonheur comparable au tien ?
Jufqu'à toi l'Eternel s'abaiffe,
   Toujours prêt à t'écouter :
Quel cœur ingrat peut encor réfifter
   Aux charmes de fa tendreffe.

D'un Dieu, c'eft ici la maifon,
C'eft ici que l'humble oraifon
A fes vœux rend le Ciel propice :
   Mais malgré tous fes bienfaits,
On vient, hélas ! par de nouveaux forfaits
   Encore armer fa juftice.

Rend-on favorables les Cieux,
Lorfqu'on entre dans ces faints lieux

Sans refpect , & fans retenue ?
    Quand on s'y livre aux vains difcours ;
Et que , volage , on s'y repaît toujours
    De ce qui s'offre à la vue.

※

Chrétiens , dans ces auguftes lieux
    Uniffons nos concerts pieux
Pour louer notre aimable Maître :
    Il nous comble de faveurs :
Par notre zele à lui donner nos cœurs,
    Tâchons de les reconnoître.

CANTIQUE LXIX.

A l'honneur de la fainte Croix.

Pour les jours de fon Invention , de fon Exaltation & de fa
Sufception.

Sur l'Air : *O douce amie, ô ma tant belle, &c.*

AUGUSTE Croix ! Croix confacrée
Par les foupirs de Jefus-Chrift !
C'eft vous qui fûtes enivrée
Du fang que ce Dieu répandit :
Vous vîtes la douleur amere,
Que par amour il endura ,
Il vous rendit dépofitaire
Des derniers mots qu'il proféra.

※

Vous êtes cette Chaire augufte,
Où va s'inftruire le pécheur ;
Ce lit de noces où le jufte
Eft enfanté pour le Seigneur ,
Vous êtes fon char de victoire,
L'autel où ce Dieu meurt pour nous,
Le Tribunal où dans fa gloire
Il doit un jour nous juger tous.

Quels gages voyons-nous éclore,
Du rachat de tout l'univers :
De son sang la Croix fume encore,
Et par lui sont brisés nos fers :
Vivez, Mortels , dans l'espérance,
Ce sang est un gage certain,
Un monument, une assurance
Du bonheur de votre destin.

❈

Vous donc qui seule aux enfants d'Eve
Découvrez le chemin du Ciel,
Croix par qui le sauveur s'éleve
Jusques au sein de l'Eternel :
Vous êtes la route divine,
Où l'on doit conduire ses pas :
Le chef est couronné d'épines,
Est-ce à nous d'être délicats ?

❈

Heureux celui qui se repose,
Toujours à l'ombre de la Croix !
Si d'une main Dieu nous l'impose,
De l'autre il en soutient le poids :
Elle devient notre ressource,
Elle nous tend les bras à tous,
Elle est cette abondante source,
D'où tous les dons coulent sur nous.

CANTIQUE LXX.

A l'honneur de la Sainte Couronne
d'épines.

Pour le jour de sa Susception.

Sur l'Air : *Hélas ! qui pourroit jamais croire , &c.*

DISPAROISSEZ , pourpre éclatante,
Des Rois respectable ornement ;
De Jesus la pourpre sanglante ,
Brille à mes yeux plus noblement ;

Et vous , ô Sceptre redoutable !
Vous, des Rois, augufte bandeau !
Fûtes-vous rien de comparable
A fa Couronne , à fon Rofeau ?

Avec ces armes indomptables
Il a forcé les murs de fer,
Brifé les portes formidables
Des cachots fombres de l'enfer :
Les juftes qu'au Ciel il ramene
Ont eu, par lui, leur liberté ,
Lui-même il a rompu la chaîne
Des nœuds de leur captivité.

Pourquoi donc fous le joug du crime,
Pécheurs, reftez-vous abbattus ?
Il nous foutient , il nous anime
Dans la carriere des vertus ;
Sur vos pas les nuits les plus fombres
Répandoient leur obfcurité ,
Il vous fait luire , après ces ombres
Le flambeau de l'éternité.

Voilà ce que nous fait entendre
De fon front le bandeau fanglant ,
De fon amour ce figne tendre ,
Pour l'homme exemple fi puiffant ;
Jefus-Chrift , en mourant, nous crie,
Que foulant au pied les tréfors ,
Il nous faut racheter la vie
Au prix de mille & mille morts.

CANTIQUE LXXI.

L'Affomption de la Sainte Vierge.

Sur l'Air de Blot.

VIERGE, des Vierges la plus pure,
Que la grace & non la nature
Fit naître pour notre bonheur :
Voici le jour de ta victoire,
Dieu, ton Fils & notre Sauveur,
T'enleve aujourd'hui dans la gloire.

❖

O Mere tendrement chérie,
La mort triomphe de ta vie ;
Ton Dieu fubit le même fort :
Mais ce Fils te rend la lumiere,
T'arrachant des bras de la mort,
Il t'ouvre du Ciel la barriere.

❖

L'Eternel veut par fa puiffance,
Que le corps dont il prit naiffance,
Comme le fien, foit glorieux :
Comme le fien qu'il reffufcite :
Pour aller jouir dans les Cieux
De tout le bonheur qu'il mérite.

❖

Vierge fans tache, Reine augufte,
Un fi beau triomphe étoit jufte :
Il ne fut dit jamais pour toi,
[Vous rentrerez dans la pouffiere]
Le Dieu qui porta cette loi
Devoit y fouftraire fa Mere.

❖

Que dis-je ? non, ce n'eft qu'aux Anges
A bien célébrer tes louanges ;
En toi tout eft miraculeux,
Ta mort, ta vie & ta naiffance ;

C'eſt à nous de t'offrir nos vœux,
Et d'implorer ton aſſiſtance.

❖

Par nos hommages attendrie,
Rappelle à qui tu dois la vie
Et ces lieux où tu vis le jour :
Dans la gloire aujourd'hui ravie
Les Cieux deviennent ton ſéjour,
Mais la terre fut ta patrie.

CANTIQUE LXXII.

Le même ſujet.

Sur l'Air : *O jour dont le bonheur, &c.*

ANGES applaudiſſez & chantez la victoire
De la Mere d'un Dieu, qui triomphe en ce jour;
Après un doux trépas, elle vole à la gloire,
Où la main de ſon Fils couronne ſon amour.

❖

Tels les premiers rayons de la naiſſante aurore,
Annoncent du ſoleil l'agréable retour :
O Vierge ! ta ſplendeur, mais plus brillante en-
core,
A chaſſé la nuit ſombre & ramené le jour.

❖

La lune ſous tes pieds courant dans ſa carriere,
Voit près de toi ternir ſa céleſte clarté ;
Et le ſoleil t'ornant de ſa propre lumiere,
A l'aſpect de tes traits, ſe trouve ſans beauté.

❖

Pour te rendre au ſéjour que t'offre ta couronne,
Avec un ſaint tranſport tu quittes ces bas lieux ;
Des Anges, à l'envi, le concours t'environne,
Et t'éleve en triomphe à la gloire des Cieux.

❖

O Vierge ! que ton Fils t'accorde de puiſſance !
Que par toi ſur la terre, il verſe de faveurs !

eule au-deſſus des ſaints, quelle prééminence !
u-deſſous de Dieu ſeul, quel rang ! que de
grandeurs !

·◆●◆·

Tu vois à découvert la divine nature,
Qu'ici nous déroboit ſa ſainte humanité,
L'enfant, à qui ton lait ſervit de nourriture,
Te nourrit, dans les Cieux, de ſa Divinité.

·◆●◆·

Vierge admiſe aux ſplendeurs du ſeul Etre ado-
rable,
De tes vives clartés, répand ſur nous les feux ;
Par toi, la terre au Ciel fit un don admirable,
De quels dons, à ſon tour, doit-il combler nos
vœux !

·◆●◆·

Aſſiſe au pied du Trône, où regne Dieu le Pere,
O Reine qu'il chérit, ſois propice à nos vœux !
Tu peux, ſur tes enfants, déſarmer ſa colere,
Tu nous aimes encor, daigne nous rendre heu-
reux.

CANTIQUE LXXIII.

Les grandeurs de la Sainte Vierge.

Sur l'Air : *Du fond de vos forêts, &c.*

A LA Reine des Cieux offrons un juſte hom-
mage ;
Réuniſſons pour elle, & nos voix & nos cœurs,
Réuniſſons pour elle, & nos voix & nos cœurs.
A la Reine, &c.   *Fin.*
   A chanter ſes grandeurs
Conſacrons la fleur de notre âge. A la, &c.

   Heureux celui qui dès l'enfance,
Lui fait de ſoi-même le don,

Et met fon innocence
A l'abri de fon nom!   A la Reine, &c

⌖

Aux yeux du Tout-puiffant elle fut toujour
pure ;
Chantons, fur le péché, fon triomphe éclatant
Chantons fur le , &c.

Son cœur, même un inftant,
Ne reçut jamais de fouillure. Aux yeux, &

Plus fainte que les Chœurs des Anges,
Des Trônes & des Chérubins,
Elle a droit aux louanges
Des Mortels & des Saints. Aux yeux, &

⌖

Le Dieu de fainteté la choifit pour fa Mere,
Rendons, rendons hommage à fa maternité,
Rendons, rendons , &c.

Par fon humilité
A fes yeux purs elle fçut plaire. Le Dieu, &

Elle fut Epoufe, & féconde,
Sans nuire à fa virginité ;
Et le fauveur du monde
De fes flancs nous eft né.   Le Dieu, &

⌖

Son faint Nom aux enfers toujours fut redou
table ;
Chantons, fur les démons, fon empire conftant
Chantons fur les, &c.

Sa main du noir ferpent
Ecrafa la tête coupable. Son faint Nom, &

En vain de l'erreur renaiffante
Les monftres fe font élevés ,
Sa force triomphante
Les a tous captivés. Son faint Nom, &

⌖

Tout retrace à nos yeux l'éclat de fa puiffance
Sans ceffe qu'à fa gloire on dreffe des autels ,
Sans ceffe qu'à , &c.

Sur elle les mortels
Fondent leur folide efpérance.　Tout, &c.

Auprès de Dieu, dans leurs difgraces,
Elle eft le falut des humains,
　　Et la fource des graces,
　　Vient à nous par fes mains.　Tout, &c.

⸺⸺

Elle eft & notre Reine, & notre tendre Mere;
Vivons fous fon empire, annonçons fes bienfaits.
Vivons fous fon, &c.
　　On n'eft trompé jamais,
　Lorfqu'en fa bonté l'on efpere. Elle eft, &c.

Toujours fa tendreffe facile
Se rend fenfible à nos malheurs :
　　Elle eft toujours l'afyle,
　　Et l'efpoir des Pécheurs.　Elle eft, &c.

⸺⸺

O Vierge toujours fainte ! O Mere toujours
　　　　tendre !
Soyez, foyez propice aux vœux de vos enfants,
Soyez, foyez, &c.
　　Que fur nos jeunes ans,
　Vos faveurs viennent fe répandre ! O, &c.

De votre bonté falutaire
Daignez nous prêter le fecours;
　　Montrez-vous notre Mere
　　Dans l'enfance, & toujours.　O, &c.

CANTIQUE LXXIV.

A l'honneur de la Sainte Vierge.

Sur l'Air : *Ce que je dis est la vérité même, &c.*

REINE des Cieux , de notre tendre hom-
  mage
Nous vous offrons le foible encens ;
Que votre nom soit chanté d'âge en âge,
Qu'il soit toujours l'objet de nos accens.   *Fin*

  Si le Ciel l'admire en silence ,
Comment oser célébrer sa grandeur ?
  Gémissons sur notre impuissance ,
  Et ne suivons que notre cœur.
Reine des Cieux , &c.

   ⬥✦⬥

De l'homme , hélas ! le crime est le partage
  Il naît coupable & corrompu :
Dieu la sauva de ce triste naufrage,
Rien n'altéra l'éclat de sa vertu.   *Fin.*

  Tel le lys est dans nos prairies,
Rien ne ternit sa brillante couleur,
  Entouré de tiges flétries
  Il ne perd point de sa blancheur.
De l'homme , hélas ! &c.

   ⬥✦⬥

L'appas trompeur & séduisant des vices
  Ne pervertit jamais son cœur ;
Plaire à son Dieu , fit toujours ses délices ,
Vivre pour lui , fit toujours son bonheur.   *Fin.*

  Son aimable & pure innocence
Et ses vertus vont recevoir leur prix...
  Le jour vient , le moment s'avance...
  Le Fils d'un Dieu devient son Fils.
L'appas trompeur , &c.

Vierge fainte, augufte protectrice,
Que votre amour veille fur nous,
un Dieu févere appaifez la juftice
fufpendez l'effet de fon courroux.　　*Fin.*

Infenfible à notre triftefle,
des mortels vous dédaignez les vœux,
Rappellez à votre tendrefle
Que votre fils mourut pour eux,
Vierge fainte, &c,

❖❖❖

Soutenez-nous au milieu des allarmes,
Secourez-nous dans nos malheurs;
Vous plairiez-vous à voir couler nos larmes?
Vous êtes Mere! & nous verfons des pleurs! *Fin.*

Ah! fongez que notre mifere
Devint pour vous la fource des grandeurs:
D'un Sauveur feriez-vous la Mere
Si nous n'euffions été pécheurs?
Soutenez-nous, &c,

CANTIQUE LXXV.

Triomphe de la Sainte Vierge,

Sur un *Air ancien.*

Qu'on eft heureux
Sous votre empire!
Reine des Cieux!
Qu'on eft heureux
Sous votre empire!
Reine des Cieux!　　*Fin.*

Tout vous admire,
Tout femble vous dire,
Qu'on eft heureux
Sous votre empire! Qu'on, &c,

Pour vous que tout foupire,
Pour vous que tout refpire,

Et que chacun à l'envi conspire
 A vous offrir ses vœux. Qu'on, &c

 Tout ce que notre cœur defire,
C'eft de nous joindre aux Efprits bienheureux,
Et de chanter , Et de chanter à jamais avec eux
 Qu'on eft heureux, &c.

⋅⊶❦⊷⋅

  A vos douceurs
  Tout doit fe rendre ,
  Reine des cœurs !
  A vos douceurs
  Tout doit fe rendre,
  Reine des cœurs. Fi

  C'eft trop attendre,
  C'eft trop s'en défendre :
  A vos douceurs
  Tout doit fe rendre. A vos, &c

Quels biens votre amour tendre
Sur nous daigne répandre !
Par fon fecours nous pouvons prétendre
 Aux céleftes faveurs. A vos, &c.

Nos ennemis , pour nous furprendre,
Ont beau s'armer des traits les plus vainqueurs
Vous triomphez, Vous triomphez de leurs vaine
 fureurs. A vos douceurs, &c

CANTIQUE LXXVI.

Le même fujet.

Sur l'Air : *Regne amour dans nos ames, &c*

GLOIRE, amour & louanges,
Gloire au plus haut des Cieux,
Gloire, amour , en tous lieux,
A la Reine des Anges :

Gloire, amour, & louanges,
Gloire au plus haut des Cieux,
Gloire, amour, en tous lieux
A la Reine des Anges !
Gloire au plus haut des Cieux,
Gloire, amour & louanges,
Gloire, amour & louanges.

CANTIQUE LXXVII.

Priere à la très-Sainte Vierge.

A l'imitation du *Salve, Regina, &c.*

Sur l'Air : *Reviens, Pécheur, &c.*

JE vous salue, auguste & sainte Reine,
Dont la beauté ravit les immortels !
Mere de grace, aimable souveraine,
Je me prosterne au pied de vos autels.

Je vous salue, ô divine Marie !
Vous méritez l'hommage de nos cœurs ;
Après Jesus, vous êtes, & la vie,
Et le refuge, & l'espoir des pécheurs.

Fils malheureux d'une coupable mere,
Bannis du Ciel, les yeux baignés de pleurs ;
Nous vous faisons, de ce lieu de misere,
Par nos soupirs entendre nos douleurs.

Ecoutez-nous, puissante Protectrice !
Tournez sur nous vos yeux compatissants ;
Et montrez-nous, qu'à nos malheurs propice,
Du haut des Cieux, vous aimez vos enfants.

O douce ! ô tendre ! ô pieuse Marie !
Vous dont Jesus, mon Dieu reçut le jour ;
Faites qu'après l'exil de cette vie,
Nous le voyions dans l'éternel séjour.

CANTIQUE LXXVIII.

Confécration à la Sainte Vierge.

Sur l'Air des Folies d'Efpagne.

MERE de Dieu, du monde fouveraine,
Vous qui voyez à vos pieds tous les Rois ;
Je vous choifis aujourd'hui pour ma Reine,
Et me foumets pour toujours à vos loix.

⊷⊱⊰⊷

Je mets ma gloire à vous marquer mon zele,
A vous aimer, à vous faire fervir :
Ah ! fi mon cœur vous doit être infidéle,
Cent & cent fois qu'on me faffe mourir.

⊷⊱⊰⊷

Que contre moi l'enfer entre en furie,
Sous votre nom on m'en verra vainqueur :
Un ferviteur, un enfant de Marie
Peut-il périr ? peut-il mourir pécheur ?

CANTIQUE LXXIX.

Invocation à la très-Sainte Vierge.

Sur l'Air : Ah ! que la chaffe eft belle, &c.

JE mets ma confiance,
Vierge, en votre fecours,
Servez-moi de défenfe,
Prenez foin de mes jours ;
Et quand ma derniere heure
Viendra fixer mon fort,
Qu'en votre Nom je meure
De la plus fainte mort.

CANTIQUE

CANTIQUE LXXX.

A l'honneur du faint Nom de Marie,

Sur l'Air : *De tout un peu*, &c.

DANS nos concerts,
Béniffons le Nom de Marie,
Dans nos concerts,
Confacrons-lui nos chants divers.
Que tout l'annonce & le publie,
Et que jamais on ne l'oublie,
Dans nos concerts.

⬦⬦⬦

Qu'un Nom fi doux
Eft confolant ! qu'il eft aimable !
Qu'un Nom fi doux
Doit avoir de charmes pour nous !
Après Jefus, Nom adorable,
Fut-il rien de plus délectable
Qu'un Nom fi doux !

⬦⬦⬦

Ce Nom facré
Eft digne de tout notre hommage,
Ce Nom facré
Doit être par-tout honoré.
Qu'il puiffe toujours, d'âge en âge,
Etre révéré davantage
Ce Nom facré !

⬦⬦⬦

Nom glorieux !
Que tout refpecte ta puiffance,
Nom glorieux !
Et fur la Terre, & dans les Cieux !
De Dieu tu calmes la vengeance,
Tu nous affures fa clémence,
Nom glorieux !

P

Par ton fecours !
L'ame à fon Dieu toujours fidéle,
Par ton fecours
Dans la vertu coule fes jours.

Sa ferveur, fon amour, fon zele,
Se nourrit & fe renouvelle
Par ton fecours.

*CANTIQUE LXXXI.

Priere au Sacré Cœur de Marie.

Sur l'Air : *Dans nos hameaux la paix, &c.*

O Cœur facré de la Reine des Anges,
Cher à Jefus, image de fon cœur !
Reçois l'encens de nos juftes louanges ;
Auprès de lui tu fis notre bonheur.
Le même amour vous unit l'un & l'autre:
Engage-nous dans ce même lien,
Cœur généreux ! & viens t'unir au nôtre,
Pour l'enflammer & le conduire au fien.

CANTIQUE LXXXII.

A l'honneur de Saint Jofeph.

Sur l'Air : *O jour dont le bonheur, &c.*

Issu du fang des Rois, dont tu foutiens la gloire
Jofeph, que les époux célébrent tes grandeurs
Que des Vierges les chœurs, jaloux de ta mé-
moire,
De leur lys, en ce jour, te confacrent les fleurs

❖

Tu fus le nœud facré d'une fainte alliance,
De ton Epoufe vierge, époux confervateur,
Ton chafte amour du fien refpecta l'innocence ;
Et tu portas le nom de Pere du Sauveur.

Sous les ordres du Ciel, le Fils de Dieu lui-
    même,
Vit confier ses jours à ta fidélité !
Tu partageois alors avec l'Etre suprême
Les travaux & les droits de la paternité.

⁕⁂⁕

Tu nourris au berceau ton Dieu, ton Roi, ton
    Maître,
Et tes yeux vigilants préviennent ses besoins :
Sans toi, sans ton secours Jesus-Christ voulut
    naître,
Mais son accroissement est le fruit de tes soins.

⁕⁂⁕

Quand les Anges au loin annoncent la naissance
Du Roi de l'univers qui descend parmi nous,
Tu sçais, fidélement, dans le sein du silence,
Cacher l'œuvre d'un Dieu, de ses secrets jaloux.

⁕⁂⁕

O toi qui connoissois la vertu de Marie !
Témoin de sa pudeur, quel fut donc ton dessein !
Fuirois-tu, tendre Epoux, une Epouse chérie ?
C'est le Fils du Très-Haut qui réside en son sein.

⁕⁂⁕

Un envoyé du Ciel, quand tu doutes encore,
Vient pour te rassurer sur sa virginité :
Ton ame prend le calme, & soumise, elle adore
Le fruit mystérieux de sa fécondité.

⁕⁂⁕

Le Dieu Sauveur, à peine a-t-il vu la lumiere,
Que l'Ange t'avertit de sortir de ce lieu ;
Evite, disoit-il, une main meurtriere,
Enleve à sa fureur ton Epouse & ton Dieu.

⁕⁂⁕

Prompt à suivre sa voix, tu pars en diligence ;
Le précieux dépôt se sauve dans la nuit :
De l'adorable enfant la sage intelligence
Te découvre l'Egypte où sa main te conduit.

⁕⁂⁕

Bientôt il doit ouvrir cette bouche divine,
Que de traits éloquents dont tu seras surpris !

La noble profondeur de fa pure doctrine
Confondra tout l'orgueil des fuperbes efprits.

***

Jefus, du Tout-Puiffant, & la gloire & l'image,
Eclaire nos efprits, diffipe nos erreurs,
Et conduis-nous toi-même à ce riche héritage
Dont ton fang découvrit les céleftes fplendeurs.

CANTIQUE LXXXIII.

Le doute & la foi de Saint Jofeph.

Sur l'air de Navarre.

GARDIEN de la virginité
 Et des jours de Marie,
Se peut-il que fa pureté
 Te paroiffe obfcurcie ?
Faut-il que defcendu des Cieux
 Un Ange te raffure,
Et qu'il juftifie à tes yeux
 Des Vierges la plus pure ?

***

Il vole, & Dieu l'envoie exprès
 Au fecours de fa Mere ;
Jofeph ! écoute les fecrets
 D'un fublime myftere :
L'Efprit, le feul Efprit divin,
 Rend la Vierge féconde ;
C'eft le Sauveur du genre humain
 Qu'elle doit mettre au monde.

***

Jofeph furpris, mais plus foumis,
 Adore & s'humilie :
Un Dieu qui paroîtra fon fils,
 Va naître de Marie :
Veillez, dit l'Ange au chafte Epoux,
 Veillez fur fon enfance ;

Le Ciel, de concert avec vous,
    Le prend fous fa défenfe.

❧❧❧

Pour le fauver des noirs complots
    D'un prince parricide,
Je vous ferai fuir à propos,
    Et ferai vôtre guide ;
Je conduirai du haut des airs
    Et l'Enfant & la Mere :
Et la nuit, les fombres déferts
    Brilleront de lumiere.

❧❧❧

Il dit, Jofeph rempli de foi
    Sent redoubler fon zele :
Puiffions-nous croire, ainfi que toi,
    Ce que Dieu nous révele !
Grand Saint, du célefte féjour
    Entends notre priere,
Et fois ici-bas à ton tour,
    Notre Ange tutélaire.

✶CANTIQUE LXXXIV.

Prieré à faint Jofeph pour demander une bonne mort.

Sur l'Air : *O ma tant douce colombelle, &c.*

EPOUX, feul digne de Marie !
Tuteur du maître de la vie :
O toi qui mourus dans fes bras !
Sois-moi propice à mon trépas :
Fais que, fous tes doux aufpices,
Mon ame pure à jamais,
Du Ciel goûtant les prémices,
Meure dans ta fainte paix,
Meure dans ta fainte paix, Meure, &c.

* CANTIQUE LXXXV.
A l'honneur de Sainte Anne.
Pour le jour de fa Fête.

Sur l'Air : *Les doux plaifirs habitent ce bocage,* &c

Toi, que par choix la fageffe éternelle
Donna pour mere à la Reine des Saints !
Dans ce grand jour, ce jour cher aux humains,
Daigne accueillir l'offrande folemnelle
D'un encens dû que t'adreffent nos mains.

Fidelle à Dieu dès la plus tendre enfance,
Anne fixa fes regards bienfaifants :
On vit en elle, avec fes jours naiffants,
Croître & briller de la pure innocence
Les doux attraits, les charmes raviffants.

De l'Efprit faint la féconde largeffe,
Fut de fes dons prodigue en fa faveur,
La foi, l'efpoir, l'amour & la douceur,
L'humilité, la candeur, la fageffe,
Dans fa belle ame unirent leur fplendeur.

Mais ô merveille ! ô prodige de grace !
Le Tout-puiffant veut fauver Ifraël,
Anne a déja part au deffein du Ciel,
Elle verra defcendre de fa race
Le Chrift promis, le Fils de l'Eternel.

Déja Marie exempte de fouillure,
Croît, fans péril, à l'abri de fon fein,
Nous lui devons ce chef-d'œuvre divin,
Cette humble Vierge, époufe chafte & pure,
Mere d'un Dieu Sauveur du genre humain.

grande Sainte , ô mere de Marie !
ta puiſſance ouvre-nous un recours.
Que par les ſoins de ton tendre ſecours;
ſans tes vertus s'écoule notre vie ;
Que ta ferveur anime tous nos jours.

CANTIQUE LXXXVI.

A l'honneur de S. Michel & de tous les Saints Anges.

Sur l'Air : *Jeune Iris dons notre querelle , &c.*

Assis ſur un trône de gloire,
Où les Anges , ſans nombre , adorent tes gran-
deurs ,
De ton ſang précieux nous ſommes la victoire ,
Seigneur , répand ſur nous ta grace & tes faveurs.

Appellés par ta voix puiſſante ,
Au ſouverain bonheur des eſprits immortels ,
Ta bonté veut encor que leur main bienfaiſante
Nous conduiſe au ſéjour de tes biens éternels.

Prévoyant nos vives allarmes ,
Tu fais voler vers nous ces puiſſants Meſſagers ;
Et tu veux que ſans ceſſe ils nous prêtent des
armes ,
Pour nous conſerver purs au milieu des dan-
gers.

En vain au bord du précipice ,
Par l'attrait des plaiſirs , le démon nous conduit ;
Pour nous rendre vainqueurs d'un perfide arti-
fice ,
Les Anges près de nous , veillent & jour & nuit.

Toi qu'on vit ſur l'ange rebelle ,
Venger des droits de Dieu le mépris orgueilleux ,

P iv

Vole à notre secours, arme-nous de ton zele,
Pour braver des démons les attraits dangereux.

❖

Ange qui prédis le myftere
Du Sauveur dont la mort a fçu brifer nos fers,
Defcends du haut des Cieux, & par ton minif-
tere,
En annonçant la paix, confole l'univers.

❖

Et toi, dont l'art inimitable
Au faint vieillard Tobie a rendu la clarté,
Eclaire nos efprits, que ta main charitable
Diffipe nos langueurs & notre infirmité.

✳ CANTIQUE LXXXVII.

Priere au faint Ange Gardien.

Sur l'Air : *De tout un peu, &c.*

ANGE de Dieu!
Miniftre de fa providence,
Ange de Dieu!
Qui daignez me fuivre en tout lieu:

A l'ombre de votre préfence
Garantiffez mon innocence,
Ange de Dieu !

❖

Dans cet exil
Soyez fenfible à ma mifere,
Dans cet exil
Sauvez mes jours de tout péril.

Soyez ma force & ma lumiere,
Mon maître, mon ami, mon pere
Dans cet exil.

CANTIQUE LXXXVIII.

Priere au faint Patron.

Sur l'Air : *Je vais te voir, charmante Life, &c.*

O TOI, qui dès ma tendre enfance,
Daignas être mon Protecteur ;
Grand Saint ! fais que ton innocence
A jamais régne dans mon cœur.　　*Fin.*

Fais, qu'au Seigneur toujours fidéle,
A l'ombre de ton divin Nom,
Je te prenne autant pour modéle,
Que j'aime à t'avoir pour Patron. O toi, &c.

CANTIQUE LXXXIX.

A l'honneur de S. Pierre & S. Paul, Patrons de cette Paroiffe.

Sur l'Air : *Tu croyois, en aimant Colette, &c.*

PRINCES illuftres de l'Eglife,
Vos travaux enfin font finis,
Et de votre fainte entreprife,
Vous avez recueilli le prix.

⟨ornament⟩

Les dieux font réduits en pouffiere ;
Le Chrift feul regne dans ce jour ;
Rome avoit foumis la terre entiere,
Et Rome eft foumife à fon tour.

⟨ornament⟩

Le tyran contre vous s'éleve ;
Mais les victimes ont vaincu ;
Et par la croix & par le glaive,
On vit triompher leur vertu.
　　　　　　　　　P v

Leur fang fertilife le monde,
Et c'eft de fes flots fortunés
Que vient la femence féconde
D'où les Chrétiens par-tout font nés.

❦

En vain, toute une Ville impie,
Vous rendoit les divins honneurs;
Fiers Céfars ! de l'ignominie
Vos corps éprouvent les horreurs.

❦

Rome fe glorifie encore
Des cendres de fes deux vainqueurs,
Sur fes collines on honore
La Croix & fes adorateurs.

❦

O Ville, ô Cité fomptueufe,
D'où font fortis tant de héros !
Rome, que vous êtes heureufe
D'avoir ces Fondateurs nouveaux !

❦

Par leur fang, vos fameux athletes
Ont vaincu les peuples divers :
Et par la foi, feule vous êtes
Maîtreffe de tout l'univers.

CANTIQUE XC.

A l'honneur de Saint Sulpice,
Patron titulaire de cette Paroiffe.

Sur l'Air : *Du fond de vos forêts, &c.*

DE Sulpice honorons la fête & la mémoire,
Marquons-lui par nos chants le plus tendre retour,
Marquons-lui par nos chants le plus tendre retour,
De Sulpice, &c.   *Fin.*
          Chantons dans ce faint jour
     La fource & l'éclat de fa gloire.   De, &c.

Que chacun de concert s'empreſſe
Et forme les plus beaux accords ;
 Qu'une ſainte alégreſſe
 Eclate en doux tranſports.   De , &c.

⋄⋊✕⋉⋄

Auguſte protecteur de notre foible enfance
I offre & notre encens & nos vœux à l'autel ,
I offre & notre , &c.
 Il ſçait de l'immortel
 Arrêter la juſte vengeance. Auguſte, &c.

Heureux ceux dont la confiance
Implore ſouvent ſon ſecours,
 Il eſt & l'eſpérance ,
 Et l'appui de leurs jours. Auguſte, &c.

⋄⋊✕⋉⋄

Du monde il fuit toujours les perfides délices ,
Il mépriſa les biens, la gloire & le bonheur,
Il mépriſa, &c.
 A Dieu ſeul de ſon cœur
 Il ſçut conſacrer les prémices.   Du, &c.

De la vertu la plus aimable
Il conſerva la tendre fleur ,
 Et nul ſouffle coupable
 N'en ternit la blancheur.   Du , &c.

⋄⋊✕⋉⋄

Il préſerva ſon cœur au ſein de la licence
De l'air contagieux qu'on reſpire à la Cour ,
De l'air contagieux, &c.
 Il fut dans ce ſéjour
 Un modéle de pénitence.   Il , &c.

On ſe ſentoit à ſa préſence
Brûler des plus ſaintes ardeurs ;
 Son aimable innocence
 Captivoit tous les cœurs.   Il , &c.

⋄⋊✕⋉⋄

L'amour de la vertu s'accrut avec ſon âge ,
La priere nourrit ſa tendre piété,
La priere , &c.

P vj

L'efprit de pauvreté
Fut toujours fon riche partage. **L'amour**

Il fçut inftruire l'ignorance
Du peuple dont il fut pafteur ;
Et fa douce éloquence
Triompha de l'erreur. L'amour , &c.

❖

Son cœur s'ouvrit toujours au cri de l'indigence,
Sa main fécha les pleurs de l'humble malheureux,
Sa main fécha , &c.

Par fes foins généreux
Il fit refleurir l'abondance. Son cœur, &c.

Sa follicitude attentive
Paroît prévénir les befoins ,
Et fa tendreffe active
Eft prodigue de foins. Son cœur, &c.

❖

Toujours dans les travaux, même dans fa vieilleffe,
Il partage, à regret, le poids de fon fardeau ,
Il partage, &c.

Mais fon heureux troupeau
Ne perdit rien de fa tendreffe. Toujours.

Le Ciel à fes vœux fut fenfible,
Il attendrit le cœur des Rois,
Et la mort inflexible
Obéit à fa voix. Toujours , &c.

❖

O bienheureux Pontife ! O Pafteur débonnaire !
Daignez verfer vos dons fur nos jours innocents ,
Daignez verfer , &c.

Nous fommes vos enfants,
Montrez-vous toujours notre pere.
O bienheureux , &c.

Qu'à l'ombre d'un nom fi propice,
Marchant fur vos pas glorieux,
L'amour faint nous uniffe
Pour toujours dans les Cieux.
O bienheureux , &c.

CANTIQUE XCI.

Priere à Saint Sulpice.

Sur l'Air : *Paisibles bois, Vergërs délicieux, &c.*

GRAND Saint! ô vous, à qui l'Etre éternel
Confia les bienfaits de sa magnificence !
   Ouvrez-nous son cœur paternel ,
   Et les trésors de sa clémence.   *Fin.*

Pour le bien des François vous reçûtes le jour.
Le Ciel nous a couvert de vos sacrés auspices :
   Dans l'exil du mortel séjour
   Eloignez-nous de la route des vices ;
A l'amour des vertus, sans cesse animez-nous ,
Et faites qu'étant Saints sur la terre après vous ,
Nous puissions dans les Cieux partager vos dé-
      lices.   Grand saint , &c.

CANTIQUE XCII.

A l'honneur de Sainte Genevieve, Patrone de Paris & de tout le Royaume.

Pour le jour de sa Fête.

Sur l'Air : *L'aurore vient de naître, &c.*

DE notre Protectrice
Vient le jour solemnel;
Que tout Paris s'unisse,
Et coure à son autel.

Rendons à sa mémoire
L'hommage de nos cœurs ;
Chantons son nom, sa gloire,
Ses vertus, ses faveurs.   *Fin.*

Heureux les tems propices
Où nos premiers ayeux
Reçurent les prémices
De ce présent des Cieux.   Rendons , &c.

Déja l'œil prophétique
Du Pontife Germain
Dans l'Enfant angélique,
Prévoit de Dieu la main.　　Rendons, &c.

Une innocence pure
Orna ses jours naissants,
Et s'accrut à mesure
Qu'on vit croître ses ans.　　Rendons, &c.

De la pudeur aimable
Elle avoit la candeur,
Et nul souffle coupable
N'y porta sa noirceur.　　Rendons, &c.

Parmi les soins rustiques,
Sous le toit d'un hameau,
Des vertus héroïques
Elle offre le tableau.　　Rendons, &c.

Tout ce que la nature
Montre, étale à ses yeux,
Porte son ame pure
A s'élever aux Cieux.　　Rendons, &c.

Tout entretient en elle
Dans ce champêtre lieu,
Le goût, l'ardeur, le zele ;
Et l'amour pour son Dieu.　　Rendons, &c.

On vit sous ses auspices
La vertu triompher,
Et le germe des vices
Se perdre, s'étouffer.　　Rendons, &c.

Toujours à l'indigence
Elle ouvrit un recours,
Toujours à l'innocence,
Elle offrit son secours.　　Rendons, &c.

Le cœur le moins fidele
Se plioit à son cœur;
Le cœur le plus rebelle
Cédoit à sa douceur.   Rendons , &c.

En vain la calomnie
S'armant de tous ses traits,
Cherche à noircir sa vie
De magiques forfaits.   Rendons , &c.

Intrépide, constante,
Elle voit s'allumer
La flamme dévorante
Qui doit la consumer.   Rendons , &c.

Mais l'aimable innocence,
Qui brille sur son front,
Dessille la vengeance ,
La calme & la confond.   Rendons , &c.

Le fier, le sanguinaire,
L'implacable Attila
Vit notre humble Bergere ,
Et pâlit & trembla.   Rendons , &c.

Elle prie & soupire,
Elle crie au Seigneur,
Le monstre se retire ,
Et Paris est vainqueur.   Rendons , &c.

Par elle , les idoles,
Les temples orgueilleux,
Avec leurs Dieux frivoles,
Tomberent à ses yeux.   Rendons, &c.

Clovis , Chretien, l'implore;
Bientôt parmi les siens ,
La Croix sainte s'arbore,
Et les Francs sont Chrétiens. Rendons, &c.

Que les tems, que les âges,
Les fiécles révolus
N'ôtent rien aux hommages
Qu'on doit à fes vertus.   Rendons, &c.

⸻

O d'une fainte vie
Que le triomphe eſt beau !
Tout s'abbaiſſe, tout prie
Auprès de fon tombeau.   Rendons , &c.

⸻

On voit les Rois, eux-mêmes
Près d'Elle humiliés ,
Quitter leur diadême,
Et le mettre à fes pieds.   Rendons, &c.

⸻

L'éclat de fa couronne
Eſt toujours renaiſſant ,
L'appui qu'elle nous donne
Eſt sûr, prompt & puiſſant. Rendons, &c.

⸻

Senſible à nos allarmes,
Facile à nos befoins,
A deſſécher nos larmes
Elle donne fes foins.   Rendons , &c.

⸻

Si le Ciel nous menace
On l'invoque, & foudain
Tout change au loin de face ,
Et le Ciel eſt ferein.   Rendons , &c.

⸻

Sur nos rives humides
Elle arrête les flots,
Sur nos plaines arides
Elle répand les eaux.   Rendons , &c.

⸻

Tout céde à fa puiſſance,
Et les malheurs des tems,
Et l'amere fouffrance
Et les fiers éléments.   Rendons , &c.

Si des maux fans remede
Inondent tout Paris ,
Genevieve intercéde ,
Et les maux font guéris.   Rendons , &c.

⋆⋅✖⋅⋆

Fléau , plaie infernale ,
Feu vif, feu dévorant,
De ta rage fatale
Elle éteint le torrent.   Rendons , &c.

⋆⋅✖⋅⋆

Mille & mille victimes
De ton ardent poifon ,
Echappent aux abîmes
Sous l'ombre de fon Nom. Rendons , &c.

⋆⋅✖⋅⋆

Remplis de confiance ,
Implorons fon fecours,
Elle eft , & l'efpérance ,
Et l'appui de nos jours.   Rendons , &c.

⋆⋅✖⋅⋆

Pour qu'elle nous affure
Son appui bienfaifant ,
Ayons & l'ame pure
Et le cœur innocent.   Rendons , &c.

⋆⋅✖⋅⋆

Une vie infidéle ,
Nos crimes , nos forfaits,
Refroidiroient fon zele ,
Sufpendroient fes bienfaits. Rendons , &c.

⋆⋅✖⋅⋆

Sur un fi beau modele
Réformons nos penchants,
Sanctifions comme elle
Nos mœurs & nos moments.

⋆⋅✖⋅⋆

Rendons à fa mémoire
L'hommage de nos cœurs ;
Chantons fon nom , fa gloire ,
Ses vertus, fes faveurs.

CANTIQUE XCIII.

A l'honneur de Saint Denis & de ses
Compagnons, Patrons de ce Diocéfe.

Sur l'Air : *O jour dont le bonheur, &c.*

Dieu, fource de lumiere, & la fplendeur du
   monde,
Toi qui brillas aux Cieux de toute éternité :
Que fur Paris plongé dans une ombre profonde,
Tu te plais à répandre une vive clarté !

❖❖❖

Venu du fein de Rome, à l'aide de la France,
Pour confondre l'Erreur, Denis vole en ces lieux,
Il prêche un Dieu fait homme, & fa feule élo-
   quence,
Fait tomber à fes pieds les temples des faux dieux.

❖❖❖

Vous Ruftique, avec lui, vous encore Eleuthere,
De la Foi, vous prêchiez la gloire & la vertu,
Et le peuple lavé dans un bain falutaire,
Profeffa Jefus-Chrift, dont il fut revêtu.

❖❖❖

La Foi croît dans Paris, & le troupeau fidéle,
Quitta, malgré l'enfer, les routes de l'erreur :
Sans crainte de la mort, leurs Pafteurs pleins
   de zele,
Vont braver des tyrans l'impuiffante fureur.

❖❖❖

Glaives, Liens, Bourreaux, tout fert à leur
   victoire,
Les plus affreux tourments enflamment leur
   amour :
Et tous trois immolés, fe partagent la gloire
De voler, de concert, au célefte féjour.

...d Saint, ô quelle ardeur enflamme ton
     courage,
...vas finir tes jours par un tragique fort !
...urquoi, fans refpecter tes vertus ni ton âge,
...payen aveuglé demande-t-il ta mort ?

❦

...ur t'infpirer l'horreur que caufe un facrifice,
...hots, Peignes de fer, Gibets, Feux,
     Echafauds,
...font là les apprêts de l'horrible fupplice,
...e prépare à tes yeux la rage des bourreaux.

❦

...t appareil affreux rend ton ame ravie,
...n'offre à tes regards qu'un pompeux orne-
     ment :
...ais tu ne peux donner qu'un inftant de ta vie,
...c'eft là que tu vois ton plus cruel tourment.

❦

...ndis que du bourreau la main toute trem-
     blante,
...us le glaive effayoit d'abbattre le Martyr,
...Saint offrit fa tête, & d'une ame conftante,
...nnonça Jefus-Chrift jufqu'au dernier foupir.

❦

...'un barbare tyran, ta mort n'eft point l'ou-
     vrage,
...ais l'ouvrage de Dieu, ta force & ton appui :
...même, après ta mort, ta voix lui rend hom-
     mage,
...eft la voix de ce fang que tu verfas pour lui.

❦

...a montagne eft l'Autel, le Pontife eft l'Hoftie,
...ui s'immole aujourd'hui dans des tourments
     divers,
...ompe digne du Saint qui meurt & facrifie
...rois victimes enfemble au Dieu de l'univers.

❦

...Dieu fait de fes Martyrs refpecter la pouffiere,
...Nous poffédons encor leurs reftes précieux ;

Au sein de leurs tombeaux brille cette lumière
Qui fut de notre foi le berceau glorieux.

C'est là que déposant l'auguste diadême,
Nos Princes très-Chrétiens, vont, humbles &
      soumis,
Solliciter du Ciel l'assistance suprême,
Avant d'armer leurs bras contre leurs ennemis.

Martyrs, de nos saints Rois vous êtes le refuge,
Et leur cendre repose aux pieds de vos tom-
      beaux,
Jusqu'à ce jour terrible, où leur Maître & leur
      Juge,
Tirera tous les morts de leurs sombres caveaux.

Que Dieu sur votre tombe opere de miracles,
Une vertu subite y chasse nos langueurs ;
Aveugles, Sourds, Boiteux : que d'illustres
      oracles,
Aux yeux de l'univers, annoncent vos faveurs.

Martyrs, de votre foi que la clarté divine
De la plus pure flamme embrase notre cœur :
Vous eûtes avec nous une même origine,
Obtenez-nous du Ciel une même faveur.

CANTIQUE XCIV.

A l'honneur de Saint Louis, Roi de
France, Patron du Royaume.

Sur l'Air : *Tu dors, charmante Eléonore, &c.*

CHANTONS du saint Roi de la France,
Les vertus, les exploits fameux ;
Il eut, dès sa plus tendre enfance,
Le sceptre des Rois de ses ayeux ;

Inſtruit avec un ſoin extrême ,
Du vice il préſerva ſon cœur ;
Avant de commander lui-même
Il ſçut ſe ſoumettre au Seigneur.

❧❧❧

Fidéle à l'exacte juſtice ,
Ses loix bientôt réglent les mœurs ;
Le François aime ſon ſervice ,
Et l'ennemi craint ſa valeur :
Il fléchit Dieu par la priere ,
Il étend le culte divin ;
Du malheureux il eſt le pere ;
Il eſt l'appui de l'orphelin.

❧❧❧

Digne des vœux & des hommages
Que l'on doit au plus ſaint des Rois ,
Louis court venger les outrages
Que l'Ottoman fait à la Croix :
Son cœur n'aſpire qu'à la gloire
D'éclairer ces peuples divers :
On le vit grand dans la victoire ,
Mais plus grand encor dans les fers.

❧❧❧

De ſon Dieu , la voix immortelle
L'invite à des combats nouveaux ;
Il part , il ſignale ſon zele ,
Il marche encor ſous ſes drapeaux ,
Intrépide , il court à la gloire ,
Armé du ſigne de la Croix ,
Cherchant moins pour lui la victoire
Que pour l'honneur du Roi des Rois.

❧❧❧

C'eſt fait , dans le ſein des tempêtes ,
Il eſt vainqueur , même en tombant :
La mort reſpecte ſes conquêtes ,
Les lui ravit & les lui rend :
Sur la terre un triſte trophée
S'éleve à ſon corps glorieux ;

Mais d'une couronne azurée
Son front fera ceint dans les Cieux.

❦

Grand faint, ta cendre précieufe
Fait notre force & notre appui,
Par tes foins la France eft heureufe :
La France t'invoque aujourd'hui ;
Arrête fur elle ta vue,
Tandis qu'avec les immortels,
Grand Roi, tu régnes fur la nue
Au milieu des lys éternels.

CANTIQUE XCV.

A l'honneur de Saint Jean-Baptifte.

Tiré du Cantique *Benedictus.*

Sur un Air nouveau.

ENFIN, je vois fur l'horifon,
Venir cette heureufe journée,
Qui bornant d'Ifrael la trifte deftinée,
Lui doit de tous fes maux donner la guérifon.

❦

Un aftre qui n'eft que fplendeur
Diffipe la nuit où nous fommes ;
Et Dieu prêtant l'oreille à la plainte des hommes,
Pour rompre leurs liens, abaiffe fa grandeur.

❦

Peuples, il n'en faut pas douter,
La maifon de ce grand Prophête,
Dont, en un fceptre d'or, Dieu changea la hou-
lette,
Nous préfente celui qui nous doit racheter.

❦

Nous avons foupiré long-tems
Après l'effet de tes oracles :

Mais, ô Dieu de Jacob ! en ce jour de miracles,
Tous nos maux font guéris, & tous nos vœux
    contents.

⋯✕⋯

Tu fais grace à tous les humains,
Tu finis nos longues miferes,
Et le bien qu'en efprit tu fis voir à nos peres ;
Et le bien qu'aujourd'hui nous tenons dans nos
    mains.

⋯✕⋯

O gloire, ô bonheur fans pareil !
O fruit heureux de ma vieilleffe !
Ah ! qui ne concevroit une vive alégreffe
En te voyant fervir d'aurore à ton Soleil ?

⋯✕⋯

Tu viens annoncer aujourd'hui
Que ce Roi, l'efpoir de la terre,
Au lieu de vents, d'éclairs, de flammes, de
    tonnerre,
Fait marcher la clémence & la paix devant lui.

⋯✕⋯

Que par d'invifibles accords,
Les Cieux & la terre s'uniffent :
Que par la vérité les figures finiffent,
Et qu'un jour éternel vienne éclairer les morts.

CANTIQUE XCVI.

La décolation de Saint Jean-Baptifte.

Sur un Air nouveau.

POUR prix d'une danfe indécente,
Le Précurfeur périt fous le fer d'un bourreau,
    Sa tête encor toute fanglante,
Au milieu d'un feftin, devient un mets nouveau.

O Ciel ! sous un glaive est éteinte ;
Cette voix qui tonnoit sur les bords du Jourdain ;
Cette voix qui porta la crainte
Jusques au fond du cœur d'un tyran inhumain.

❦

Le sang coule, Prince barbare,
De ta brûlante soif, satisfais les ardeurs ;
Dans la coupe qu'on te prépare,
Bois, &, dans ce breuvage, assouvis tes fureurs.

❦

Dès qu'au festin ce chef livide,
Dégouttant & sanglant, est placé sous ses yeux ;
Plein d'effroi, ce fier homicide,
N'ose porter sur lui des regards curieux.

❦

Le Ciel pâlit à ce spectacle,
La Cour en tremble, Hérode en est saisi d'horreur,
Salomé seule, en ce Cénacle,
D'un si noir attentat ose se faire honneur.

❦

On voit sur ce front vénérable,
D'une décence grave éclater les attraits ;
D'une douceur inaltérable,
Dans le sein de la mort, il conserve les traits.

❦

Jean a précédé la naissance
De cet Enfant divin, qu'il précéde au tombeau
Et nous apprend l'obéissance
D'un Dieu prêt à mourir, pour sauver son
troupeau.

CANTIQUE

CANTIQUE XCVII.

Priere à Saint Jean-Baptiste.

Sur l'Air : *Beaux lieux qui tant de fois, &c.*

O TOI, dont l'univers célebre la Naiſſance ,
Du Fils de l'Eternel glorieux Précurſeur !
Toi, dont Jeſus lui-même exalta l'excellence ,
Fais deſcendre ſur moi les dons de ta faveur.

Fin.

Auprès de lui, tout me dit ta puiſſance ,
Tu lui fus cher par l'excès de rigueur ,
Où tu livras ta céleſte innocence.
Par ton amour & ton humble douceur ,
De ſon ſaint Nom tu fus la voix fidelle ,
L'Adorateur, l'Apôtre & le Martyr :
Fais que, ſemblable à Jeſus, mon modele ,
Je ſçache, comme toi, pour lui vivre & mourir.
O Toi, dont l'univers, &c.

CANTIQUE XCVIII.

A l'honneur de Saint Jean l'Evangéliſte.

Sur l'Air : *O jour dont le bonheur, &c.*

DISCIPLE que Jeſus aima par préférence ,
Tu fus un des témoins de ſa gloire au Thabor ;
Témoin de ſes travaux, témoin de ſa puiſſance ,
Tu le ſeras, enfin, de ſa divine mort.

◆◆◆

Pour toi quelle faveur, quel unique avantage !
Tes yeux voyoient, tes mains touchoient cet
Homme-Dieu ,

Q

Tu lui parlois, fa voix te rendoit fon langage,
Tu goûtois le bonheur de le fuivre en tout lieu.

※

Quel trait nouveau d'amour te rend dépofitaire,
Des myfteres fecrets qu'il dévoile à tes yeux ?
Quand du Verbe fait chair, perçant le fanc-
tuaire,
Tu le vois au Thabor tel qu'il eft dans les Cieux.

※

Tu pus boire à longs traits dans un fleuve de
vie,
Lorfque tu repofas fur le fein du Sauveur ;
Pleine de fon efprit, que ton ame ravie,
Sentoit d'un Dieu préfent l'ineffable douceur !

※

Plus il te prodiguoit le feu pur qui t'embrafe,
Et plus tu t'élevois à l'immortalité :
Dis-nous ce que tu vis pendant la douce extafe,
Où tu ne contemplois que la Divinité.

※

O charmes inouis, connus à ta feule ame !
De raviffants tranfports, ô mutuel retour !
Qu'il fort de traits brillants de lumiere & de
flamme,
D'un cœur où Dieu réfide & place fon amour !

※

Plein de l'amour du Dieu que ton efprit adore,
Ce précepte eft l'objet de tes écrits divers ;
Tu ne peux contenir le feu qui te dévore,
Il perce, fe dilate, embrafe l'univers.

※

Témoin du Dieu Sauveur, qui meurt dans le
fupplice,
Que pour t'unir à lui tu pouffes des foupirs !
Mais ne pouvant dès-lors t'offrir en facrifice,
La douleur de ton ame exprime tes defirs.

※

Pour mere tu reçois la Mere de Dieu même ;
O Fils, fut-il jamais dépôt fi précieux !

Elle répare en toi, dans sa disgrace extrême,
La perte de son Fils qui s'immole à ses yeux.

❖

Jesus agonisant & sans voix, au calvaire,
Par ses regards mourants parle encor à ton cœur,
Et du haut de la Croix, comme dans une chaire,
Instruit l'univers dont il est le Sauveur.

❖

Toi, qui suivis du Christ la carriere sanglante,
Où l'a porté l'amour, conduis-nous aujourd'hui;
Daignes-nous obtenir cette grace constante
De vivre, de souffrir & de mourir pour lui.

CANTIQUE CIX.

Le Martyre de Saint Jean l'Evangéliste.

Sur l'Air précédent.

QUELLE fureur t'agite, ô Rome impitoya-
ble !
César, sur un Apôtre, épuise son transport;
L'arrêt est prononcé ; ce vieillard vénérable,
Par de cruels bourreaux, est conduit à la mort.

❖

Dans une mer de feu, dans une huile bouillante,
On plonge le Martyr qui proscrit les faux dieux ;
La flamme le respecte, & l'huile est bienfaisante,
L'Athlete en sort vainqueur, & sain & glorieux.

❖

César l'exile-t-il dans une isle sauvage,
Il se voit en esprit transmis au sein des Cieux:
Il lit dans l'avenir, & sous un saint nuage,
Sa plume nous décrit des traits mystérieux.

❖

Ami d'un Dieu, pour toi, son amour fut extrême !
Il s'offre, il se dévoile à tes regards mortels,
Et dans les profondeurs de cet Etre suprême,
Tu pénétres dès-lors les siécles éternels.

Q ij

Comme un aigle qui fend le centre de la nue,
Jufqu'à ce Dieu puiffant tu te vis tranfporté;
Et parmi des éclairs effrayants à la vue,
Tu fixois les rayons de la Divinité.

⋲✠⋙

Du Fils égal à Dieu, l'ineffable myftere,
Sans voile, fans nuage eft vifible à tes yeux;
De tout tems engendré dans le fein de fon pere,
Dans le fein d'une Vierge il defcendit des Cieux.

⋲✠⋙

Nul Prophéte n'avoit décrit fon origine,
Par toi nous en perçons l'augufte obfcurité;
Et ton efprit remonte à la fource divine,
D'où le monde reçut la vie & la clarté.

CANTIQUE C.

A l'honneur de Saint Martin mourant.

Sur l'Air : *Vous dont l'ame a reçu l'atteinte, &c.*

QUEL eft ce Saint couvert de gloire,
Cet indigent qui fend les airs ?
Les Anges chantent fa victoire;
Mêlons nos voix à leurs concerts.

⋲✠⋙

Martin, les yeux baignés de larmes,
Regarde fixement les Cieux,
Et vers ce féjour plein de charmes,
Adreffe les plus tendres vœux.

⋲✠⋙

O Mort, fatisfais mon envie;
Un cœur bleffé du faint amour,
En mourant ne perd point la vie,
Sur lui fe leve un plus beau jour.

⋲✠⋙

Et toi, monftre horrible & barbare,
Affreux dragon, retire-toi,

Rentre dans le fond du tartare :
Je vois le Ciel s'ouvrir pour moi.

⟞⋈⟝

Vous, Brebis, qui m'étiez si cheres,
Enfants, qu'aima ma charité,
Vos pleurs ont trop de votre pere
Retardé la félicité.

⟞⋈⟝

Ce n'est pas que mon cœur abhorre
Les soins, les peines d'ici-bas,
Grand Dieu ! s'il faut combattre encore,
Je vole à de nouveaux combats.

⟞⋈⟝

Il dit : ainsi loin de se plaindre,
Martin, rempli d'un saint transport,
Sans la desirer, ni la craindre,
Tranquille, envisagea la mort.

CANTIQUE CI.

A l'honneur de Saint Nicolas.

Sur un Air nouveau.

GRAND Saint, ô que de chants consacrent ta
    mémoire !
Autour de tes autels que de présents divers ;
Que de temples sacrés élevés à ta gloire
    Brillent aux yeux de l'univers.

⟞⋈⟝

Le Ciel, en t'accordant à ta pieuse Mere,
Voulut récompenser, & ses vœux & sa foi,
Et la vertu, guidant ton enfance premiere,
    Fixa la main de Dieu sur toi.

⟞⋈⟝

Déjà, dès le berceau, de l'austere abstinence
Tu connois le mérite, & cherches la rigueur,

Et du feul aliment dont fe nourrit l'enfance,
    Tu fuis, certains jours, la douceur.

⋖⋗⋇⋖⋗

De ton zele éclairé, que faint fut l'artifice !
Appui de l'innocent, pere de l'orphelin,
Tu caches les faveurs que ta main bienfaitrice,
    Cherche à répandre dans leur fein.

⋖⋗⋇⋖⋗

Un pere malheureux, preffé par l'indigence,
De fes enfants nombreux veut immoler l'honneur;
Et l'or, écueil fatal où périt l'innocence,
    Sera le prix de leur pudeur.

⋖⋗⋇⋖⋗

Tes mains, pour les ravir au fein de la mifere,
Font paffer dans les leurs, des fecours, des
        préfents :
Et ton aumône épargne, & des larmes au pere,
    Et l'horreur du crime aux enfants.

⋖⋗⋇⋖⋗

Tu prêtes à l'infirme un aide favorable,
Tu rends l'ouie aux fourds, la parole aux muets,
Et l'on voit d'indigents une foule innombrable,
    Suivre tes pas & tes bienfaits.

⋖⋗⋇⋖⋗

Lorfque ta main abbat les temples des idoles,
Les démons allarmés pouffent des cris affreux ;
Contraints d'abandonner au bruit de tes paroles,
    Le féjour orgueilleux des Dieux.

⋖⋗⋇⋖⋗

Ton faint Nom devenant malgré toi refpectable,
A bientôt pénétré jufqu'au palais des Rois :
A leurs arrêts fanglants il s'y rend formidable,
    Et change la rigueur des loix.

⋖⋗⋇⋖⋗

Souvent, dans le lointain, le bruit de ta puiffance,
A l'innocent profcrit rendit fon premier fort :
Et ta feule ombre fit révoquer la fentence
    Qui fixoit l'heure de fa mort.

Femmes, enfants, vieillards, tout vient te ren-
    dre hommage,
Tout invoque, à l'envi, le pouvoir de ton Nom,
Et le Chrétien zélé de tout sexe & tout âge,
    Fait choix de toi pour son Patron.

❦

Dans les bras de sa mere, un enfant qui bégaye,
Entreprend le récit de tes bienfaits divers :
On chante tes vertus, & la jeunesse essaye
    De les transmettre à l'univers.

❦

Le passager à peine échappe du naufrage,
Qu'il offre à tes Autels, le fruit de ses sueurs :
Les Vierges en priere au pied de ton image,
    Viennent te couronner de fleurs.

❦

Des vents impétueux tu réprimes la rage,
Tu combles à ton gré les vœux des matelots :
Tu parles, & soudain on voit cesser l'orage,
    Et la mer appaiser ses flots.

❦

A la merci des loups, d'une tempête horrible,
Nos maux à tes regards ne sont point étrangers :
Vole à notre secours sur cette mer terrible,
    Qui nous livre aux plus grands dangers.

CANTIQUE CII.

A l'honneur des Saints Innocents.

Sur l'Air : *Malheureux peux-tu te flatter*, &c.

Nous vous saluons, saints Enfants ;
A peine en ces bas lieux, vous commenciez d'é-
    clorre,
Vous tombez dès votre printems,
Comme de tendres fleurs qui n'ont vu qu'une
    aurore.

Q iv

Innocent & jeune troupeau,
Vous êtes du Seigneur les premieres offrandes ;
Vos premiers jeux dès le berceau
Sont de sanglants lauriers, des palmes, des
guirlandes.

❦

Quel fruit Hérode, en vous perdant,
Croit-il donc retirer de sa cruelle rage ?
Il ne veut perdre qu'un enfant,
Et l'enfant qu'il poursuit, seul échappe au car-
nage.

❦

Les soins du tyran sont perdus;
Parmi les flots de sang que répand sa colere,
Le Ciel qui veille sur Jesus,
Sauve du même coup & l'Enfant & la Mere.

❦

Ainsi vainqueur de Pharaon,
Moïse en évita l'horrible tyrannie,
Il sauva seul sa nation,
Et du sein de la mort la rendit à la vie.

CANTIQUE CIII.

A l'honneur de S. Vincent, Diacre & Martyr.

Sur l'Air : *Que le soleil dans la plaine , &c.*

NE cessons de rendre hommage
Au saint Lévite Vincent ;
Que son nom ait , d'âge en âge,
Un éclat toujours récent.

Louange, honneur
A sa mémoire ,
A sa victoire ,
A sa grandeur ,

A fa gloire,
A fa gloire,
A fon bonheur.   *Fin.*

Que nos voix fe réuniffent
Pour exalter fes vertus ;
Que nos temples retentiffent
Des accords qui lui font dûs. Louange, &c.

❖

La candeur & l'innocence,
La retraite & la ferveur
Préparerent fon enfance
Aux grands deffeins du Seigneur. Louange.

Déja, dès fon premier âge,
L'on voit fon cœur s'aggrandir ;
Et tout, dans l'Enfant, préfage
Le Héros & le Martyr.   Louange , &c.

❖

Déja l'Ordre lévitique
L'a lié de fes faints nœuds,
Et l'ardeur apoftolique
Le dévore de fes feux.   Louange, &c.

Devenu l'écho fidele,
Et l'appui de fon Pafteur,
Il triomphe , par fon zele,
Du défordre & de l'erreur.   Louange , &c.

❖

Frappé de fa fainte audace,
L'idolâtre Dacien
Voit, d'un œil plein de menace
Le vengeur du Nom Chrétien. Louange,&c.

Il le traîne à fes idoles ;
Mais le Lévite , à fes yeux,
Dédaignant ces dieux frivoles,
Rend gloire au feul Dieu des Cieux.
        Louange , &c.

        Q v

Soudain des mains inhumaines,
Qu'arma le crime & l'enfer,
Ont recours aux fouets, aux chaînes,
Aux feux, à la roue, au fer. Louange, &c.

Tout cet appareil barbare
N'eſt, ſous l'œil du Tout-puiſſant,
Qu'un triomphe qu'on prépare
Au martyre de Vincent. Louange, &c.

❧⊰⊱❧

On voit ſa chair innocente,
Sous les coups de ſes bourreaux,
Se briſer, tomber ſanglante,
Et ſe diſſoudre en lambeaux. Louange, &c.

Mais plus contre la victime
Se déchaîne leur fureur,
Plus ſa force ſe ranime,
Plus éclate ſa douceur. Louange, &c.

❧⊰⊱❧

Seul, pour ſoutenir la rage
De ces monſtres acharnés,
Il oppoſe ſon courage,
Et tous cédent conſternés. Louange, &c.

Seul ſerein, ferme, intrépide,
Il rit dans de ſaints tranſports,
Et de leur courroux timide,
Et de leurs foibles efforts. Louange, &c.

❧⊰⊱❧

Si, ſous lui, leur ſouffle allume
Des braſiers l'active ardeur,
L'amour vif qui les conſume,
Eſt plus fort que leur chaleur. Louange, &c.

Ce lit d'horreur & de flamme
Eſt un bain délicieux,
D'où ſes yeux, ſon cœur, ſon ame
Vont ſans ceſſe vers les Cieux. Louange, &c.

Etouffant feul les murmures,
Il verra fon corps brûlé,
S'ouvrir à mille bleffures,
Sur des traits aigus roulé.   Louange, &c.

Et fon cœur invulnérable,
Sous les aîles du Seigneur,
Sera plus infatiable
De tourments & de douleur. Louange, &c.

◦◦◦

Traîné dans un cachot fombre,
La faveur du Ciel l'y fuit :
Soudain il en voit fuir l'ombre,
Et l'éclat des fleurs y luit.   Louange, &c.

Un effaim d'Anges fidéles
Vole à lui, rompt fes liens;
Et de leurs voix immortelles,
Les chants fe mêlent aux fiens. Louange, &c.

◦◦◦

Sur un lit, où la molleffe
A raffemblé fes douceurs,
On veut aider fa foibleffe
A fubir d'autres rigueurs.   Louange, &c

Mais lui, qui fous les fupplices,
Souffroit la mort, fans mourir,
Céde à l'effroi des délices,
Et rend fon dernier foupir.   Louange, &c.

◦◦◦

Du tyran, la haine extrême
N'avoit pu vaincre fon cœur,
Et fon corps fera lui-même
Son fupplice & fon vainqueur. Louange.

S'il le dévoue aux atteintes
Des féroces animaux,
Leur faim, leur foif font éteintes
A l'afpect du faint Héros.   Louange, &c.

Q vj

En vain , pour couvrir fa gloire,
Dans l'onde on cherche un tombeau ;
C'eft de-là que fa victoire
Renaît dans un jour plus beau.   Louange,

La mer , loin de fes rivages,
Se refufe à l'engloutir ,
Et va le rendre aux hommages,
Qu'on s'obftine à lui ravir.   Louange, &c.

❧

Son Culte ira d'âge en âge ;
Et fes reftes immortels ,
Malgré l'envie & la rage,
Auront toujours leurs autels. Louange, &c.

O Dieu fort, Dieu de puiffance,
Qui foutins fa fermeté !
Donne à nos cœurs fa conftance,
Son amour, fa fainteté.   Louange , &c.

CANTIQUE CIV.

A l'honneur de Sainte Thérefe.

Sur l'Air : *Tu dors, charmante Eléonore, &c.*

Puiffances du célefte Empire,
Chœurs enflammés des Chérubins,
Echauffez les fons de ma lyre
Du feu de·vos tranfports divins.
THERESE eft l'objet de mon zéle ;
Elle eût votre amour vos ardeurs ;
Prêtez-moi des chants dignes d'elle ,
Et des extafes de vos cœurs.

❧

THERESE eft, à peine, à cet âge
Où la raifon montre fes traits,
Que déja fon premier courage
Enfante les plus hauts projets,

Déja pour le Dieu qu'elle adore,
Pour la Foi brûlant de souffrir,
Elle court aux plages du Maure ,
Chercher la gloire d'y mourir.

❧

Arrête, Victime innocente !
Non, ton sang ne doit point couler ;
Le Ciel, qui voit tout, se contente
Du seul desir de t'immoler :
Mais la palme où ton ame aspire
Ne fuira point à tes efforts ;
Ton Dieu, dans un plus long martyre
T'offrira mille & mille morts.

❧

Qu'un cœur dont l'Esprit Saint s'empare
Devient pur, flexible, agissant !
Lui-même à ses desseins prépare
Celui de l'Angélique Enfant ;
Docile a sa voix qui la guide,
Elle avance de jour en jour,
Elle va, d'une aîle rapide ,
Dans les sentiers de son amour.

❧

O Ciel, quel sinistre nuage
Vient couvrir des jours si sereins !
O temps critique du jeune âge !
O foiblesse des cœurs humains !
Le Monde à ses yeux se présente,
Portant la coupe du plaisir,
Et son ame peu vigilante,
Commence à s'y laisser ouvrir.

❧

Mais , non , jaloux de son ouvrage
Le Seigneur se fait son appui,
Et ne souffre point de partage
Dans un cœur qu'il veut tout pour lui ;
Humble elle craint d'être coupable,
Et ce souvenir , désormais,

Sera la fource intariffable
De fes pleurs & de fes regrets.

⬧⧓⬧

Reine des Vierges, Mere tendre !
Ce fut à toi qu'elle eut recours ;
Ta clémence daigna l'entendre,
Et lui prêter un prompt fecours ;
THERESE, à l'ombre de ton aîle,
Se transforme, & devient foudain
Et ta fille la plus fidelle,
Et le chef-d'œuvre de ta main.

⬧⧓⬧

Ouvre à fes pas ton fein tranquille,
Lieu facré , Mont chéri du Ciel ,
Des vertus, refpectable afyle !
Colline augufte du Carmel !
Avec elle, croîtra ta gloire,
Et bientôt fon nom , fa grandeur
Eterniferont ta mémoire,
Ta renaiffance & ta fplendeur.

⬧⧓⬧

Dans ce féjour impénétrable
Aux charmes des folles douceurs,
Son courage eft infatiable
De mépris, de croix, de rigueurs ;
Ses forces en font prefque éteintes,
La nature craint de périr ;
Ecoutera-t-elle fes plaintes ?
Non, non, OU SOUFFRIR OU MOURIR.

⬧⧓⬧

Oui, la fainte foif qui l'altère
Aura de quoi nourrir fes feux,
Le Ciel aime à la fatisfaire
Par des dons dignes de fes vœux ;
Victime, fans ceffe nouvelle,
Son cœur, fon ame , fon efprit,
Tout eft Martyre , tout fouffre en elle ;
Tout y meurt, l'amour feul y vit.

Elle prie, & la sécheresse,
L'abbattement, l'obscurité,
L'ennui, la langueur, la tristesse
Inondent son cœur agité ;
A-t-elle part au don sublime
De quiétude & d'union ?
Tout lui paroît écueil, abîme,
Erreur, écart, illusion.

❧

Hélas ! ses extases profondes,
Ses transports, ses ravissements
Lui font d'autres sources fécondes
Et de frayeurs, & de tourments ;
Elle erre, incertaine & timide,
Parmi ces flots, & ces combats,
Sans trouver, sur sa route, un guide
Qui sçache rassurer ses pas.

❧

Heureux, dans ces peines cruelles,
Ceux qui, sans perdre leur ferveur,
Pleins d'espoir, & toujours fideles
Attendent l'heure du Seigneur !
Il vient au secours de THERESE ;
Et déja, plus pure, à ses yeux
Que l'or qu'éprouva la fournaise,
Elle ne vit que dans les Cieux.

❧

Alors, de quelles vives flammes
Sent-elle renaître l'ardeur !
Le zèle du salut des ames
En fixe, en nourrit la chaleur ;
Elle voudroit que, de l'aurore
Jusqu'aux bords où s'éteint le jour,
Tout prît le feu, qui la dévore,
Tout s'enflammât du pur amour.

❧

Non, la retraite solitaire,
Qui cache ses Sœurs aux mondains,

N'aura plus rien d'affez auftère,
Pour remplir fes nouveaux deffeins ?
Pleines du double efprit d'Elie,
Il leur faut un célefte lieu,
Où mourant, à tout on s'oublie
Pour ne plus être qu'à fon Dieu.

Bientôt, malgré la trame inique
Des fatellites des démons,
Le Carmel, fur fon front antique,
Voit croître le plus beau des Monts ;
THERESE en ouvre la culture,
Et fa riche fertilité
Des fruits qu'il rend avec ufure
Porte au loin la fuavité.

(*)

On vit, de fes naiffantes Filles,
Un rapide & nombreux effaim,
S'unir, fe répandre en familles
Qu'elle fçut former de fa main ;
Difperfé fur la terre entière,
Il la remplit de plus en plus,
Et de la gloire de leur mere,
Et des parfums de leurs vertus.

Suivi d'une tribu d'élite,
Le Séraphin JEAN-DE-LA-CROIX,
Accourt fe ranger à la fuite
Pour n'écouter plus que fa voix ;
Les faints Autels, fous fes aufpices,
Sont par-tout entourés de chœurs
De ferventes adoratrices,
Et de zélés adorateurs.

Un jour, ce peuple toujours jufte
Verra, jufqu'aux filles des Rois,
Venir courber leur front augufte
Sous le joug aimé de fes loix ;

Ayant leur ame plus contente,
Au sein de l'humble pauvreté,
Que sous la pompe éblouissante
Dont se para la royauté.

⬦⬦⬦

Que la mort est digne d'envie,
Et qu'heureux fut le dernier jour,
Pour qui vit s'écouler sa vie,
Dans les croix, les travaux, l'amour !
Thérese meurt calme & soumise
Dans le souvenir cher & doux,
De mourir FILLE DE L'EGLISE,   (**)
Et d'avoir aimé son Epoux.

⬦⬦⬦

Consolez-vous : elle vous laisse
Ses profonds, ses divins écrits,
Vierges du Carmel, où sans cesse
Vous pourrez nourrir vos esprits;
Vous y retrouverez & tout son zele,
Et sa belle ame & son grand cœur,
Avec le guide, le modele,
Le foyer de votre ferveur.

_____

(*) *Decor Carmeli. is* : 35.
(**) Sainte Thérese dans ses derniers momens ne cessoit
de se féliciter de ce qu'elle mourroit Fille de l'Eglise.

═══════════════

CANTIQUE CV.

Sentiments de Sainte Thérese mourante.

Sur un Air nouveau.

Quel transport me saisit ?
  Quel nouveau trait de flamme,
  Prend possession de mon ame ?
En vos divines mains, Seigneur, je la remets :
Je ne me plaindrai plus de mes peines passées,
  Elles sont trop récompensées ;
  Je meurs pour ne mourir jamais,
    Pour ne mourir jamais.

CANTIQUE CVI.

A l'honneur de Sainte Jeanne-Françoise
Fremiot de Chantal.   (*)

Sur l'Air : *Du fond de vos forêts , &c.*

Au grand nom de Chantal, honneur, respect,
 louanges !
Portons nos vœux, nos dons, nos cœurs à son
 autel,   Portons, &c.
  Dans l'empire immortel
 Elle régne au trône des Anges.   Au, &c.

  Autour de son augufte image
 Brûlons , de concert, notre encens ,
  Et rendons-lui l'hommage
 Que lui doivent nos chants.   Au, &c.

⋙✠⋘

Que des Hérauts sacrés la voix sublime & sainte,
Exalte de ses jours les fastes éternels.
Exalte de ses, &c.
  Qu'en foule les Mortels
 De son Temple inondent l'enceinte. Que,&c.

  Que l'art, le goût, l'ordre y ramasse
 Les traits d'une riche splendeur ;
  Que tout nous y retrace
 Sa célefte grandeur.   Que , &c.

⋙✠⋘

La foi, la pure foi fit luire à son enfance
De ses divins rayons les feux étincelants.
De ses divins , &c.
  Dès ses premiers instants ,
 Elle s'arme pour sa défense.   La foi, &c.

  Si l'audace incrédule outrage
 La table du Corps du Sauveur,
  Son jeune & vif courage
 Sçait confondre l'erreur.   La foi , &c.

(*) Ce Cantique a été fait à l'occasion de la Fête de sa Ca-
nonisation.

à fon Dieu, de fes vœux, Jeanne offre fes prémices;
Et fes defirs naiffants fe portent vers les Cieux.
Et fes defirs , &c.

    Le monde eut pour fes yeux ,
Des horreurs, & non des délices. A fon, &c.

De fon âge elle eft modele,
La fleur , l'ornement, le fecours :
    Et les vertus en elle,
    Croiffent plus que les jours. A fon, &c.

•⊃⋇⊂•

Mille & mille ennemis attaquent fa jeuneffe :
Mais contre fes efforts que peuvent tous leurs
    traits ?   Mais contre , &c.
    Jamais fon cœur, jamais
    Eut-il un moment de foibleffe ? Mille , &c.

En vain l'art d'un démon perfide
Prépare un poifon à fes mœurs :
    L'efprit pur , qui la guide ,
    Craint & fuit fes douceurs.   Mille , &c.

•⊃⋇⊂•

Du faint nœud conjugal l'ordre du Ciel la lie ,
Et de la femme forte, on voit fleurir les tems.
Et de la femme , &c.
    Elle en a les talents ,
    La vertu , les foins, l'induftrie. Du faint, &c.

Epoufe auffi tendre que chere ,
Elle aime, dans Dieu, fon époux ,
    Et fe fait de lui plaire
    Un devoir faint & doux. Du faint, &c.

•⊃⋇⊂•

Faut-il qu'à la douleur fon ame foit ouverte ;
Elle vole au–devant de fon calice amer.
Elle vole, &c.
    De l'objet le plus cher
    Soumife, elle pleure la perte. Faut-il, &c.

Que le dédain, l'aigreur, la rage
Epuifent fur elle leurs traits;
    Elle oppofe à l'outrage
    L'amour, les dons, la paix. Faut-il , &c.

Les modeftes vertus, les œuvres bienfaifantes
Remplirent tous les jours de fa viduité.
Remplirent, &c.

   L'efprit d'humilité
  Régla fes démarches décentes. **Les , &c.**

  Frêles atours de fon bel âge !
  Objets d'un mépris éternel ,
   Vous fûtes le partage
   Du pauvre & de l'autel. **Les , &c.**

⸙

A des enfants chéris, pieufe & tendre mere ,
Elle aime à prodiguer les veilles & les foins.
Elle aime , &c.

   Jamais, de leurs befoins ,
  Un inftant ne peut la diftraire. **A des , &c.**

  Mais le defir qui feul l'enflamme,
  L'objet que pourfuit fon ardeur,
   Eft de plier leur ame
   Sous le joug du Seigneur. **A des , &c.**

⸙

Elle eft des malheureux l'afyle & l'efpérance ,
Et tout recueille,au loin, les fruits de fes bienfaits.
Et tout, &c.

   Elle parle , & la paix
  Rentre aux cœurs qu'aigrit la vengeance. **Elle.**

  Ses mains, de l'orphelin timide
  Arrêtent les cris & les pleurs ,
   Du malade livide
   Vont guérir les douleurs. **Elle eft, &c.**

⸙

Au faîte des vertus fon courage s'élance ,
Et fes tranfports divins croiffent de jour en jour ,
Et fes tranfports, &c.

   Du plus parfait amour
  Elle voue à Dieu la conftance. **Au, &c.**

  De Jefus amante & victime ,
  Elle arme contre elle , fa main ;
   Et d'un feu vif imprime
   Son faint Nom fur fon fein. **Au faîte, &c.**

Du plus doux des Pasteurs, du plus aimable
       guide,
Fidele, humble & docile, elle écoute la voix.
Fidele, &c.
    Son ame, sous ses loix,
  Prit un vol plus sûr, plus rapide, Du, &c.

  Image d'un si beau modele,
  Elle eut son esprit, sa candeur,
    Sa piété, son zele,
    Sa force & sa douceur,   Du, &c.

⋄⊰⊱⋄

Un asyle sacré s'ouvre à la pénitence :
La voix des Cieux l'appelle, elle court dans son
      sein,   La voix des cieux, &c.
  De son pieux dessein
  Rien ne fléchira la constance.   Un, &c.

  En vain un fils inconsolable
  Lui fait de son corps un rempart :
    Héroïne indomptable,
    Elle le foule & part.   Un asyle, &c.

⋄⊰⊱⋄

Bientôt les soins communs de Françoise & de
      Sales,
D'un céleste édifice élevent la beauté. D'un, &c.
    L'amour, la charité
  Sont ses pierres fondamentales. Bientôt, &c.

  Déja sa structure croissante
  Annonce de loin sa grandeur ;
    Sion plus florissante
    Brille de sa splendeur.   Bientôt, &c.

⋄⊰⊱⋄

D'une Tribu, Chantal, sera la mere, l'ame,
L'exemple, le soutien, les délices, l'honneur,
L'exemple, &c.
    Par-tout de cœur en cœur,
  Son zele & s'étend & s'enflamme. D'une, &c.

  Tout devient, sous sa vigilance,
  Ardeur, dénûment, piété ;

Douceur, paix, confiance,
Union, sainteté.　　D'une Tribu , &c.

❊

Croissez, étendez-vous, Race en vertus féconde!
O Filles dignes d'elle , objets de sa faveur !
O Filles dignes , &c.
　　　　Du feu de sa ferveur
　　　　Embrasez l'enceinte du monde. Croissez, &c.

Que mille essaims de Vierges sages,
Dociles à suivre sa voix,
　　Portent aux derniers âges,
　　Et sa gloire & ses loix.　　Croissez, &c.

❊

Heureux, en son secours, qui mit son espérance
Et qui, dans ses besoins, s'incline à son autel.
Et qui dans , &c.
　　　　Sur elle l'Immortel
　　　　Déploya sa magnificence.　　Heureux , &c.

Une vertu toute puissante,
Un cours de merveilles nouveau,
　　Une gloire éclatante
　　Sortent de son tombeau.　Heureux , &c.

─────────────────────────

CANTIQUE CVII.

A l'honneur de Sainte Cécile , Vierge &
Martyre , Patrone des Musiciens.

Pour le jour de sa Fête.

Sur l'Air précédent.

DE Cécile honorons la Fête & la mémoire :
Suivons les doux transports qu'inspire un si saint
　　　　jour:　　　　　　Suivons, &c.
　　Ensemble, & tour-à-tour,
　　Célébrons l'éclat de sa gloire !　De, &c.

Nos voix, les sons de notre lyre
Lui sont consacrés à jamais.
　　Vivants sous son empire,
　　Tairions-nous ses bienfaits?　　De, &c.

e nous & de nos chants, augufte Protectrice,
lle offre , & notre encens & nos vœux à l'autel:
lle offre, &c.

Par elle l'Immortel
Daigne à nous fe rendre propice.　　De, &c.

Heureux ceux dont la confiance
Souvent implora fon fecours !
Elle fut l'efpérance
Et l'appui de leurs jours.　　De, &c.

◆◇◆

Du monde féducteur elle fuit les délices,
Et méprifa les biens, la gloire & le bonheur,
Et méprifa, &c.

A Dieu feul, de fon cœur
Elle fçut donner les prémices.　　Du, &c.

Toujours de la pudeur aimable
Elle eut la célefte blancheur,
Et nul fouffle coupable
N'y porta fa noirceur.　　Du monde, &c.

◆◇◆

Cécile, d'un époux gagnant la confiance,
Ne ternit point l'éclat de fa virginité:
Ne ternit, &c.

Le vœu de pureté
Fut le fceau de leur alliance.　Cécile, &c.

La foi, l'amour & l'efpérance,
La paix & fes pures douceurs,
La plus fainte innocence
Uniffoit leurs deux cœurs.　　Cécile, &c.

◆◇◆

L'efprit de charité crut avec fon enfance ;
Du zele le plus vif fon cœur fut tranfporté ;
Du zele, &c.

Sa libéralité
Fut l'appui de l'humble indigence.　L'efprit.

A fa voix, un peuple infidele
Ouvrit, & l'efprit & les yeux,
Et s'engagea comme elle
Dans la route des cieux. L'efprit de, &c.

Cécile à tout souffrir, pour la foi toujours prê
Brava d'un fier tyran le courroux menaçant;
Brava d'un, &c.

Au glaive étincelant,
Intrépide, elle offre sa tête.   Cécile, &c

En vain une fureur constante
Sur elle épuisa son effort;
Victime triomphante,
Elle domte la mort.   Cécile, &c

※

A sa vertu puissante adressons notre hommage,
Que son saint Nom sans cesse éclate parmi nou
Que son Saint, &c.

Que les chants les plus doux,
De nos cœurs soient le vrai langage. A, &c

Qu'à son exemple, notre vie,
Que tous les accords, les accents,
De notre mélodie,
Soient toujours innocents.   A sa, &c

※

O Vierge bienheureuse ! ô célébre Martyre !
Des graces du seigneur fixez sur nous le cours;
Des graces, &c.

Que par votre secours,
Les enfers ne puissent nous nuire !   O, &c.

Qu'à l'ombre d'un Nom si propice,
Marchant sur vos pas glorieux,
L'amour saint nous unisse,
Pour toujours dans les Cieux !   O, &c

CANTIQUE CVIII.

A l'honneur des saints Apôtres.

Sur l'Air : *On ne voit ici-bas que douceurs, &c.*

INCOMPARABLES Chefs des tribus glorieuses,
Apôtres qui régnez au céleste séjour,
Aux yeux de l'univers, lumieres précieuses,
Vous serez un jour nos juges.

               C'est

C'eſt par vous que l'éclat d'une pure doctrine,
Chaſſa de tous nos cœurs l'épaiſſe obſcurité;
L'erreur céda bientôt à la clarté divine,
    Qui nous montra la vérité.

·◆◆◆·

Sans armes, ſans appui, ſans art, ſans éloquence,
Vous ſçûtes triompher du plus rebelle eſprit ;
La Croix que vous prêchiez fut la ſeule puiſſance
    Qui le ſoumit à Jeſus-Chriſt.

·◆◆◆·

L'univers gémiſſoit ſous un dur eſclavage ;
Mais en briſant ſes fers vous comblez ſon bon-
    heur :
On le voit s'applaudir du ſublime avantage,
    Que goûte, qui ſert le Seigneur.

·◆◆◆·

Par vous il reconnoît, il reſpecte, il adore
Des myſteres divins, toutes les profondeurs;
Et les peuples inſtruits du couchant à l'aurore,
    De vos faits chantent les grandeurs.

·◆◆◆·

Priez que notre foi, par l'eſpoir ſoutenue,
Soit conſtamment fidelle au milieu des malheurs ;
Et que la charité dans vos cœurs répandue,
    A jamais calme nos frayeurs.

CANTIQUE CIX.

A l'honneur des Saints Martyrs.

Sur l'Air précédent.

Depuis que par ſon Sang offert en ſacrifice,
Jeſus eut ſur la Croix racheté le pécheur,
Le Chrétien fut jaloux d'expirer au ſupplice,
    Pour offrir le ſien au Seigneur.

·◆◆◆·

Non, la Croix du Sauveur n'a plus d'ignominie,
Elle fait d'un Martyr, & la gloire & l'appui :
    R

Pour confeffer le Chrift qui confacra fa vie,
Il eft prêt à mourir pour lui.

⋇

Plein de l'efprit de Dieu, rien n'abbat fa conf-
tance,
Il affronte la mort, intrépide foldat :
Divin libérateur, armé de ta puiffance,
Pour ta gloire il vole au combat.

⋇

Le prix qu'il envifage au bout de la carriere,
Le fait entrer en lice avec un faint tranfport ;
Il combat, & conferve, en perdant la lumiere,
L'efpoir de vaincre par fa mort.

⋇

De tant de bras armés que la colere anime,
Il porte les efforts, il furvit à fes maux ;
Près du Juge étonné tombe enfin la victime,
En triomphant de fes bourreaux.

⋇

Pour nous, lâches Chrétiens, au fein de la pa-
reffe,
A longs traits, du plaifir, nous goûtons les douceurs :
Quand le fang d'un Martyr condamne la molleffe,
Nous plairons-nous dans nos langueurs.

⋇

Toi, qui du haut des Cieux couronnas fa vic-
toire,
Excite notre ardeur à marcher fur fes pas ;
Seigneur, accorde - nous de fouffrir pour ta
gloire,
Et de mourir entre tes bras.

CANTIQU E C

A l'honneur des Saints Pontifes,

Sur le même Air.

O JESUS ! Saint Epoux de notre augufte
     Mere ,
Par ton Pere établi pour Pafteur fouverain ,
Pour régir ton troupeau, tu remplis de lumiere
     Les Pafteurs que choifit ta main.

Le Saint dont nous venons honorer la mémoire ,
Malgré tant de vertus, de zele & de bonté ,
N'accepte qu'en tremblant le haut degré de
     gloire
     Où l'éleva ta volonté.

Connoiffant les dangers de fa place fuprême ,
Les biens & les grandeurs excitoient fon mépris;
Ce vigilant pafteur fe dérobe à lui-même ,
     Pour ne penfer qu'à fes brebis.

Soutenu par l'amour , devenu plus fidéle ,
Il appréhende encor de manquer aux befoins:
Il vole avec ardeur où fon devoir l'appelle ;
     Rien ne peut retarder fes foins.

Pontife infatigable, il prêche , il édifie ;
De fon troupeau docile il éclaire l'efprit ;
Et porte dans fes mœurs, par une chafte vie,
     La bonne odeur de Jefus-Chrift.

Il étend fur le pauvre une main fecourable ,
Il fe prête aux befoins, foutient l'infirmité ;
Il fe fait tout à tous , & chaque miférable
     Eft l'objet de fa charité.

O Jesus, des Pasteurs ineffable modéle !
Qui de ton Sang nourrit la brebis & l'agneau ,
Accorde-nous des Chefs dont la voix & le zele ,
 Au Ciel conduisent ton troupeau.

CANTIQUE CXI.

A l'honneur des Saints Docteurs.

Sur le même Air.

S A I N T E Religion qui domptas les rebelles ;
Tu trouves dans tes Saints d'invincibles soldats ;
Tu moissonnes autant de palmes immortelles
 Que l'on te livre de combats.

❧

L'idolâtre veut-il exercer sa furie !
Tes généreux Martyrs vont braver ses horreurs ;
Faut-il dans ses détours démasquer l'hérésie !
 Tu te suscites des Docteurs.

❧

De la Foi de l'Eglise ils ont pris la défense,
Ils veillent nuit & jour à son intégrité,
Et la voix des enfers, qu'ils forcent au silence ,
 Ne peut flétrir sa pureté.

❧

Si le crime répand ses fureurs meurtrieres,
Leur zele à ses progrès s'oppose avec ardeur ;
Et dans tous les esprits, leur brillante lumiere ,
 Dissipe la nuit de l'erreur.

❧

Des faux Dieux, à leurs pieds, tombe le culte
 impie ;
Ils font pâlir le crime , ils détruisent l'erreur ;
Et le peuple autrefois séduit par l'hérésie ,
 Reconnoît un Dieu Rédempteur.

❧

Ils ne rappellent pas des erreurs arbitraires ,
Ils font briller la foi par son antiquité ;

De ce dépôt divin, facrés dépofitaires,
　Ils ont profcrit la nouveauté.

❖❖❖

Tout ce qu'ils ont appris de ta bouche divine,
Seigneur, viens l'imprimer dans le fonds de nos
　　　cœurs;
Et fais-nous retracer leur célefte doctrine,
　Par l'innocence de nos mœurs.

CANTIQUE CXII.

A l'honneur des Saintes Vierges.

Sur le même Air.

Le Ciel s'ouvre à l'Epoux; ô vous, faintes
　　　Epoufes,
Formez à l'Epoux vierge un triomphe nouveau !
De votre pureté vous êtes fi jaloufes,
　Volez fur les pas de l'Agneau.

❖❖❖

Ce jour, cet heureux jour de la noce immortelle,
Faifoit l'unique objet de vos chaftes foupirs;
De l'Etre fouverain la grandeur éternelle
　Aujourd'hui comble vos defirs.

❖❖❖

Que pourroit fouhaiter la Vierge à Dieu pro-
　　　mife ?
Rien ne manque à fes vœux, après un fi beau
　　　choix,
Au prix d'un tel Epoux, une Epoufe méprife
　L'éclat & la pompe des Rois.

❖❖❖

O virginale noce, où la foible nature
Se couvre de rayons de célefte beauté !
Doux, aimables liens ! par qui la créature
　S'unit à la Divinité.

R iij

CANTIQUE CXIII.

L'amour du Sacré Cœur de Jesus pour tous les hommes dans tout le cours de sa vie mortelle.

Sur l'Air : *Bénissez le Seigneur suprême, &c.*

Cœur de Jesus, Cœur adorable,
Sublime objet de mon amour,
Soyez propice, dans ce jour,
    Aux vœux d'un cœur coupable.

Esclave d'une folle ivresse,
J'ai méconnu vos doux attraits :
Je veux vous rendre désormais
    Tendresse pour tendresse.

Que l'incrédule, que l'impie
Insulte à notre sainte ardeur ;
Ses vains mépris font ma grandeur ;
    Et ma gloire & ma vie.

O cœur sacré, source féconde,
Source des biens les plus parfaits !
Tout me retrace vos bienfaits ;
    Ils ont rempli le monde.

Le Verbe, du sein de son pere,
Vient s'immoler pour les mortels ;
Et pour sauver des criminels,
    Partage leur misere.

Ce Cantique renferme les principales actions de la vie de N. S. J. C. On aura l'avantage de se nourrir de la dévotion à son Sacré Cœur, en chantant les Strophes qui se rapportent à ses différents mysteres, dans les temps que l'Eglise les célébre.

Il naît dans une obſcure étable,
En proie au froid, à la douleur ;
Mais parce qu'il m'aime , ſon Cœur
    Lui rend ſon ſort aimable.

Rendez hommage à ſa naiſſance ,
Bergers , vos mœurs, votre humble état
Lui plaiſent mieux que tout l'éclat
    De l'altiere opulence.

O loi douloureuſe & ſévére !
Un Dieu fait homme eſt circoncis:
J'apperçois dans le ſang du Fils
    Tout le courroux du Pere.

Victime de nos injuſtices,
Son cœur accepte ces douleurs :
Lorſqu'il répare nos malheurs ,
    Ses maux font ſes délices.

Vous, Mages, Rois, d'un pas fidéle ,
Suivez l'inſtinct qui vous conduit :
Mieux que l'étoile qui vous ſuit,
    Sa grace vous appelle.

La loi l'exige, dans le Temple,
Jeſus s'offre & s'anéantit :
Et des vertus qu'il nous preſcrit
    Son Cœur donne l'exemple.

Tendres enfants, votre carnage
D'Hérode annonce les fureurs;
Jeſus fuit : ah ! quelles horreurs
    Votre ſort lui préſage !

Mais s'il va loin de ſa patr'e
Du tyran s'il trompe l'effort,
Il reviendra ſubir la mort
    Pour nous rendre à la vie.

R iv

Plus il croît, plus il s'humilie :
Craindrons-nous les abbaiſſements,
Quand le ſeul Maître des vivants
　　Eſt docile à Marie ?

⋅⟨×⟩⋅

Au travail, dès le plus bas âge ;
Ses mains conſacrent ſes inſtants ;
Le ſuprême arbitre du tems
　　Nous en apprend l'uſage.

⋅⟨×⟩⋅

Encore enfant, Jeſus éclaire ,
Confond de ſuperbes docteurs :
Il ouvre à ſes perſécuteurs
　　Des ſources de lumiere.

⋅⟨×⟩⋅

Dévoué dans la ſolitude
A la plus dure auſtérité ,
Du ſalut de l'humanité
　　Son Cœur fait ſon étude.

⋅⟨×⟩⋅

S'il permet à l'Ange coupable
D'approcher & de le tenter ,
C'eſt pour nous apprendre à domter
　　Ce monſtre redoutable.

⋅⟨×⟩⋅

Tel nous voyons l'aſtre propice ,
Dont l'éclat enfante les jours ;
Tel, & plus beau fut dans ſon cours
　　Cet aſtre de juſtice.

⋅⟨×⟩⋅

Tandis qu'il parcourt la Judée ,
Il gagne, il échauffe les cœurs :
Le ſien prodigue ſes faveurs
　　A toute ame affligée.

⋅⟨×⟩⋅

L'enfer reſpecte ſa préſence
Les démons exaltent ſes droits ,
Où rendent hommage à ſes loix
　　Par un ſombre ſilence.

Mer, il calma ta violence ;
Malades, il guérit vos maux
Les morts fortants de leurs tombeaux,
   Montrerent fa puiffance.

·❧❀❧·

Peuple, dans la faim qui te preffe,
Suis un Sauveur qui te chérit ·
Au grand bienfait qui te nourrit
   Adore fa tendreffe.

·❧❀❧·

Foible mortel, ton Dieu fe laffe
Pour te chercher, te convertir :
Il promet à ton repentir
   De t'accorder la grace.

·❧❀❧·

Tu connois, ô Samaritaine,
Tout le prix de ce riche don,
Quand Jefus t'offre ton pardon,
   Et veut rompre ta chaîne.

·❧❀❧·

Jérufalem, ville chérie,
Combien tes crimes, tes malheurs,
N'ont-ils pas arraché de pleurs
   A fon ame attendrie !

·❧❀❧·

Lazare, contre la nature,
A fubi l'ordre prononcé ;
Déja fon cadavre glacé
   N'eft plus que pourriture.

·❧❀❧·

Jefus vient, fe trouble en lui-même,
Les larmes coulent de fes yeux :
Pécheurs ingrats & malheureux,
   Ainfi fon Cœur vous aime.

·❧❀❧·

Sortez de la nuit éternelle,
Lazare, fon Cœur vous le dit ;
Il parle, & le mort obéit
   A la voix qui l'appelle.

           R v

O Peuple aveugle , quels preſtiges
Te cachent ſa Divinité ,
Tandis que pour toi ſa bonté
   Opére ces prodiges ?

❖

'Avant que contre lui ta rage
Ait conſommé ſes attentats ,
De ſon amour , pour des ingrats ,
   Reçois le dernier gage.

❖

Ce grand Cœur qui fait ſes délices
D'habiter avec les mortels ,
Pour ſe placer ſur nos Autels ,
   Détruit tes ſacrifices.

❖

Caché ſous la ſimple figure
D'un pain qui ne ſubſiſte plus ,
Mon Dieu , mon aimable Jeſus
   Devient ma nourriture.

❖

Ni les fureurs de l'héréſie ,
Ni les mépris du libertin ,
N'ont mis obſtacle à ce feſtin
   Où ſon Cœur nous convie.

❖

Tréſor ſacré ! tréſor ſuprême !
Dieu dans ce myſtere d'amour ,
Pour avoir mon cœur ſans retour ,
   Il me lie à lui-même.

❖

A ce Banquet il nous invite
Avec un tendre empreſſement ;
Notre funeſte éloignement
   Et l'afflige & l'irrite.

❖

Si le profanateur impie
N'y trouve qu'un affreux trépas ;
Quiconque n'en approche pas
   Se prive de la vie.

Racontez-nous, ô saintes ames !
Qui goûtez ses pures douceurs,
Combien il verse dans vos cœurs
   Et de biens & de flammes ?

Que vois-je ! quelle horreur intime,
O Jesus, semble t'accabler ?
L'heure vient où va s'immoler
   La divine Victime.

Déja son ame appesantie
S'exhale en plaintes, en sanglots ;
Le sang d'un Dieu coule à grands flots ;
   Il est à l'agonie.

Ange saint, dans cette amertume,
Viens au secours de ce beau Cœur,
Qui défaillit sous la douleur,
   Et que l'amour consume.

Ah, mon pere, ah, quel sacrifice !
Dit-il alors, saisi d'effroi ;
S'il est possible, que de moi
   S'éloigne ce Calice.

Mais, non, puisqu'il faut que j'obtienne
Le pardon de l'humanité,
Grand Dieu ! que votre volonté
   Soit faite, & non la mienne.

O vous, ses Disciples dociles,
Quelle mollesse vous endort ?
Il est triste jusqu'à la mort,
   Et vous êtes tranquilles !

Tout vient s'unir contre sa vie,
Tout perce son Cœur douloureux :
Ce Cœur, de ce calice affreux,
   Boira jusqu'à la lie.

Dans l'ombre d'une nuit obfcure,
Suivi de barbares foldats,
Je vois que s'avance à grands pas
   Un Difciple parjure.

Livré par un baifer perfide,
Le Sauveur, qui fe voit trahi,
Appelle encore, fon ami,
   Ce monftre déicide.

Il parle à cette troupe impie ;
Soudain ils font tous renverfés :
Son pouvoir les a terraffés,
   Son Cœur leur rend la vie.

Enfin, il fouffre qu'on le traîne,
Comme un efclave révolté,
Devant un Juge tranfporté
   Et de rage & de haine.

Des Juifs l'atroce calomnie
Eleve contre lui fa voix ;
Ils ne connoiffent d'autres loix
   Que leur coupable envie.

Un monftre que la rage anime,
Frappe la face du Sauveur ;
Jefus, d'un ton plein de douceur,
   Lui fait fentir fon crime.

Je le vois, ce Sauveur aimable,
Outragé par des fcélérats,
Qui couvrent de leurs vils crachats
   Son vifage adorable.

Pierre, victime de la crainte,
Trois fois renonce le Seigneur ;
Et porte au plus fenfible Cœur
   La plus mortelle atteinte.

Mais d'un regard feul, plein de charmes,
Jefus le perce & l'attendrit ;
Pierre confus, touché, contrit
   Verfe un torrent de larmes.

⊰⊱

Bientôt devant un juge inique
Paroît le Dieu de vérité,
Victime de la cruauté
   Et de la politique.

⊰⊱

Cependant de fon innocence
Pilate femble convaincu ;
Mais le lâche eft bientôt vaincu
   Et porte fa fentence.

⊰⊱

O doux Sauveur on te déchire,
De coups cent fois réitérés !
Tes os pouvoient être nombrés
   Dans ce fanglant martyre.

⊰⊱

Ton Corps n'eft qu'une plaie horrible
Ton fang efface tous tes traits :
Ce fang coula pour mes forfaits,
   Et j'y fuis infenfible !

⊰⊱

Ce Roi, dont les Cieux font le trône,
On le détache d'un poteau,
Pour fceptre on lui donne un rofeau ;
   L'épine eft fa couronne.

⊰⊱

Ses bourreaux, pour comble d'outrages,
L'adorent par impiété,
Et rendent à fa royauté
   Un infolent hommage.

⊰⊱

Pilate au peuple le préfente,
Pour calmer d'injuftes rumeurs ;
Mais loin que ceffent ces clameurs,
   Le peuple les augmente.

Dans ſon choix nul cœur ne balance
Et Barabas eſt délivré :
Un ſcélérat eſt préféré
 Au Dieu de l'innocence.

⬦⬦⬦

Jeſus va , ſe traîne au ſupplice ,
Chargé de ſa peſante Croix ;
Pécheurs, l'excès d'un ſi grand poids
 Vient de votre malice.

⬦⬦⬦

Femmes, à ſes douleurs extrêmes
Votre tendreſſe compatit ;
Son tendre Cœur vous avertit
 De vous plaindre vous-mêmes.

⬦⬦⬦

Cloué ſur un gibet infâme
Entre deux inſignes voleurs,
Par tout l'excès de ſes douleurs
 Il veut ſauver mon ame.

⬦⬦⬦

O Mere tendre, Vierge pure,
Pour vous quel ſpectacle d'horreur !
Vous éprouvez dans votre Cœur
 Ce que le ſien endure.

⬦⬦⬦

Il veut qu'à ſon heure derniere,
Du plus cher de ſes favoris,
Qui doit vous être un autre Fils,
 Vous deveniez la Mere.

⬦⬦⬦

Mais bientôt d'une nuit épaiſſe
Son eſprit eſt comme obſcurci :
Quoi, dit-il, en jettant un cri,
 Mon Pere me délaiſſe !

⬦⬦⬦

Les tourments de l'Etre ſuprême
Ne ſatisfont pas ſes bourreaux :
Ils joignent encore à ſes maux
 L'inſulte & le blaſphême.

Il reçoit la boiffon amere
Qu'offrent de facrileges mains ,
Le falut de tous les humains
   Eft la foif qui l'altere.

Son Cœur obtient ce qu'il defire :
Le Ciel , enfin eft défarmé ;
Jefus dit : Tout eft confommé ,
   Baiffe la tête, expire.

Le facré voile fe déchire :
La terre tremble de frayeur :
Les rochers fe fendent d'horreur
   Le jour ceffe de luire.

Jefus meurt : toute la Nature
Rend hommage à fon Créateur ;
Les morts adorent fa grandeur ,
   Quittant leur fépulture.

Quoi ! le foldat impitoyable
Pleure & détefte fon péché !
Bien moins que lui je fuis touché ;
   Et je fuis plus coupable.

Cœur divin , que perce une lance ,
Ou bien plutôt un trait d'amour ,
Soyez, fans ceffe , mon féjour,
   Ma joie & ma défenfe.

Mais quoi ! la mort perd fon empire ,
Jefus vainqueur fort de fes bras ;
Il fouffre pour moi le trépas :
   C'eft pour moi qu'il refpire.

Bientôt d'épouvante & de gloire
Les Anges couvrent fon tombeau:
La terre tremble de nouveau
   Au bruit de fa victoire.

Magdeleine eſt déconcertée,
Et cherche le Corps du Sauveur;
Ses cris nous rendent la douleur
  De ſon ame agitée.

❦

Dans cette affreuſe incertitude,
Jeſus voilant ſa majeſté,
De ce Cœur tendre & contriſté,
  Calma l'inquiétude.

❦

Bientôt à ſes Diſciples mêmes
Cachant ſes traits & ſa clarté,
Il leur explique avec bonté
  Les vérités ſuprêmes.

❦

Il leur parle : une douce extaſe
De ſes leçons eſt l'heureux fruit:
Tandis que ſa voix les inſtruit,
  Son feu ſaint les embraſe.

❦

Diſciple dont la foi fut lente !
Jeſus l'ordonne, approchez-vous,
Touchez, de la lance & des cloux,
  La trace encor ſanglante.

❦

Dieu de la paix, qui ſur la terre
La prodiguois à tes enfants :
Tu réſervas pour les méchants
  Les troubles & la guerre.

❦

Si tu veux que, dans la ſouffrance,
Tes favoris paſſent leurs jours,
Tu leur aſſures le ſecours
  De ta ſainte préſence.

❦

Tu leur annonces l'aſſiſtance
De cet Eſprit conſolateur,
Qui va dans peu remplir leur cœur
  De force & de conſtance.

Faites entendre mes oracles ,
Difciples que j'aimai toujours ;
Mon cœur attache à vos difcours
    Le don de mes miracles.

⋅⋙⋘⋅

Il dit ; & ceint d'une lumiere ,
Soudain il s'éleve à leurs yeux ,
Et va s'affeoir au haut des Cieux
    A la droite du Pere.

⋅⋙⋘⋅

O Cœur , dont la tendreffe immenfe
A tant fait pour l'humanité ,
D'un Dieu pour nous trop irrité
    Détourne la vengeance.

⋅⋙⋘⋅

En toi tout notre efpoir fe fonde ,
Captive , enflamme notre cœur ,
Et rends-le , pour toujours , vainqueur ,
    De nous-même & du monde.

CANTIQUE CXIV. (*)

A l'honneur du facré Cœur de Marie.

Sur l'air : *Le jeune Berger qui m'engage , &c.*

HEUREUX , qui du Cœur de Marie ,
Connoît , honore les grandeurs ,
Et qui , fans crainte , fe confie
En fes maternelles faveurs !
Ses jours coulés , fous fes aufpices ,
A l'abri des périls humains ,
Seront des jours ferains , propices ,
Calmes , utiles , purs & faints.

⋅⋙⋘⋅

Après le Cœur du divin Maître ,
A qui feul eft dû tout encens ,

(*) On n'a pu mettre da is leur ordre les Cantiques qui
fuivent , parce qu'ils n'étoient pas faits lors de l'impreffion
des précédents.

Fut-il jamais , & peut-il être
Un Cœur , plus digne de nos chants ?
En eft-il de plus refpectable,
De plus augufte , de plus grand ,
De plus puiffant, de plus aimable ,
De plus doux , de plus bienfaifant ?

Déja fa future excellence
Captivoit, dans l'éternité, (*)
Les yeux , les foins , la complaifance
Du Dieu de toute fainteté:
Déja de la coupable race
Parmi les cœurs, feul démêlé ,
L'Auteur de la célefte Grace,
De tous les dons l'avoit comblé.

Les Cieux fe trouvent fans parure,
Auprès des traits de fa beauté;
Des Anges l'innocence pure,
Voit s'éclipfer fa pureté ,
Et de refpect baiffant leurs aîles ,
Les Légions des Séraphins ,
Du haut des voûtes éternelles,
Lui cédent, en tranfports divins.

Parois , ô Fille bien-aimée !
Confole, charme l'univers ,
Et plus terrible qu'une armée ,
Confonds , écrafe les enfers.
Cours au Temple , où le Ciel t'appelle ;
Vas préfenter à l'Immortel,
Ton Cœur , l'offrande la plus belle ,
Qui fut portée à fon autel.

A l'ombre de fes Tabernacles ,
C'eft-là que le Dieu des élus,

(*) Ab Æterno ordinata fum , *Parab. Salm. C. 9.*

Fait , en elle , autant de miracles ,
Qu'il y voit croître de vertus.
Là , fon Cœur, pur , humble & docile
Aux grands, aux éternels deffeins ,
Se forme à devenir l'afyle ,
Et le féjour du Saint des Saints.

⊲⊃⊗⊂⊳

Au moment où la Vierge eft Mere ,
Sans ternir fon intégrité ,
Son Cœur fe change en fanctuaire
De l'adorable Trinité ,
Et c'eft dans lui que prend fa fource
Le fang falutaire & divin ,
Qui doit feul être la reffource ,
Et la rançon du genre humain.

⊲⊃⊗⊂⊳

O ! de quels charmes fut fuivie,
De quels facrés tranfports d'ardeur ,
L'union du Cœur de Marie
Avec celui d'un Fils Sauveur !
O quelle intime reffemblance
De fentiments d'humilité ,
De dénûment , d'obéiffance ,
De douceur & de charité !

⊲⊃⊗⊂⊳

Calmer la célefte vengeance ,
Nous fauver ; ces deux grands objets
De leur commune intelligence
Occupent les vaftes projets.
Le même amour , le même zele ,
La même activité de feux ,
La même flamme mutuelle
Les brûle & dévore tous deux.

⊲⊃⊗⊂⊳

Quand Jefus, né dans l'indigence ,
Baigne , pour nous, fes yeux de pleurs,
Marie , avide de fouffrance ,
Aime à s'unir à fes douleurs.
Quand , chargé de nos injuftices,

Il veut de son sang innocent,
Pour nous, répandre les prémices,
Le Cœur de Marie y consent!

⋅⊰✕⊱⋅

Si, pournous, l'Enfant magnanime,
Au temple se voue à souffrir,
La Mere, comme lui, Victime
Fait ses délices de l'offrir.
Si le Pontife lui découvre
Du Ciel les ordres rigoureux,
Son ame, d'elle-même, s'ouvre
Au glaive le plus douloureux.

⋅⊰✕⊱⋅

De quelle profonde tristesse
Son Cœur, hélas! est-il frappé,
Quand l'objet cher à sa tendresse
De ses regards s'est échappé :
Mais combien sa joie est extrême
Quand on le découvre au saint lieu,
Développant la loi suprême
Et de son Pere, & de son Dieu.

⋅⊰✕⊱⋅

Quelle force aida son courage,
Lorsqu'elle osa suivre les pas
De ce Fils qu'une aveugle rage
Traînoit au plus honteux trépas.
Auprès de cette Croix sanglante,
Où mouroit un Dieu rédempteur,
Qui retint son ame expirante?
Ce fut l'Amour, ce fut son Cœur.

⋅⊰✕⊱⋅

Vous, que son agonie attire,
Pour partager ses sentiments,
Voyez si le plus dur martyre,
Peut rassembler tant de tourments;
Voyez-le ce Cœur intrépide,
Par la même main déchiré,
Qui retire un fer déicide,
Du Cœur de son Fils expiré.

Raſſurez-vous, ſéchez vos larmes,
Témoins zélés de ſa langueur !
Son Cœur, du ſein de tant d'allarmes,
Paſſe dans des flots de douceur.
Jeſus, ſeul maître de la vie,
Jeſus impaſſible, immortel,
Domte la mort, ſe vivifie,
Et vole à l'empire éternel.

❧⬥❧

Bientôt de plus vives délices
Inonderont ce Cœur ſacré,
Que les vertus & les ſupplices,
Au Roi des Rois ont préparé.
C'eſt fait ; à la terre enlevée,
Par un effort de ſon amour,
L'humble Marie eſt élevée
Au haut du ſublime ſéjour.

❧⬥❧

Hâtez-vous d'offrir à ſon trône,
Saints Anges, vos tributs d'honneur
Chantez, de Dieu qui la couronne,
Les dons, la gloire, la ſplendeur !
Contemplez, révérez en Elle,
Louez toujours, aimez ſans fin,
Ce Cœur formé ſur le modele
Du Cœur de votre Souverain.

❧⬥❧

Et nous, fils d'un pere coupable,
Par le Ciel condamnés aux pleurs ;
Cherchons, dans ce Cœur ſecourable,
Un abri contre nos malheurs.
Jamais il n'eſt inacceſſible
A nos beſoins, à nos deſirs ;
Il eſt toujours ouvert, ſenſible
A nos revers, à nos ſoupirs.

❧⬥❧

Pécheurs, à cet aimable aſyle,
Ne craignez point de recourir ;
L'entrée en eſt ſûre & facile
A la douleur, au repentir.

Vous trouverez , dans la puiſſance
Et dans l'amour de ce doux Cœur,
La plus infaillible aſſurance
De fléchir le Cœur du Seigneur.

·◄✖►·

O Cœur de la plus tendre Mere ,
Cœur plein de grace & de bonté ,
Vous , ſur qui , dans notre miſere ,
Notre eſpoir a toujours compté !
Soyez , ſoyez notre refuge
Et notre appui dans tous les tems ,
Sur-tout , auprès de notre Juge ,
Dans le dernier de nos inſtants.

·◄✖►·

Par toi, l'Egliſe raffermie ,   (*)
Reine des Cieux ! vit fuir l'eſſain
De tous ces monſtres d'héréſie
Qu'arma l'enfer, contre ſon ſein.
Ainſi, triomphante Marie !
Ton bras , ſon plus ferme ſoutien ,
Domtera la ligue ennemie
Du Cœur de ton Fils & du Tien.

---

* CANTIQUE CXV.

Les douleurs de la ſainte Vierge auprès de Jeſus mourant.

A l'imitation , & ſur l'air du *Stabat , &c.*

DE Jeſus la tendre Mere ,
Dans une triſteſſe amere ,
Se tenoit près de ſa Croix.

·◄✖►·

Dans ſon ame que de craintes ,
Que de mortelles atteintes ,
Que de glaives, à la fois !

(*) Cunctas hæreſes ſola interemiſti in univerſo mundo.
Off. de l'Egl.

Elle voit son Fils unique,
En proie à la rage inique
Des bourreaux les plus cruels.

❧❧❧

Auprès d'elle, sous sa vue,
L'innocence est suspendue
Au gibet des criminels.

❧❧❧

Que de larges meurtrissures ;
Que de profondes blessures
Jesus offre à ses regards !

❧❧❧

Quel spectacle déplorable
Lui peint sa chair adorable
Tombée en lambeaux épars !

❧❧❧

Elle entend des cris extrêmes,
Des outrages, des blasphêmes
Contre le Dieu de grandeur.

❧❧❧

Telle qu'une mer immense, (*)
Telle, & plus de sa souffrance
S'étendit la profondeur.

❧❧❧

Le cœur le plus insensible
Seroit-il inaccessible
Au cri de ses sentiments !

❧❧❧

Quels yeux peuvent sans allarmes,
Sans s'ouvrir en flots de larmes,
Voir l'excès de ses tourments !

❧❧❧

Hélas ! dans la soif pressante,
La haine à son Fils présente
Un breuvage plein de fiel !

❧❧❧

Hélas ! dans son agonie,

(*) Magna est velut mare contritio tua. *Thr. Jerem.* 2.

Son Dieu, lui-même, l'oublie (*)
Et pour lui rend sourd le Ciel.

·◁×▷·

Mais quel trait pour son cœur tendre,
Quand Jesus lui fait entendre
Le dernier cri de sa voix !

·◁×▷·

Quand, fermés presqu'à la vie,
Ses yeux sur ceux de Marie
Vont pour la derniere fois !

·◁×▷·

Il meurt; son flanc se découvre,
Elle y voit son cœur qui s'ouvre
Au fer dont il est percé.

·◁×▷·

Elle voit sa croix empreinte,
La terre, autour d'elle, teinte
Des flots de son sang versé.

·◁×▷·

C'est nous, race criminelle,
Peuple ingrat, peuple infidéle,
Qui faisons couler ses pleurs.

·◁×▷·

Si mon Dieu s'est fait hostie,
Si l'amour le sacrifie,
N'est-ce pas pour nous pécheurs ?

·◁×▷·

Que, pour peine de nos crimes,
Nous-même, avec lui, victimes,
Souffrions toutes ses douleurs.

·◁×▷·

Vierge pleine de tendresse !
O quand de votre tristesse
Sentirons-nous les rigueurs !

·◁×▷·

Oui, c'est lui qui, tendre pere,

_____

(*) Deus, Deus meus ut quid dereliquisti me. *Math.* 27.

A

A nous vous donna pour mere ;
Avant d'expirer pour nous.

❦

Que, fous l'ombre de votre aîle,
Son fang qui fur nous ruiffele,
Du ciel calme le courroux !

❦

Qu'il nous lave, qu'il efface,
Jufques à la moindre trace,
La noirceur de nos forfaits !

❦

Que nos yeux en pleurs fe fondent,
Qu'ils arrofent, qu'ils inondent
L'inftrument de vos regrets !

❦

Faites, Mere fecourable !
Que je fois inconfolable
De la mort d'un Dieu Sauveur.

❦

Imprimez de fes fupplices
Les fanglantes cicatrices
Sur mon corps & dans mon cœur.

❦

Que l'amour, qui vous enflamme,
Porte, allume dans mon ame
Tous les feux de fon ardeur.

❦

Par vous, qu'au jour de vengeance,
Je ne trouve que clémence
Dans Jefus, mon Rédempteur !

❦

O Croix ! fois tout mon partage,
Mon tréfor, mon héritage
Jufqu'à mon dernier foupir.

❦

Dans tes bras que je m'attache,
Et que rien ne m'en arrache,
Pour que je puiffe y mourir !

❦

Mere aimable, en qui j'efpere !

S

Sauvez-moi par le myftere
De la Croix de votre Fils.

※※

Qu'à mon terme, je l'embraffe ;
Qu'elle affure, avec ma grace,
Mon bonheur, mon Paradis.

---

* CANTIQUE CXVI,
Priere à faint Jean de la Croix.

Sur l'air : *Ah que ma voix me devient chere !* &c.

Vous qui, pour toute récompenfe
D'un cours de longs travaux, traîné dans la dou-
leur,
Sollicitiez encore, au trône du Seigneur,
L'oubli, le mépris, la fouffrance ! (*)
Offrez-lui mes vœux & mon cœur.   *Fin.*

Coupable, hélas, dès mon enfance
Je n'aimai que l'éclat, la gloire & le plaifir !
Obtenez-moi, grand Saint! de fa clémence
Que je fçache être humble & fouffrir. Vous.

---

* CANTIQUE CXVII.
Sur ces paroles de S. Marie Magdeleine de
Pazzi : *fouffrir ne pas mourir,* pati non mori.

Sur l'air : *O nuit, charmante nuit,* &c.

Que le Seigneur eft beau, qu'il eft grand dans
fes Saints !   (**)
Pazzi fut un chef-d'œuvre, où fe plurent fes
mains.   *Fin.* Que le Seigneur, &c.

Souffrir, gémir, n'aimer la vie

(*) Le Seigneur lui ayant demandé ce qu'il vouloit pour
prix de fes travaux & de fes fouffrances : le Saint lui répon-
dit, *Seigneur, fouffrir & être méprifé pour vous,* Domine,
pati & contemni pro te. *Legend. de fon Offic.*
(**) Mirabilis Deus in Sanctis fuis. *Pf. 67.*

Que pour pouvoir de pleurs en arrofer le cours,
  Et craindre la mort, par envie
De mourir plus long-tems, & de mourir toujours;
  Telle eft cette Vierge héroïne ;
  La croix pour elle a plus d'appas
  Que les douceurs d'un faint trépas,
  Que la gloire où Dieu la deftine.

  Souffrir, pour lui, font fes délices,
  Dans l'efpoir de ne point mourir;
  Et mourir, pour ne plus fouffrir,
  Eft le comble de fes fupplices. Que le, &c.

CANTIQUE CXVIII. (1)

A l'honneur de S. Modefte, Martyr. (2)

Sur l'Air : *Tu dors charmante Eléonore, &c.*

CHERS Enfants, aimez la fageffe,
Aimez-la dès vos premiers ans,
Et de fa voix enchantereffe,
Ecoutez les tendres accents ;
Le monde voudroit vous furprendre
En vous étalant fes douceurs,
Mais MODESTE va vous apprendre
Qu'il n'eft pas digne de vos cœurs.

⋅⋈⋅

MODESTE, à la fleur de cet âge,
Où l'on donne tout au plaifir,
Prend la vertu pour fon partage,
Seule elle fixe fes defirs:
La parure de fon enfance,
C'eft la candeur, l'humilité ;
Sur fon front regne la décence,
Et dans fon cœur la pureté.

(1) Ce Cantique n'eft point dans l'Edition avec les airs notés, parce qu'il n'étoit pas encore fait.

(2) Ce Saint fouffrit le martyre avec faint Ammone, n'étant âgés l'un & l'autre que de 15 à 16 ans.

De l'amitié ce don célefte,
Ce charmant commerce des cœurs,
Le jeune AMMONE & faint MODESTE
Goûtent enfemble les douceurs ;
Ces deux jeunes amis jouiffent
Du plus doux, du plus pur des biens ;
Mais fi leurs cœurs fe réuniffent,
La vertu forme leurs liens.

※

Leurs jours filés par l'innocence
Annonçoient des jours plus fereins :
Bientôt leur vertu leur conftance
Arma les tyrans inhumains ;
Mais pour ébranler leur courage,
En vain on menace, on frémit,
La Grace ne connoît point d'âge,
Quand on combat pour Jefus-Chrift.

※

Ces deux innocentes victimes
Vont périr fur des échafauds,
Leur vertu feule fait leurs crimes,
Seule elle irrite leurs bourreaux.
Pour la vaincre, enfin on s'efforce ;
Ils meurent, béniffant leur fort ;
Ils aimoient Dieu, voilà leur force,
L'amour triomphe de la mort.

※

Il eft encor, tendre jeuneffe,
Un cruel tyran de vos cœurs,
C'eft ce monde qui vous careffe,
Ce monde couronné de fleurs :
Il eft vrai qu'on le trouve aimable,
Qu'il promet la félicité,
Mais qu'un tyran eft redoutable,
Quand il eft fi peu redouté.

※

C'eft lui qui colore le vice,
C'eft lui qui vous tend mille appas :
Il embellit le précipice
Que fes mains creufent fous vos pas ;
Etes-vous jaloux de la gloire

De vaincre ſes cruels aſſauts ?
Fuyez, vous aurez la victoire,
La fuite ici fait les héros.

·◦·◦◦◦·

Grand Dieu, faites que je déteſte
Ce monde, hélas ! ſi ſéducteur,
Et qu'à l'exemple de MODESTE,
A vous ſeul j'attache mon cœur :
Loin de vous ce cœur trop volage
N'a pu trouver qu'un vuide affreux :
Un Dieu l'a fait à ſon image,
Un Dieu ſeul peut le rendre heureux.

CANTIQUE CXIX.

La Patience chrétienne.

Sur l'Air : *Lieux charmants, &c.*

LOIN de moi fauſſe alégreſſe
Mon partage, c'eſt la Croix :
Dévoré par ma triſteſſe,
Je ſuccombe ſous ſon poids.
Mais ſi mon cœur en murmure,
S'il reſſent trop ſes douleurs,
La foi vaincra la nature,
Et fera fuir ſes erreurs.

·◦·◦◦◦·

Trop long-tems je fus coupable,
Quand ſerai-je pénitent ?
Faut-il être inconſolable
Sur un juſte châtiment ?
Si des flammes éternelles
Je médite les rigueurs,
Les peines les plus cruelles
Se changeront en douceurs.

·◦·◦◦◦·

Qu'eſt-ce donc que ce moi-même,
Source éternelle de vœux ?
Avec une ardeur extrême
Je deſire d'être heureux :

S iij

Mais fi l'Auteur de mon être
Veut renverfer mes projets,
Je dois d'un fouverain Maître
Adorer tous les décrets.

❦

La profpérité riante
Séduit les fens , la raifon;
Lorfque tout plaît , tout enchante ,
On ne craint pas fon poifon ;
Diffipez tous ces faux charmes ,
Secourable adverfité !
Puiffe du fond de vos larmes
Renaître la vérité.

❦

Dès que l'ennui me confume ,
Tout eft pour moi languiffant :
Il répand fon amertume
Sur le plaifir féduifant.
Heureux, connoiffant le vuide
De cent frivoles objets ,
Si cette leçon me guide
Vers l'amour des biens parfaits.

❦

Du bonheur , de la difgrace
Le terme m'eft limité :
Biens & maux , tout fuit, tout paffe ,
Tout court à l'éternité.
Le mal par fa violence
Lui-même abrége fon cours,
.Et n'offre à ma patience
Que l'effort de quelques jours.

❦

Pour fauver l'homme coupable,
Dieu prend-il un corps mortel ?
La Croix, prodige admirable !
Eft fon berceau, fon Autel :
Il meurt dans mille fupplices . . .
Ces myfteres que je crois
Doivent changer en délices
L'amertume de ma croix.

Si mon ame l'y contemple,
Que de fentiments nouveaux !
Lumieres, fecours exemple,
Tout m'y foutient dans mes maux :
Je découvre fa tendreffe
Sous cette févérité,
Et j'y trouve la promeffe
De fon immortalité.

⚜

Une lumiere fidelle
Me montre ces vérités :
Et ma nature rebelle
Se refufe à fes clartés.
Grand Dieu, votre feule grace
Peut triompher de mon cœur,
Et feule dans fa difgrace
L'armer contre la douleur.

⚜

Je voudrois dans l'alégreffe
Souffrir tout ce que je fens :
Mais c'eft en vain, la trifteffe
Rend mes efforts impuiffants :
Ah ! Seigneur, que je vous aime !
Je ne fais plus d'autres vœux :
Dans le fein du malheur même,
Votre amour nous rend heureux.

CANTIQUE CXX.

Combien il eft doux de chanter les
louanges du Seigneur.

Sur l'air : *Dans nos bois l'on vit plus heureux, &c.*

LA douceur
Qu'on goûte à chanter le Seigneur,
Charme, comble d'alégreffe un cœur.   *Fin.*
La douceur, &c.
Les œuvres de fa puiffance,
Son tendre amour, fa grace, fa clémence,

Tout anime , à la fois ;
Les accents de ma voix.
De sa sagesse
Les aimables loix,
Sa féconde largesse ,
Ses doux bienfaits ,
Ses divins attraits
Tout, pour louer son nom , enflamme
Mon ame.   La douceur, &c.

CANTIQUE CXXI.

La grandeur de Dieu.

Sur l'Air : *Amour fidéle , &c.*

HONNEUR , hommage
Au feul , au vrai Dieu,
Sans cesse, d'âge en âge,
Au Ciel, en tout lieu. *Fin.* Honneur,
Près de sa puissance
Rien n'est grand,
Tout, en sa présence ,
Est néant.   Honneur, &c.

De la terre entiere
Tous les dieux
Sont cendre & poussiere
A ses yeux.   Honneur, &c.

CANTIQUE CXXII.

Les Justes fervents.

Sur l'Air : *Le papillon toujours volage , &c.*

LES justes, d'une aîle légere,   (*)
Courent , volent dans la vertu,
Sans que leur constance s'altere,

(*) Viam mandatorum tuorum cucurri. *Pf.* 118.

Sans que leur cœur soit abattu.
Sans cesse leur essor rapide
Les transporte vers le Seigneur;
La foi les meut, l'espoir les guide :
Mais l'amour nourrit leur ardeur.

* CANTIQUE CXXIII

Parallele du fervent avec le tiéde.

Sur l'Air précédent.

TELLE qu'une aigle passagere
Plane, vole, fuit dans les airs,
Tel le fervent court la carriere
Des loix, des préceptes divers.　　　(*)
Le tiéde, à qui tout effort coûte,
Ne s'y traîne qu'avec lenteur,
Après quelques pas dans la route,
Il tombe, hélas ! sous sa langueur.

* CANTIQUE CXXIV.

Desir de recouvrer le bonheur de l'innocence.

Sur l'Air : Amitié charmante, &c.

AIMABLE Innocence,
Viens, rentre dans mon cœur:
Aimable Innocence,
Viens, rentre dans mon cœur.　　*Fin.*

Viens, ramene, avec ta présence,
Les plus beaux jours de mon bonheur:
Viens, ramene avec ta présence,
Les plus beaux jours de mon bonheur.
　　Aimable, &c.

(*) Qui sperant in Domino , assument pennas ut aquilæ
current, & non deficient, &c. *Is.* 40.

✱ CANTIQUE CXXV.

Le prix des larmes de la pénitence.

Sur l'Air : *Charmes de l'enfance*, &c.

PLEURS de pénitence !
Sortez de mes yeux ;
Lavez mon offense ,
Calmez-moi les Cieux.
De notre innocence
Vous feuls , à jamais ,
Par votre conftance
Nous rendez les traits.

De notre triftefle
Vous charmez les jours ;
De notre alégrefle
Vous r'ouvrez le cours.
De la paix tranquille
Par vous , les faveurs
Fixent leur afyle
Au fond de nos cœurs.

Larmes falutaires !
Soyez mon fecours ,
Coulez plus ameres ,
Et coulez toujours.
Les charmes du monde
Sont-ils , comme vous ,
La fource féconde
D'un bonheur fi doux!

CANTIQUES

A L'USAGE DES MILITAIRES.

CANTIQUE I.

Réfolution de quitter le vice & de fe
donner à Dieu.

Sur l'Air militaire du Drapeau.

LE deffein en eft pris ;
C'eft fait, je veux, à tout prix,
Suivre de mon Dieu la voix,
Vivre conftamment fous fes loix.
Quand l'enfer uniroit
Sa puiffance,
Rien n'ébranleroit
Ma conftance ;
Du vice, à jamais,
Je détefterai les attraits.

⬦⬦⬦

Je veux fuir, pour toujours,
L'écueil des folles amours,
Et tout plaifir criminel
Qui fut à mes mœurs fi mortel.

Non, ni l'impu reté,
La molleffe,
Ni la volupté,
Ni l'yvreffe,
Malgré leur douceur,
Ne pourront plus rien fur mon cœur.

⬦⬦⬦

Non, jamais vain ferment,
Blafphême, faux jurement,

S vj

Menfonge, ni fes détours,
Ne profaneront mes difcours.
Les termes indécens,
Les parjures,
Les traits médifants,
Les injures,
Les mauvais fouhaits
En feront bannis pour jamais !

◆━◆

Je veux garder la foi
Que j'ai promife à mon Roi;
Au bien porter mes amis,
Pardonner tous mes ennemis.
Le vol, la lâcheté,
L'injuftice,
De l'impiété
La malice,
Seront, à mes yeux,
Des objets toujours odieux.

◆━◆

O Dieu de fainteté !
Ma force & ma fermeté,
Sans l'ombre de ton fecours,
Se démentiroient pour toujours.
Acheve, Dieu puiffant,
Ton ouvrage :
Soutiens conftamment
Mon courage,
Daigne, fans retour,
Me fixer dans ton faint amour.

CANTIQUE II.

Actes principaux de la Religion.

ACTE DE FOI.

Sur l'Air de la marche des Moufquetaires.

MON Dieu, je crois fincérement,
Et je veux croire conftamment
Ce que l'Eglife nous apprend.

C'eft toi, divine Trinité !
Suprême & feule Vérité,
Qui par l'Efprit faint l'as dicté.

ACTE D'ESPÉRANCE.

O Dieu ! qui t'immolas pour moi ,
Auteur de mes jours , de ma foi ,
Je mets tout mon efpoir en toi.
Tu peux feul être mon recours ,
La force, l'appui de mes jours ,
Ma récompenfe , pour toujours.

ACTE D'AMOUR.

Dieu de beauté , Dieu de grandeur !
Ma fin, ma gloire, mon bonheur ;
Je t'aime , du fond de mon cœur.
Toi feul es digne d'être aimé,
Que de tes faints attraits charmé,
Tout cœur pour toi foit enflammé !

ACTE DE CONTRITION.

Seigneur ! confus de mes forfaits ,
Pour l'amour de toi , je voudrois
Ne les avoir commis jamais.
J'en ai la plus vive douleur :
Toujours j'en aurai de l'horreur :
Mourir , plutôt qu'être pécheur.

✳ CANTIQUE III.

La confiance qu'il faut avoir en Dieu dans les combats.

Sur l'Air : *Malgré la bataille , &c.*

Du Dieu de puiffance
Implorons l'appui :
Avec confiance ,
Livrons-nous à lui.
Heureux qui fçait mettre
Son fort en fes mains !

Seul il est le maître
Des jours des humains,

✦

Forçons les murailles,
Bravons les combats :
Le Dieu des batailles
Conduira nos pas.
Soyons-lui fidéles,
Volons aux hazards :
L'ombre de ses aîles
Vaut tous les remparts.

✦

Quand il nous protege,
Ce Dieu tout-puissant,
Ni combat, ni siége
N'a rien d'effrayant.
Du bruyant tonnerre,
Les terribles coups ;
Les foudres de guerre
Sont un jeu pour nous.

✦

A lui seul la gloire
De tous nos travaux,
Et de la victoire
Qui suit nos drapeaux !
En reconnoissance
De son saint secours,
Ayons la constance
De l'aimer toujours.

CANTIQUE IV.

Acte de Consécration à Dieu.

Sur l'Air de la Retraite militaire.

JE veux être à mon Dieu
Sans partage ;
C'est fait ; au péché je dis adieu.

Dieu feul , mon Seigneur ,
Mon Sauveur
A l'hommage
Que lui doit mon cœur.

CANTIQUE V.

Acte de Confécration & priere à la fainte
Vierge.

Sur l'Air : *Riez fans ceffe, &c.*

O Vierge fainte !
Nous ofons , fans crainte ,
Avoir recours
A votre heureux fecours.
O Mere tendre !
Daignez à nos vœux vous rendre;
Et dans nos befoins ,
Accordez-nous vos foins.

Puiffante Reine !
Seule Souveraine ,
Dans le danger ,
Veuillez nous protéger.
Avec votre aide ,
Que tout ennemi nous cede ,
Que nos traits , nos bras
Soient l'effroi des combats.

Sous vos aufpices ,
Que jamais les vices
De leur noirceur
Ne fouillent notre cœur.
Sauvez nos ames
De l'éternité des flammes ,
Et conduifez-nous
Dans les Cieux avec vous.

* CANTIQUE VI.

Pour demander à Dieu la conservation,
la gloire & le falut du Roi.

Sur l'Air : *Malgré la bataille , &c.*

O DIEU de tout être,
D'où vient tout fecours !
Du Roi, notre Maître,
Conferve les jours.
Que ce Prince aimable,
Si cher à nos cœurs,
D'un bonheur durable
Goûte les douceurs!

Regne fur fon Trône,
Toujours avec lui;
Sois de fa Couronne
La force & l'appui.
Jette l'épouvante
Sur fes ennemis ;
A fa main puiffante,
Rends-les tous foumis.

Fais que fon partage
Soit, de plus en plus,
L'heureux affemblage
Des grandes vertus;
Et qu'avec toi-même,
Ce Roi glorieux,
Porte un diadême
Dans le fein des Cieux.

PARODIES
SUR DIFFERENTS SUJETS
DE PIÉTÉ.

I. Les oiseaux invités à louer le Seigneur.

    (*)   Sur l'Air : *Rossignols amoureux* , &c.

Rossignols gracieux, répondez à nos voix ,
    Par la douceur de vos ramages ;
     Répondez à nos voix,
    Par la douceur de vos ramages.
Rossignols gracieux, répondez à nos voix ,
    Par la douceur de vos ramages ;
    Répondez , répondez à nos voix ,
    Par la douceur de vos ramages ,
    Par la douceur de vos ramages.   *Fin.*

    Rendez , comme nous, vos hommages
Au Maître Souverain qui régne dans ces bois ;
    Rendez, comme nous , vos hommages
Au Maître Souverain qui regne dans ces bois.
Rossignols gracieux , &c.

I I. Les oiseaux invités à célébrer les
    bienfaits de la divine providence.

Venez , venez sous ces riants feuillages,
Petits oiseaux, venez , accourez tous ,
Chantez, chantez le Dieu de nos boccages ,
    J'aime à le chanter avec vous :

(*) *Nota.* On n'a marqué les airs, que lorsque le premier
vers n'étoit pas semblable à celui de la chanson.

Venez, venez ſous ces riants feuillages,
Petits oiſeaux, venez, accourez tous,
Chantez, chantez le Dieu de nos boccages,
J'aime, j'aime à le chanter avec vous,
    J'aime à le chanter avec vous. *Fin.*

    Tout nous invite ici ſans ceſſe
    A lui conſacrer notre amour :
    Mille biens, fruits de ſa tendreſſe,
    Renaiſſent pour nous chaque jour :
    Tout nous invite ici ſans ceſſe
    A lui conſacrer notre amour,
    Mille biens, fruits de ſa tendreſſe,
    Renaiſſent pour nous chaque jour.
Venez, venez, &c.

III. Les avantages de la retraite.

Ce n'eſt que dans la retraite
  Qu'on jouit des ſaints plaiſirs ;
Sans dangers & ſans deſirs,
L'ame eſt libre & ſatisfaite ;
Heureux, heureux dont le cœur
Y trouve en Dieu ſon bonheur   *Fin.*

La vertu douce & tranquille
Fuit le faſte & la grandeur ;
L'innocence & la candeur
N'habitent que cet aſyle.   Heureux, &c.

IV. Dieu ſeul fait regner la paix dans nos retraites.

Sur l'Air : *Vers l'amour, &c.*

Vers le Ciel portons nos ſoupirs,
Banniſſons loin de nous les douceurs imparfaites :
    Dieu ſeul, Dieu ſeul dans nos retraites
Fait régner le repos & les chaſtes plaiſirs.

V. L'Ame touchée du chant mélodieux des oiseaux, s'excite à louer Dieu.

Sur l'Air : *Toi dont le ramage , &c.*

Vous dont le ramage tendre
Fait le charme de nos bois,
Oiseaux faites-nous entendre
Les doux sons de votre voix.
Puissent nos cœurs & nos ames,
Embrasés de chastes flammes,
Pour Dieu seul brûler à jamais !
Puissions-nous dans ce boccage
Où regne une douce paix ,
Avec vous lui rendre hommage ,
Et chanter tous ses bienfaits.

VI. Dans nos retraites tout rend hommage à Dieu.

Sur l'Air : *Les doux plaisirs habitent, &c.*

Quel sort heureux regne dans ce boccage !
Quels traits charmants à nos yeux sont offerts !
Des rossignols, les aimables concerts,
Le bruit des eaux , les zéphirs & l'ombrage,
Tout rend hommage au grand Dieu que je sers.

VII. Eloge de la douceur.

Sur l'Air : *Du Dieu des cœurs , &c.*

Que sur les cœurs
La douceur a d'empire !
Sa main avec des fleurs ,
Enchaîne tout ce qui respire.   *Fin.*

Contre un cœur orgueilleux,
Tout s'arme sur la terre,
Et Dieu fait dans les Cieux ,
Eclater son tonnerre.   Que sur les , &c.

VIII. Les dangers du monde.

Sur l'Air : *L'amour est à craindre*, &c.

LE monde est à craindre,
Il sçait trop bien feindre,
   On doit plaindre
    Sous ses loix
Et l'esclave & les Rois :
  Le monde est à craindre,
  Il sçait trop bien feindre,
   On doit plaindre
    Jusqu'aux cœurs
Comblés de ses faveurs.   *Fin.*

  Un joug rigoureux
  Suit bientôt ses charmes ;
  Nos tourments , nos larmes
  Pour lui sont des jeux. Le monde , &c.

  Serments   Et promesse ,
  Caresse ,   Largesse
Tout flatte , tout charme nos sens ;
  Mais enfin de cette ivresse
   Quel sera le sort ?
   L'éternelle mort.   Le monde , &c.

IX. Imprécation contre le Monde.

Sur l'Air ; *Dieux ! redoutables Dieux , &c.*

CIEUX ! contre un monde ingrat, armez-vous
   de la foudre :
Sur lui de l'Eternel , vengez les justes droits ;
De vos coups redoublés qu'il ressente le poids,
  Et que sa gloire tombe en poudre.
Déchaînez, il est tems , toute votre fureur :
Déchaînez, il est tems , toute votre fureur.
Par un forfait affreux & digne du tonnerre ,
   Non, je ne puis le voir,
Non, non, je ne puis le voir sans trouble & sans
   horreur :

Il domine, Il domine en vainqueur ;
Non, non, je ne puis le voir,
Non, non, je ne puis le voir sans trouble & sans
    horreur,
Il domine, Il domine en vainqueur,
Et se fait le Dieu de la terre.

X. Soupirs d'une ame, qui dans un lieu
solitaire, desire ardemment d'être unie
à son Dieu.

SOMBRES forêts, asyle redoutable,
Vous que l'astre du jour ne pénétra jamais :
Quand verrez-vous cesser mes soupirs, mes re-
    grets ?
Quand finira mon destin déplorable ?   *Fin.*

Quand serai-je avec Dieu l'objet de mon amour ?
Ah ! c'est trop différer ma jouissance ;
C'est trop souffrir ; lassé de son absence,
Mon seul desir est de perdre le jour,
Sombres forêts, &c.

X I. Inconstance dans le service de Dieu.

CE ruisseau qui, dans la plaine,
Roule, en murmurant, ses eaux,
Dans la pente qui l'entraîne,
Arrose mille arbrisseaux :
Voyez le zéphir volage,
Et le papillon léger :
Aux fleurs rendent-ils hommage :
Ce n'est qu'un soin passager ;
Inconstant, de ton partage,
Connois ici le danger :
A ton Dieu ton cœur s'engage,
Un rien va le dégager. A ton Dieu, &c.

XII. *Paraphrase de ces paroles :* Memento homo, &c.

Souviens- toi de ta misere,
O mortel, qui que tu sois :
Ces cendres que tu vois,
Sont de tous les humains l'origine premiere ;
Souviens-toi de ta misere,
O mortel, qui que tu sois. *Fin.*

Dans le sein de la poussiere
D'où tu sors,
Au bout de ta carriere,
Peut-être en peu d'instants doit retourner ton
corps.
Mais, par des liens secrets,
Ton ame à ce corps unie,
Doit jouir, à jamais,
Des biens d'une autre vie ;
Où pour toujours punie,
Souffrir pour tes forfaits. Souviens, &c.

C'est en vain qu'un mortel pleure, gémit, sou-
pire,
Rien ne peut retarder le moment du trépas ;
Rien ne change l'arrêt que Dieu voulut pres-
crire,
La mort nous poursuit à grand pas ;
Tout est soumis à son empire ;
Les Bergers & les plus grands Rois
Sont sujets à ses Loix. Souviens, &c.

XIII. Le Jugement dernier.

Sur l'Air : *Tremble Lucas, &c.*

Tremble, pécheur,
Tremble pécheur, Dieu va juger le monde ;
Redoute son courroux qui déja te poursuit.

Eveille-toi ,
Eveille-toi : de la foudre gronde ,
N'entends-tu pas l'épouvantable bruit ?
N'entends-tu pas l'épouvantable bruit ?
Tu le verras brifer comme le verre
L'homme enivré d'orgueil & de fierté :
Eh ! comment réfifter à fon bruyant tonnerre ?
Tout tremble ,
Tout tremble au feul afpect de ce Maître irrité.

XIV. L'Enfer.

Sur l'Air : *Lucas pour fe gauffer de nous ,* &c.

UN pécheur que le monde endort ,
Etouffe fes remords pour jouir de fes crimes :
Trop tard enfin il apperçoit la mort, la mort ,
Sous fes pas ouvrir mille abîmes ,
Mille abîmes.
Satan l'entraîne dans fes feux,
Il va , il va l'accabler de fes chaînes,
Quel horreur ! quel fort malheureux !
Souffrir fans nul efpoir ,
Souffrir , Souffrir fans nul efpoir ,
De voir finir fes peines,
Toujours fouffrir , Toujours fouffrir,
Toujours fouffrir des fupplices affreux ,
Toujours fouffrir , Toujours fouffrir ,
Souffrir des fupplices affreux.

XV. Sentiments d'une ame réprouvée au moment de fa condamnation.

LE défefpoir & la rage cruelle,
Ve ngent le Dieu puiffant dont j'ai bravé l'amour;
Tout efpoir en mon Dieu m'eft ôté fans retour :
Et je fuis condamnée à la mort éternelle.
O fort cruel ! fort affreux !
Je vais porter ,

Je vais porter les plus pesantes chaînes,
J'aurai le desir d'être heureux,
Et je n'attendrai plus,
Et je n'attendrai plus que tourments & que
peines.

Lieu funeste, où tout respire,
La honte & la douleur
Du désespoir sombre & fatal empire,
L'horreur que ton aspect inspire
Est le moindre des maux qui déchirent mon cœur,
L'horreur que ton aspect inspire,
Est le moindre des maux qui déchirent mon cœur.

Fin.

Mon Dieu, mon Créateur, le Ciel, son héri-
tage,
Sont les biens que je perds, quel fruit de ses
travaux !
Le Ciel, des bienheureux, devient le doux partage,
Tandis que de l'enfer un peu plus de courage,
M'auroit fait éviter les maux.   Lieu, &c.

XVI. Retour du pécheur à Dieu.

PRECIEUSES larmes,
Pour moi, que vous avez de charmes !
Eteignez l'ardeur
Qui fit le malheur
De mon sensible cœur.
Au Dieu que j'implore,
Portez l'ennui qui me dévore,
Puissent mes regrets
Laver à jamais
Mes coupables forfaits !
Toujours le retour
D'un cœur qu'anime l'amour,
A de son courroux
Suspendu les coups.
Au pécheur, ce Dieu si bon,

Offre

Offre lui-même le pardon ;
Si , pour l'obtenir ,
Un prompt repentir
Sans cesse le presse de s'attendrir ;
Déja dans mon ame
Je sens une subite flamme ,
Dont l'attrait vainqueur ,
D'un parfait bonheur ,
Présage la douceur :
Aimable espérance
Tu me promets la jouissance
Des biens précieux
Qu'un cœur vertueux
Goûtera dans les Cieux.

XVII. Le renoncement aux plaisirs.

Amour , funeste amour , j'abjure ton empire ;
Je brave tes traits impuissants :
Les transports que ta flamme inspire
N'auront plus désormais de pouvoir sur mes sens :
Les transports que ta flamme inspire ,
N'auront plus désormais de pouvoir sur mes sens,
Les transports que ta flamme inspire ,
N'auront plus désormais de pouvoir sur mes sens
Fin.

La raison m'éclaire & m'appelle :
Je l'entends : mes yeux sont ouverts :
La raison m'éclaire & m'appelle :
Je l'entends : mes yeux sont ouverts ,
La foi se vient joindre avec elle ,
Pour briser mes indignes fers.
Non , non , je ne crains plus vos chaînes :
Fuyez , dangereuses Sirenes ;
Je n'entendrai plus vos concerts ,
Je n'entendrai plus vos concerts :
Fuyez , dangereuses Sirenes ,

T

Je n'entendrai plus vos concerts :
Je n'entendrai plus vos concerts.
Amour , funeste , &c.
    C'est dans les rustiques retraites ,
    Que l'ame a des douceurs parfaites,
    Et le cœur d'innocents desirs ,
    Et le cœur d'innocents desirs.
    Des bergers préférant les fêtes ,
    Ma voix s'unit à leurs musettes ,
    Et je partage leurs plaisirs.
    Ma voix s'unit à leurs musettes :
    Ma voix s'unit à leurs musettes ,
    Et je partage leurs plaisirs. Ma voix , &c.

X V I I I. L'amour de Jesus-Christ.

Tout me dit que Jesus est charmant ,
    Que je dois l'aimer constamment
      Et que son cœur m'aime
      Aussi tendrement :
Oui je mets en lui tout mon espoir ,
    Et s'il étoit en mon pouvoir
      Je voudrois moi-même
Hâter l'instant où je dois le voir.
Tout me dit, &c.
    Par une ardeur sincere
    Cherchons tous à lui plaire,
    Rendons à notre tour
      Amour pour amour
      A ce tendre Pere ;
      Ce Dieu généreux
      A nous rendre heureux
      Borne tous ses vœux ;
      Oui je l'aimerai
      Tant que je vivrai :
    Comment oser lui déplaire.
Tout me dit , &c.

XIX. Le bonheur du vrai Chrétien.

AIMABLE musette
De l'amour d'un Dieu Sauveur,
Chantez, chantez la douceur :
Et le sceptre & la houlette,
Tout est égal sous ses loix :
On vit sans crainte,
Et sans contrainte,
Dès qu'on est docile à sa voix.

Puissants Rois du monde,
Votre sort est-il plus doux ?
Régnez, régnez sur la terre & sur l'onde,
Mon cœur n'en sera point jaloux ;
Sans porter le diadème,
Le vrai Chrétien, le vrai Chrétien, Roi de soi-
même,
Est bien plus heureux que vous.

XX. Eloge de la vie religieuse.

LES vertus ont choisi pour asyle
Ce séjour respectable & tranquille.
Que ces lieux sont charmants pour les cœurs in-
nocents !
Liberté , tu ne vaux pas leurs chaînes.
Malgré tous les récits que du monde on entend ,
Si ce monde n'avoit pas ses peines ,
Mille riches mortels ne se plaindroient p   tant
Profitons d'un état favorable ;
La mort vient, la vie est peu durable ;
Et pour l'éternité les biens ne servent plus :
Ces faux biens que l'on perd sont pour jamais
perdus.

XXI. La profeſſion religieuſe.

JE viens à tes Autels m'offrir en ſacrifice ;
 Dieu puiſſant, ſois propice
 A mes tendres accents ;
 Dans l'ardeur qui m'anime,
Mes ſoupirs ſerviront d'encens,
Et ma liberté de victime :
Mes ſoupirs ſerviront d'encens,
Et ma liberté de victim e.   *Fin.*

C'eſt ta grace, ô mon Dieu, dont les puiſſants
   attraits
M'inſpirent les ſermens que pour toi je vais faire ;
Viens, couronne tes dons, réponds à ma priere ;
Triomphe, & dans mon cœur, viens regner à
   jamais.   *Je viens, &c.*

Ma bouche tous les jours chantera ta victoire,
 Occupe mes plus chers moments :
T'aimer & te ſervir font mon unique gloire,
Sans ceſſe t'adorer eſt le bien que j'attends.
T'aimer & te ſervir font mon unique gloire,
Sans ceſſe t'adorer eſt le bien que j'attends :
Sans ceſſe t'adorer eſt le bien que j'attends.
Ma bouche tous les jours chantera ta victoire ;
 Occupe mes plus chers moments :
T'aimer & te ſervir font mon unique gloire ,
Sans ceſſe t'adorer eſt le bien que j'attends.
T'aimer & te ſervir font mon unique gloire ,
Sans ceſſe t'adorer eſt le bien que j'attends ;
Sans ceſſe t'adorer eſt le bien que j'attends.

SUPPLÉMENT.

CANTIQUE I.

Avis aux jeunes gens après leur premiere
Communion.

Sur l'Air : *Prends ma Philis, prends ton verre, &c.*

O vou s qui dans la retraite,
Avez goûté le Seigneur,
N'allez pas, ame inquiette,
Si-tôt perdre sa douceur ;   *Fin.*
En quittant ce sûr afyle,
Gardez-vous d'être facile
A courir après l'erreur.   O vous qui, &c.

Pour vous ravir l'innocence,
Le monde adroit & trompeur
Fait goûter à votre enfance
De ses plaisirs la douceur ;
Les charmes dont il se pare,
Vous cachent le trait barbare
Qu'il plonge dans votre cœur, Pour, &c.

Dans le plus fort de l'orage,
Eh ! pourquoi vous engager ?
Est-ce craindre le naufrage,
Que de courir au danger ?
Faudra-t-il, cœur infidéle,
Perdre une gloire immortelle
Pour un plaisir passager ?   Dans le, &c.

Qui s'abandonne à la joie,
Que donne la liberté,

T iij

Se verra d'abord en proie
Au monde, à la vanité.
Une regle juste & sainte,
Retient trop dans la contrainte,
Le cœur en est dégoûté.   Qui, &c.

***

Quand du nid l'oiseau s'échappe,
Par un vol trop assuré,
Du ravisseur qui l'attrape,
Il est bientôt dévoré :
Tel périt un téméraire,
Qui, sous la main sanguinaire,
S'est aveuglément livré.   Quand, &c.

***

Une mondaine parure
Commence à charmer les yeux,
S'attacher la créature,
Flatte un cœur ambitieux ;
Enfin l'atteinte mortelle
D'une flamme criminelle,
N'est plus un mal odieux.   Une, &c.

***

Qu'un faux ami se présente,
Il est d'abord écouté ;
Sa feinte douceur enchante
Une foible volonté ;
Découvrant son artifice,
Implorez le Ciel propice
Contre sa malignité.   Qu'un faux, &c.

***

Jesus est l'ami fidéle,
Qui nous sauve du trépas,
Que sa lumiere éternelle
Guide & regle tous nos pas :
C'est lui seul qui dans le monde,
Vous peut d'une paix profonde,
Faire goûter les appas.   Jesus, &c.

CANTIQUE II.

Priere d'une ame affligée. *pf.* 12.

Sur un Air nouveau.

Jusques à quand baigné de larmes,
Gémirai-je fans t'attendrir ?
O Dieu, témoin de mes allarmes,
Voudrois-tu me laiffer périr ?

꙯

Jufques à quand tes yeux féveres
Seront-ils détournés de moi ?
Jufques à quand de mes miferes
Viendrai-je rougir devant toi ?

꙯

Seigneur, combien de tems encore
Veux-tu me voir humilié ?
Quoi, c'eft en vain que je t'implore,
Tu m'as pour toujours oublié.

꙯

De la rigueur de ton filence,
Tandis que je fuis confondu,
Mon ennemi plein d'infolence
En triomphe, & me croit perdu.

꙯

Ah ! Seigneur, fi d'une main prompte
Tu ne releves ma langueur,
Publiant fa gloire & ma honte,
Il dira qu'il eft mon vainqueur.

꙯

Si tu ne me rends ta lumiere,
Quel fera mon funefte fort ?
Accablé d'une nuit entiere,
Je m'endormirai dans la mort.

꙯

Tu m'écoutes : mon efpérance
Ne m'a point flatté vainement,
Et bientôt de ma délivrance
Je vais chanter l'heureux moment.　　T iv

CANTIQUE III.

Divers Sentiments d'une ame pénétrée de
l'amour de Dieu.

Sur l'Air : *Ah ! vous dirai-je maman , &c.*

O DIGNE objet de mes chants,
Daigne écouter mes accents !
Donne-moi cet amour tendre,
Qui seul se fait bien entendre :
Regne à jamais sur mon cœur,
T'aimer, c'est tout mon bonheur.

❖❖❖

Ah ! Seigneur, à te servir
Que je trouve de plaisir ;
Si mes yeux versent des larmes,
Mon cœur y trouve des charmes ;
L'amour répand des douceurs
Sur l'amertume des pleurs.

❖❖❖

Monde, tu donnes la loi
A ceux qui vivent pour toi ;
Mais que peux-tu sur une ame
Que l'amour divin enflamme ;
Vas, je connois tes douceurs ;
Que d'épines sous tes fleurs !

❖❖❖

Mon exil est prolongé,
Mon cœur en est affligé,
C'est à toi seul que j'aspire,
C'est toi seul que je desire,
Tout l'univers ne m'est rien,
Sans toi mon unique bien.

❖❖❖

Le Seigneur est mon appui,
Mon espérance est en lui :
Oui, je connois sa tendresse,
Il me tiendra sa promesse :
Une couronne m'attend
Si je l'aime constamment.

Hélas ! je languis d'amour
Dans l'attente de ce jour :
Quand le céleſte héritage
Deviendra-t-il mon partage ?
Ah ! ferai-je aſſez heureux
Pour voir combler tous mes vœux !

❧❦❧

Mondains, ſujets aux revers,
Qui gémiſſez dans les fers,
Si vous pouvez le comprendre,
Venez donc enfin apprendre
Combien le Seigneur eſt doux
A qui l'a pris pour époux.

❧❦❧

Heureux qui garde ſes ſens,
Et qui combat ſes penchants !
O Cieux, chantez ſa victoire !
Il régnera dans la gloire,
C'eſt là le prix des vertus
Que Dieu donne à ſes élus.

❧❦❧

Si vous craignez le combat,
De ce prix voyez l'éclat :
Ah ! quittez enfin le crime,
Vous en feriez la victime,
Dieu las de tant délais,
Frappe enfin, mais pour jamais.

CANTIQUE IV.

Les Sacrements.

Sur l'Air : *Qu'à l'amour par ſa douce ivreſſe*, &c.

D'UN peuple élu mere féconde,
Croix ſainte, lit d'un Dieu mourant,
Tu vois le prix ſacré du monde
Sortir de ſon côté ſanglant :
La Grace en coule en abondance,

T v

Là, le Juste est fortifié , (1)
Là, recouvrant son innocence,
Le pécheur est justifié. (2)

LE BAPTÈME.

Dès sa naissance le fidéle
Au Créateur est consacré,
D'Adam la tache originelle
Se lave dans un bain sacré ;
Il renonce au monde perfide ,
A la chair, au malin esprit ,
Il prend l'Evangile pour guide ,
Il ne vit plus qu'en Jesus-Christ.

LA CONFIRMATION.

Des démons, la fureur extrême ,
Poursuit l'esclave racheté ,
Il porte l'enfer en lui-même,
Tout menace sa liberté ;
Mais il devient invulnérable
Aux traits des démons frémissants ,
Muni d'un baume secourable
Contre leurs assauts renaissants.

L'EUCHARISTIE.

Le Souverain de la nature,
Devant qui tout s'anéantit ,
Veut devenir ta nourriture :
Un homme parle, il obéit :
Sans approfondir un Mystere
Qu'un mortel ne peut dévoîler,
Chrétien, ta raison doit se taire,
Et ton amour seul doit parler.

LA PENITENCE.

Que vois-je ? soldat infidéle,
Du démon tu reçois la loi,
Ton Dieu vainement te rappelle ,
L'enfer triomphe de ta foi :

(1) Les Sacrements des Vivants.
(2) Les Sacrements des Morts.

Pleure , confesse ton offense ;
Un simple aveu prévient ses coups ,
Tes pleurs forceront sa clémence
A succéder à son courroux.

L'Extrême-Onction.

Chrétien, ta paupiere mourante
Se ferme à la clarté des Cieux ,
Déja ta raison est errante ,
La mort s'imprime dans tes yeux :
Une huile sainte & vénérable ,
Du démon balançant l'effort ,
Te rend, athlete redoutable ,
Vainqueur dans les bras de la mort.

L'Ordre.

Pour un auguste ministere ,
Dieu se consacre des mortels,
Leur imprime un saint caractere ,
Et les dévoue à ses Autels ;
Par eux le pécheur devient juste ,
Le Ciel est soumis à leurs Loix ,
Et dans le sacrifice auguste
Dieu même obéit à leurs voix.

Le Mariage.

Epoux , vous trouvez dans l'Eglise
Le gage d'un divin secours ;
Un joug que la mort seule brise
Captive vos chastes amours :
Ce lien formé pour la vie
Enfante pour vous des soutiens ,
Des défenseurs pour la patrie ,
Et pour le Ciel des Citoyens

CANTIQUE V.

Contre le faste & les parures du monde

Sur l'Air : *Tu croyois, en aimant Colette , &c.*

Du Créateur l'homme est l'image ,
Il devroit donc se souvenir,
Que c'est gâter ce bel ouvrage ,
Que de chercher à l'embellir.

⋆⟩✕⟨⋆

Ah ! loin de moi cette parure
Et ce profane ajustement
Qui veut réformer la nature ,
Et fait insulte au Tout-puissant,

⋆⟩✕⟨⋆

Le monde suit d'autres maximes ,
D'un faux éclat il veut briller ;
Laissons-lui parer ses victimes ,
Bientôt on va les immoler.

⋆⟩✕⟨⋆

Leur gloire sera passagere ,
Considérez-en le tableau ,
C'est une ombre vaine & légere ,
Qui voltige autour du tombeau.

⋆⟩✕⟨⋆

Chrétiens , la voilà cette pompe
Que la Religion proscrit ,
Comment se peut-il qu'elle trompe
Des Disciples de Jésus-Christ ?

⋆⟩✕⟨⋆

Mais l'êtes-vous ? le puis-je croire ?
Quittez donc ce faste trompeur :
Le vrai Chrétien ne met sa gloire
Que dans la Croix de son Sauveur.

⋆⟩✕⟨⋆

Ses épines sont sa couronne ,
Sa Croix sainte fait tout son bien ;
Auprès d'elle l'éclat d'un trône
S'éclipse ne lui paroît rien.

Le monde aura beau lui fourire :
Ses charmes vains & dangereux
Ne pourront jamais le féduire :
La foi feule brille à fes yeux.

◦⊰◦⊱◦

Ses pompes lui feroient funeftes,
S'il garde fes ajuftements :
De la grace les dons céleftes,
Voilà fes plus beaux ornements.

CANTIQUE VI.

Invitation aux Bergers à chanter la Naiffance de N. S. J. C. (*)

Sur le majeur de l'air, *Allons danfer fous ces ,* &c.

Bergers, par les plus doux accords,
D'un Dieu célébrez la naiffance,
Bergers, par les plus doux accords,
Faites éclater vos tranfports.   *Fin.*
Sous l'humble voile de l'enfance
Ce Dieu cache fa Majefté,
Pour ne fonger qu'à fa bonté,
Il femble oublier fa puiffance. Bergers, &c.

◦⊰◦⊱◦

Bergers, par les plus doux accords,
D'un Dieu célébrez la naiffance,
Bergers, par les plus doux accords,
Faites éclater vos tranfports.
L'aimable & tranquille innocence
De fa naiffance eft l'heureux fruit,
L'enfer fe tait, le crime fuit,
La paix renaît à fa préfence.   Bergers, &c.

◦⊰◦⊱◦

Bergers, par les plus doux accords,
D'un Dieu célébrez la Naiffance,

(*) Ce Cantique eft tiré des Poéfies lyriques du P. de la Tour , fur la Nativité.

Bergers, par les plus doux accords,
Faites éclater vos transports.
Né dans le sein de l'indigence
Du pauvre il veut être l'appui,
Bergers, sur les Rois aujourd'hui,
Il vous donne la préférence.　　Bergers, &c.

Plus il nous voile ses grandeurs
Et veut les couvrir d'un nuage,
Plus il nous voile ses grandeurs,
Plus il a de droits sur nos cœurs.　　*Fin.*
Il a le bonheur en partage,
Sa durée est l'éternité,
Sa grandeur est l'immensité,
Et l'univers est son ouvrage.　　Plus, &c.

Plus il nous voile ses grandeurs
Et partage notre misere,
Plus il nous voile ses grandeurs,
Plus il a de droits sur nos cœurs.
Il créa le Ciel & la terre
Et son Palais est un hameau,
Une humble Crêche est le berceau
Du Dieu qui lance le tonnerre.　　Plus, &c.

Plus il nous voile ses grandeurs,
Plus il doit nous trouver fidéles,
Plus il nous voile ses grandeurs,
Plus il a de droits sur nos cœurs.
Volez des voûtes éternelles,
Anges, qu'embrase son amour ;
Volez vers son obscur séjour,
Venez-le couvrir de vos aîles.　　Plus, &c.

Ses dons remplissent l'Univers,
Tout nous en trace la peinture :
Ses dons remplissent l'Univers,
Célébrons-le dans nos concerts.　　*Fin.*
C'est lui qui forma la structure
Du grand édifice des Cieux ;

Des beautés qui charment nos yeux,
C'eſt lui qui pare la nature. Ses dons, &c.

-◦✕◦-

Ses dons rempliſſent l'Univers,
Offrons-lui nos tendres hommages ;
Ses dons rempliſſent l'Univers,
Célébrons-le dans nos concerts.
C'eſt lui qui donne à nos boccages
La verdure de leurs rameaux,
Nos champs, nos vallons, nos côteaux
Sont ſes bienfaits, ſont ſes ouvrages. Ses, &c.

-◦✕◦-

Ses dons rempliſſent l'Univers,
De ſa bonté tout eſt l'image,
Ses dons rempliſſent l'Univers,
Célébrons-le dans nos concerts :
A le chanter tout nous engage,
Le doux murmure des ruiſſeaux,
L'innocente voix des oiſeaux,
L'écho qui nous rend leur ramage. Ses, &c.

-◦✕◦-   -◦✕◦-   -◦✕◦-

Chargés du poids de ſes bienfaits,
N'en perdons jamais la mémoire,
Chargés du poids de ſes bienfaits,
Pourrions-nous l'oublier jamais.   *Fin.*
A ce Dieu ſeul honneur & gloire
Au Ciel, ſur la terre & les mers,
Eterniſons dans nos concerts,
Les jours naiſſants de ſa Victoire. Chargés, &c.

-◦✕◦-

Chargés du poids de ſes bienfaits
Pourrions-nous douter qu'il nous aime,
Chargés du poids de ſes bienfaits,
Pourrions-nous l'oublier jamais.
Un trait de ſon amour extrême
Mettra le comble à ſes faveurs,
Un jour, pour nous, dans les douleurs,
Nous le verrons mourir lui-même. Chargés,

-◦✕◦-

Chargés du poids de ſes bienfaits,

Que pour l'aimer nos cœurs s'uniffent,
Chargés du poids de fes bienfaits,
Pourrions-nous l'oublier jamais.
Qu'en fon nom les genoux fléchiffent
Jufqu'aux bornes de l'univers,
Que les Airs, les Cieux, les Enfers
Du nom de JESUS retentiffent. Chargés, &c.

⊷⊶ ⊷⊶ ⊷⊶

A chanter cet aimable Enfant
L'oifeau confacre fon ramage,
Pour chanter cet aimable Enfant,
Tout femble avoir du fentiment.   *Fin.*
Et l'homme fait à fon image
Pour qui ce Dieu naît en ce jour,
Pour reconnoître fon amour
Seul n'auroit-il point de langage ! A, &c.

⊷⊶ ⊷⊶ ⊷⊶

Chériffons cet aimable Enfant,
L'aimer eft le bonheur fuprême,
Chériffons cet aimable Enfant
Dans cet excès d'abaiffement.   *Fin.*
Pour nous fa tendreffe eft extrême,
Sa bonté doit nous enflammer,
Puifqu'un Dieu daigne nous aimer,
Sans doute il mérite qu'on l'aime.   A, &c.

CANTIQUE VII.

Priere pour invoquer en foi la vie de
Jefus, tirée de l'Oraifon : *O Jefu
vivens in Mariâ, &c.*

Sur l'Air : *J'ai perdu mon ami, &c.*

O JESUS, vivant en Marie,
Vivez, régnez dans nos cœurs :   *Fin.*
Ah! que cette aimable vie
Aura pour nous de douceurs !
O Jefus, vivant en Marie,
Vivez, régnez dans nos cœurs.

Ah ! daignez répandre en mon ame
   Votre Esprit de sainteté :
   Quand pourra sa vive flamme
   Me remettre en liberté ? Ah daignez , &c.

⬦⬦⬦

Montrez-vous, force insurmontable ,
   Armez votre bras vainqueur ,
   Soutenez ce cœur coupable ,
   Qui sans vous n'est que langueur. Montrez.

⬦⬦⬦

Dans les routes de la justice
   Conduisez toujours mes pas :
   Qui vous suit , ô Dieu propice !
   Peut braver l'affreux trépas. Dans, &c.

⬦⬦⬦

Quand verrai-je en moi l'assemblage
   De vos divines vertus ?
   Quand tiendrai-je en esclavage
   Tous mes vices abattus ?   Quand , &c.

⬦⬦⬦

Donnez-moi part à vos mysteres,
   Que j'en goûte les attraits :
   Au milieu de mes miseres
   J'y trouve une douce paix. Donnez , &c.

⬦⬦⬦

Votre Esprit soumet à ses armes
   Les enfers pleins de fureur :
   Je ne craindrai plus d'allarmes
   S'il domine dans mon cœur. Votre, &c.

⬦⬦⬦

Pour l'honneur de Dieu votre Pere,
   Secondez mes tendres vœux ;
   Je n'aspire qu'à lui plaire ,
   Qui le sert est trop heureux.   Pour , &c.

CANTIQUE VIII.

Abandon de tout foi-même à la très-
Sainte Vierge, tiré de l'Oraifon :
O Domina mea, &c.

Sur l'Air : *Le printems vient de naître*, &c.

O DIVINE Marie,
Maîtreffe de mes jours !   *Fin*
Votre puiffant fecours
Confole & fortifie.   O divine, &c.

⬧✕⬧

Pour vivre en affurance
En mes preffans befoins,
Je fonde fur vos foins
Une douce efpérance.   Pour , &c.

⬧✕⬧

A mon heure derniere
Difpofez de mon fort,
Et qu'une fainte mort
Termine ma carriere.   A mon, &c.

⬧✕⬧

Pendant toute ma vie
Jufqu'à ce dernier pas ;
Ne me délaiffez pas,
L'amour vous y convie.   Pendant , &c.

⬧✕⬧

Procurez à mon ame
Le féjour immortel ,
Sauvez un criminel
De l'éternelle flamme.   Procurez , &c.

⬧✕⬧

Que vos volontés faintes
Reglent tous mes defirs,
Ma joie & mes plaifirs,
Mes foupirs & mes plaintes.   Que, &c.

Vous choififfant pour Mere,
Tout efpoir m'eft permis,
Je plais à votre Fils,
Quand je cherche à vous plaire. Vous,&c.

CANTIQUE IX.

A l'honneur de tous les Saints.

Sur l'Air : *Dirai-je mon* Confiteor , &c.

A M I S de Dieu, qui dans les Cieux
Poffédez une même gloire ,
D'un même accord en ces bas-lieux
Nous célébrons votre victoire ,
Et les plaifirs toujours nouveaux
Dont Dieu couronne vos travaux.

Les méchants éternellement
Seront plongés dans les fupplices ,
Et vous brillants au firmament ,
Goûtez les plus pures délices :
Le Tout-puiffant verfe en vos cœurs
Toutes les eaux de fes douceurs.

Dans cet océan de plaifirs
Votre foif s'éteint & s'augmente ,
L'objet qui comble vos defirs,
Ranime une ardeur fi charmante :
Pour lui plus vos vœux font parfaits ,
Plus il redouble fes bienfaits.

Le beau feu de la charité
Fait votre douce nourriture ,
Dans la premiere vérité
Vous voyez toute la nature :
La connoiffance avec l'amour
Secondent vos vœux tour-à-tour.

Dans fa propre Divinité
Dieu jouit d'un bonheur fuprême ,

Mais envers l'homme fa bonté
Le rend prodigue de lui-même :
Sans réferve il fe donne à vous,
Sans partage il eft tout à tous.

⬥⬥⬥

Ses tréfors font à votre choix,
La fource en eft toujours féconde,
En lui fe trouvent à la fois
Toutes les richeffes du monde :
Comme vous, aimant ce feul bien,
Pour nous le refte n'eft plus rien.

⬥⬥⬥

Pour des travaux courts & légers
Jouir d'une joie ineffable,
Vivre fans trouble & fans dangers
Dans une paix inaltérable,
Voilà votre fort à jamais.
Ah! qu'il eft doux ! qu'il a d'attraits!

⬥⬥⬥

Mais tandis qu'à votre bonheur
A l'envi tout le Ciel confpire,
Percé d'une vive douleur,
Ici-bas notre cœur foupire :
Ah! que cet exil ennuyeux
A coûté de pleurs à nos yeux!

⬥⬥⬥

Quand viendra donc cet heureux jour ?
Qui doit finir toutes nos peines ?
Laffés de ce trifte féjour,
Quand verrons-nous brifer nos chaînes ?
Quand vivrons-nous en liberté
Au fein de l'immortalité ?

⬥⬥⬥

Saints Protecteurs fecourez-nous,
Soyez fenfibles à nos larmes,
Puiffions-nous bientôt avec vous
Du Paradis goûter les charmes :
Par vos foins une douce mort
Nous ouvrira cet heureux port.

CANTIQUE X.

A l'honneur des Saints Evangéliftes.

Sur l'Air : *Les cœurs fe donnent troc pour troc, &c.*

INTERPRETES du Roi des Rois,
Dignes Auteurs de fon hiftoire,
Qui du myftere de la Croix,
Annoncez par-tout la mémoire.

❖

Ce que les Prophétes n'ont vu
Qu'au travers d'un nuage fombre,
S'eft offert à vous fimple & nu,
En plein jour, fans voile & fans ombre.

❖

C'eft dans vos livres qu'on peut voir
Ces deux merveilles fouveraines,
D'un Homme le divin pouvoir,
D'un Dieu les fouffrances humaines.

❖

Peintres l'un de l'autre éloignés,
On vous croiroit toujours enfemble,
Tant l'objet que vous nous peignez,
Dans tous vos tableaux fe reffemble.

❖

Le Verbe pour fe révéler
Eut recours à votre langage,
Sa voix qui nous daigna parler,
Nous parle encore en votre ouvrage.

❖

Sa Loi, Céleftes Ecrivains,
Vos vertus l'ont ratifiée,
Elle eft tranfcrite par vos mains,
Et de votre fang fut fignée.

❖

Toi qui guidas leurs efprits
Par l'ardeur de tes faintes flammes,
Fais nous fentir de leurs écrits
La force au dedans de nos ames.

CANTIQUE XI.

A l'honneur de Saint Laurent, Diacre
& Martyr, un des Patrons de cette Paroiſſe.

Sur l'Air : *O jour dont le bonheur, &c.*

Du ſang de Jeſus-Chriſt offert en ſacrifice
Par état le Lévite eſt un diſpenſateur :
Laurent fait ſes efforts pour aller au ſupplice
Verſer ſon propre ſang, pour l'offrir au Seigneur.

Déja le Tout-puiſſant exauce ſa priere,
Le Ciel, à ſon courage aſſure des combats ;
O Diſciple conſtant, dans la même carriere
De ton Chef, dans trois jours tu dois ſuivre les pas.

Des biens offerts à Dieu ſacré dépoſitaire,
Que tu montres de zele & de fidélité !
D'un avare tyran qui voudroit les ſouſtraire,
Ton généreux refus trompe l'avidité.

Tantôt, pour les ravir, il te fait des promeſſes
Et tantôt il te parle en tyran inhumain ;
Inutiles efforts, menaces ou careſſes,
Tu ne permettras pas qu'ils tombent ſous ſa main.

Regarde, lui dis-tu, cette troupe timide
D'affligés, d'indigents raſſemblés ſous tes yeux :
Ces tréſors & ces biens dont ton cœur eſt avide,
Dans leurs preſſants beſoins ſont paſſés juſqu'aux
Cieux.

En vain à tes regards on expoſe des chaînes
Et de cruels bourreaux prets à te déchirer.
En vain, pour t'effrayer, on te montre les peines,
Des braſiers où tu dois lentement expirer.

Ce terrible appareil d'un ſanglant ſacrifice,
Te trouve impatient d'en ſubir les rigueurs ;

Tu cours avec ardeur, tu voles au supplice,
Et ton œil intrépide en fixe les horreurs.

※

Sur toi le fier tyran fait assouvir sa rage,
Ta chair est déchirée & vole par lambeaux,
Mais ton cœur intrépide, armé d'un saint cou-
      rage,
Triomphe du tyran, & brave tes bourreaux.

※

Dans un corps tout brisé le Martyr se ranime,
Les tourments ni la mort, rien ne peut l'allarmer;
Par des ruisseaux de sang est teinte la victime
Que la flamme & l'amour vont bientôt consumer.

※

Non, tu n'as point assez éprouvé la constance
Du Martyr qui combat pour le nom du Seigneur,
Fais, barbare tyran, fais sentir ta puissance,
Par des tourmens nouveaux assouvis ta fureur.

※

Etendu sur un gril, où tu veux qu'il expire,
Au brasier dévorant, il s'offre avec transport;
Et sans effroi, sans crainte à l'aspect du martyre
Notre saint applaudit aux rigueurs de sa mort.

※

Dans ses membres brûlés, le feu s'ouvre un
      passage,
Le Martyr est en proie aux plus vives douleurs,
La présence de Dieu dans ses maux le soulage,
Et répand dans son sein d'invisibles douceurs.

※

Plus son corps ici-bas se dissoud & s'enflamme,
Plus brille de son cœur l'aimable pureté;
Le feu pur & sacré, qui brûle dans son ame,
D'une flamme ennemie éteint l'activité.

※

Tandis que de sa chair à demi consumée
Les bourreaux sont forcés de détourner les yeux,
De son corps tout ardent s'exhale une fumée
Dont l'agréable odeur s'éleve jusqu'aux Cieux.

Saint Martyr, dont la chair aux flammes eſt livrée,
Qui peut de tes douleurs t'ôter le ſentiment ?
Du ſang d'un Dieu Sauveur, ta belle ame enivrée,
Affronte les bourreaux & chérit ſon tourment.

⟡

Victime que la flamme éprouve & rend plus pure,
Au milieu des braſiers, que tu plais au Seigneur !
Fais qu'ici-bas, par toi, de Dieu la créature
Brûle du feu ſacré qui brûla dans ton cœur.

CANTIQUE XII.

A l'honneur de Saint Charles.

Sur l'Air : *Amour vous n'êtes pas encore , &c.*

JOIGNONS nos doux concerts aux Cantiques des
　　Anges,
Annonçons notre joie aux échos d'alentour,
A ſaint Charles rendons le tribut de louanges
　　Que lui doit notre amour.

⟡

L'Egliſe à pleines mains ſur ſa plus tendre enfance
Verſa tous ſes tréſors , l'objet de tant de vœux ,
Mais on ne reconnut toute ſon opulence ,
　　Que chez les malheureux.

⟡

Le Pontife informé de ſes ſoins ſalutaires
Pour le ſacré Sénat à peine en eut fait choix,
Que ſur lui, ſa vertu, des plus grandes affaires
　　Fait tomber tout le poids.

⟡

Quelle fut ſa bonté , quelle fut ſa prudence ,
Son équité, ſa foi, ſon zele & ſon ardeur,
Son mépris pour les biens, & ſon indifférence
　　Pour ſa propre grandeur !

⟡

La brebis qui fuyoit ſon paſteur légitime,
Eſt remiſe par lui dans ſon premier bercail :
Rien ne peut ralentir le beau feu qui l'anime
　　Dans un ſi ſaint travail.　　　　L'uſage

L'ufage des   ertus, & les mœurs redreſſées
Reviennent par ſes ſoins embellir l'univers;
Et les noires erreurs vivement repouſſées
    Rentrent dans les enfers.

·❧·

Combien à l'Eternel a-t-il bâti de temples,
De maiſons où le corps voit guérir ſes langueurs,
Et des ſacrés aſyles , où par ſes grands exemples
    Il forma des Paſteurs.

·❧·

Par une main barbare un plomb cruel & traître,
Sur ſa tête lancé ſiffle dans l'air qu'il fend;
Le coup n'a d'autre effet que de faire connoître
    Le bras qui le défend.

·❧·

Dans le tems que la mort de la peſte ſuivie ,
Ravageant ſon troupeau, ravage tout ſon bien :
Son ſoin s'étend à tout, hors à ſa ſeule vie
    Qu'il veut compter pour rien.

·❧·

Diſciple du Sauveur,   Charles , plein de conſtance
Se charge d'une Croix pour calmer ſon courroux,
Comme une humble victime il s'offre à ſa ven-
    Pour le ſalut de tous.   [geance

·❧·

Il ſauva ſa Cité par cette digne offrande ,
La courſe de ſes jours de ſon terme approchant :
Tel brille le ſoleil d'une ſplendeur plus grande
    Proche de ſon couchant.

·❧·

A l'aide du travail , du jeûne & des cilices ,
De cents rudes combats il revint glorieux,
Et du ſein de la Croix, ſes uniques délices ,
    Il paſſa dans les Cieux.

·❧·

Auguſte Trinité , ſur de ſi beaux modéles ,
Daigne toujours régler nos eſprits & nos cœurs
Et nous mériterons, à tes ordres fidéles,
    De ſemblables Paſteurs.
               V.

CANTIQUE XIII.

A l'honneur de faint François de Sales.

Sur l'Air : *On ne voit ici-bas que douceurs, &c.*

TANDIS que de FRANÇOIS dans le Ciel tous
 les Anges
Célébrent à l'envi le deftin glorieux,
De nos Cantiques faints, joignons à leurs louanges,
 Joignons les fons harmonieux.

❦

O de fon tendre amour artifice admirable !
Pour attirer les cœurs à la Divinité ;
Il fe fit tout à tous : une douceur aimable
 Parut couvrir fa fermeté.

❦

Les pécheurs à fes pieds demandent pénitence ,
Et prouvent , par leurs pleurs, combien ils font
 touchés,
Ils verfent dans fon fein l'horreur & l'abondance
 Des crimes qu'ils avoient cachés.

❦

FRANÇOIS obéiffant à la voix qui l'appelle.
Franchit mille rochers couronnés de frimats ,
Pour gagner à fon Dieu l'ame d'un fidéle,
 Il affronte mille trépas.

❦

Les dangers font briller la grandeur de fon ame ,
Chacun tremble pour lui, lui feul eft fans frayeur,
Et dans les faints trrnfports de l'amour qui l'en-
 flamme ,
 Rien ne rallentit fon ardeur.

❦

L'enfer , les éléments à fa voix obéiffent,
La cime des rochers s'applanit à fes yeux,
Et du fleuve étonné les ondes s'affermiffe
 Pour le porter en d'autres lieux.

Que d'aveugles inftruits par fes faintes maximes !
Que de Croix ! que d'autels rétablis par fes foins !
C'eft-là que ce Pontife, en expiant vos crimes,
    Demandoit à Dieu vos befoins.

·❧·

Le monde ne put rien contre fon innocence,
Ses mœurs de fa fageffe étoient de fûrs garants :
FRANÇOIS, par fes vertus, comme par fon filence ,
    Condamna les défauts des Grands.

·❧·

Sa bonté, fa douceur, tout ravit tout engage,
Tout confterne le vice à fes pieds abattu :
Sa voix n'inftruit pas feule, on voit fur fon vifage
    Briller les traits de fa vertu.

·❧·

Sur fon augufte front elle éclate avec grace,
Son œil doux, mais perçant, veille de toutes parts ,
Et du crime effrayé la plus altiere audace
    Ne peut foutenir fes regards.

·❧·

Si l'univers entier eft plein de fes merveilles,
Son cœur, témoin fecret, nous en cache encor plus:
Pour compter fes talents, fes travaux & fes veilles,
    Nos efforts feroient fuperflus.

·❧·

Infenfible aux honneurs d'une trompeufe gloire ,
Il en fuit les dangers, il cache fes bienfaits ,
Sa rigide vertu dédaigne la victoire ,
    Et fe dérobe à fes attraits.

·❧·

Grand Saint, qui dégagé du foin des créatures ,
Goûtes au fein de Dieu les immortels plaifirs ,
Allume en nous l'ardeur de ces délices pures,
    Dont le Ciel comble tes defirs.

·❧·

Fais que ton même efprit, faint Pafteur, nous infpire;
Qu'il foit de nos defirs, le principe & la fin ;
Et que jufqu'au tombeau notre cœur ne foupire
    Qu'à brûler de l'amour divin.

            V ij

CANTIQUE XIV.

A l'honneur de Saint Vincent de Paul.

Sur l'Air : *Ah ! Seigneur que votre justice, &c.*

CHANTONS, par de nouveaux Cantiques,
D'un nouveau Saint la charité;
Chantons ses vertus héroïques,
Son admirable sainteté.
Que de VINCENT DE PAUL la gloire
Retentisse au loin dans les airs ;
Que l'on révere sa mémoire
A jamais dans tout l'univers.

L'amour divin, dès sa jeunesse,
Commence à brûler dans son cœur,
Plein de ce feu, VINCENT s'empresse
De se consacrer au Seigneur.
Un jour l'on verra de son zele
Les plus salutaires effets ;
Et le Chrétien & l'infidéle,
Pourront en raconter les traits.

Appellé par la providence,
D'un peuple il devient le Pasteur ;
Quelle est pour lui sa vigilance !
Quel plus fidéle conducteur !
Tout prend une nouvelle face ;
Le peuple ignorant est instruit,
Le pécheur récouvre la grace;
VINCENT procure un si grand fruit.

Mais à la grandeur de son zele,
Un nouveau champ vient de s'ouvrir;
Il sent une douleur mortelle
Pour tant d'ames qu'il voit périr ;
Pour les éloigner de l'abîme,
Par de saintes instructions,
Pour inspirer l'horreur du crime,
Il entreprend des missions.

Quelle nouvelle Compagnie
Sous VINCENT vois-je se former !
Du même esprit elle est remplie ,
Quel zele va donc l'enflammer !
Pauvres peuples de la campagne ,
Voici pour vous un grand secours ;
Ah ! quel fruit par-tout accompagne
Et leurs exemples & leurs discours !

⬦×⬦

Le Saint veut former pour l'Eglise ,
Des Pasteurs pleins de piété ;
Pour une si sainte entreprise ,
Le Ciel même l'a suscité.
Par ses soins, le Prêtre s'applique
Aux grands devoirs de son état ;
Bientôt l'ordre ecclésiastique
Va briller d'un nouvel éclat.

⬦×⬦

C'est à l'école d'un tel Maître
Qu'un sage & vigilant Pasteur
Puise les vertus d'un saint Prêtre ,
Dont il eut soin d'orner son cœur.
C'est OLLIER , cet Homme admirable,
Le modele des plus parfaits ,
Qui toujours humble & charitable
Compta ses jours par ses bienfaits.

⬦×⬦

La gloire du souverain Maître
Est de Vincent l'unique loi ,
Il cherche à le faire connoître
Aux peuples privés de la foi.
Il envoye au peuple idolâtre
Des ouvriers pleins de ferveur ,
Dans d'autres lieux il sçait combattre
Les artifices de l'erreur.

⬦×⬦

Mais qui peut dire sa tendresse
Pour le pauvre & pour l'orphelin ?
En tout pour eux il s'intéresse ,
Dans leurs maux, il leur tend la main.   V iij

Si l'on gémit dans la difgrace,
C'eft à VINCENT qu'on a recours;
Il n'eft rien que VINCENT ne faffe,
A tous il donne un prompt fecours.

※

Vous qui vous faites les fervantes
Des pauvres dans l'infirmité
Saintes filles toujours ardentes
A pratiquer la charité ;
La jeuneffe encor vous eft chere,
Par vous elle craint le Seigneur ;
C'eft VINCENT votre digne pere
Qui vous infpira cette ardeur.

※

O quel efprit de foi l'anime !
Quel mépris pour les biens préfents !
Non, il ne fouhaite, il n'eftime
Que les biens vrais & permanents :
Ces faints defirs il les infpire
A ceux qui font près du trépas:
Et c'eft lui qu'un grand Roi defire
Pour expirer entre fes bras.

※

Admirons fa douceur extrême ,
Et fa profonde humilité ;
Quel plus grand oubli de foi-même!
Quelle aimable fimplicité !
Dans les croix il paffe fa vie,
Pour fon corps il n'a que rigueurs,
Son ame à Dieu toujours unie,
Met à l'aimer tout fon bonheur.

※

Grand Saint, l'ornement de la France,
La gloire de ces derniers tems,
Au trône du Dieu de clémence,
Offrez pour nous des vœux ardents;
Que vos prieres nous attirent
Les doux effets de fa bonté,
Que nos cœurs jamais ne refpirent
Que charité, qu'humilité.

TABLE DES CANTIQUES
DE MORALE.

TABLE DES CANTIQUES DES FETES.

V vj

TABLE DES CANTIQUES A L'USAGE DES MILITAIRES.

TABLE DES PARODIES.

TABLE DU SUPPLEMENT.

TABLE DES CANTIQUES,

PAR ORDRE ALPHABÉTIQUE.

CANTIQUES DES MILITAIRES

PARODIES.

SUPPLEMENT.

TABLE DES AIRS.

Approbation du Cenfeur Royal.

J'AI lu, par ordre de Monfeigneur le Vice-Chancelier, un imprimé qui a pour titre : *Cantiques Spirituels*, &c. à l'ufage des Catéchifmes de la Paroiffe de S. Sulpice. Ces Cantiques m'ont paru propres à donner à la Jeuneffe des principes de religion, & à lui infpirer des fentiments de piété.

A Paris ce 22 Octobre 1768.

DE MONTIS, Docteur en Théologie.

LOUIS, PAR LA GRACE DE DIEU, ROI DE FRANCE ET DE NAVARRE A nos amés & feaux Confeillers, les Gens tenants nos Cours de Parlement, Maîtres des Requêtes ordinaires de notre Hôtel; Grand-Confeil, Prévôt de Paris, Baillifs, Sénéchaux, leurs Lieutenants-Civils, & autres nos Jufticiers, qu'il appartiendra : SALUT. Notre amé le fieur Abbé *****, nous a fait expofer qu'il défireroi faire imprimer & donner au Public des *Cantiques Spirituels, ou Opufcules lyriques fur différens fujets de Piété*, avec les airs notés, & fans les airs notés, à l'ufage des Catéchifmes de la Paroiffe de Saint Sulpice, s'il Nous plaifoit lui accorder nos Lettres de Privilege pour ce néceffaire. A CES CAUSES, voulant favorablement traiter l'Expofant, Nous lui avons permis & permettons par ces Préfentes, de faire imprimer ledit Ouvrage, autant de fois que bon lui femblera, & de le vendre, faire vendre & débiter par tout notre Royaume, pendant le temps de fix années confécutives, à compter du jour de la date des préfentes. Faifons défenfes à tous Imprimeurs-Libraires, & autres perfonnes, de quelque qualité & condition qu'elles foient, d'en introduire d'impreffion étrangere dans aucun lieu de notre obéiffance : comme auffi, d'imprimer ou faire imprimer, vendre, faire vendre, débiter ni contrefaire ledit Ouvrage, ni d'en faire aucuns extraits, fous quelque prétexte que ce puiffe être, fans la permiffion expreffe & par écrit dudit Expofant, ou de ceux qui auront droit de lui, à peine de confifcation des Exemplaires contrefaits, de trois mille livres d'amende contre chacun des contrevenans, dont un tiers à Nous, un tiers à l'Hôtel-Dieu de Paris, & l'autre tiers audit Expofant, ou à celui qui auroit droit de lui, & de tous dépens, dommages & intérêts : à la charge que ces Préfentes feront enregiftrées tout au long fur le Regiftre de la Communauté des Imprimeurs & Libraires de Paris, dans trois mois de la date d'icelles; que l'impreffion dudit Ouvrage fera faite dans notre Royaume & non ailleurs, en bon papier & beaux caracteres, conformément aux Réglemens de la Librairie, & notamment à celui du 10 Avril 1725, à peine de déchéance du préfent Privilége; qu'avant de l'expofer en vente, le Manufcrit qui aura fervi de copie à l'impreffion dudit

Ouvrage, ſera remis dans le même état où l'Approbation y aura été donnée, ès mains de notre très-cher & féal Chevalier Garde des Sceaux de France, le ſieur de MAUPEOU ; qu'il en ſera enſuite remis deux exemplaires dans notre Bibliothéque publique, un dans celle de notre Château du Louvre, & un dans celle dudit ſieur de MAUPEOU : le tout à peine de nullité des Préſentes ; DU CONTENU deſquelles. vous MANDONS & enjoignons, de faire jouir ledit Expoſant & ſes ayant cauſes, pleinement & paiſiblement, ſans ſouffrir qu'il leur ſoit fait aucun trouble ou empêchement. VOULONS que la Copie des préſentes qui ſera imprimée tout au long au commencement ou à la fin dudit Ouvrage, ſoit tenue pour dûement ſignifiée, & qu'aux Copies collationnées par l'un de nos amés & féaux Conſeillers, Secrétaires, foi ſoit ajoutée comme à l'original. COMMANDONS au premier notre Huiſſier ou Sergent ſur ce requis, de faire pour l'exécution d'icelles, tous actes requis & néceſſaires, ſans demander autre permiſſion, & nonobſtant clameur de haro, charte Normande, & Lettres à ce contraire : CAR tel eſt notre plaiſir. DONNE' à Paris le dix-ſeptieme jour du mois de Novembre, l'an de grace mil ſept cent ſoixante-huit, & de notre regne, le cinquante-quatrieme. PAR LE ROI EN SON CONSEIL. *Signé* LE BEGUE.

Régiſtré ſur le Regiſtre XVII. de la Chambre Royale & Syndicale des Libraires Imprimeurs de Paris, No. 319. fol. 562. conformément au Règlement de 1723. &c. A Paris, ce 28 Novembre 1768. BRIASSON, *Syndic.*

Fautes à corriger.

pag. 32, lig. 4, N'eſt pas, liſ. N'eſt-ce pas.

pag. 79, lig. 27, airs, liſez éclairs.

Pag. 102, lig. 23, Mes chants, liſez Et mes chants.

Page 167, 315, 319, 61, 368, 372, 378 & 382, mettez une étoile * avant le mot Cantique.

pag. 181, lig. 21, redouble, liſ. redoublent.

pag. 203, à la note, Communion, liſ. premiere Communion.

pag. 221, lig. 23, Captive, liſ. Captifs.

pag. 229, lignes dernieres; Etouffe, Lave, liſ. Etouffez, Lavez.

pag. 230, lig. 15, recourent, liſ. recourût.

pag. 252 lig. 16, Porter, liſ. Portez.

pag. 257, lig. 18 encore, liſ. encor.

pag. 319 lig. 8, précédent, liſ. dans nos champs.

Pag. 335, lig. 1, amour & louanges, liſ. amour, amour & louanges.

pag. 345, lig. 22, avoit ſoumis, liſ. ſoumit.

page 370, lig. 27, les, liſ. le.

pag. 377, lig. 17, retrouverez, liſ. trouverez.

pag. 379, lig. 6, modéle, liſ. le modéle.

page 384, lig. derniere, un jour nos Juges, liſ. nos Juges (un jour

Imprimé en France
FROC031321061120
25664FR00018B/496